CONCESSÃO

Vera Monteiro

sociedade
brasileira
de direito
público

CONCESSÃO

© VERA MONTEIRO

ISBN 978-85-392-0021-4

Direitos reservados desta edição por
MALHEIROS EDITORES LTDA.
Rua Paes de Araújo, 29, conjunto 171
CEP 04531-940 – São Paulo – SP
Tel.: (11) 3078-7205 – Fax: (11) 3168-5495
URL: www.malheiroseditores.com.br
e-mail: malheiroseditores@terra.com.br

SOCIEDADE BRASILEIRA DE DIREITO PÚBLICO
Rua Leôncio de Carvalho, 306, 7º andar
CEP 04003-010 – São Paulo – SP
Tels.: (11) 289-8767 e 285-0598 – Fax: (11) 287-6404
URL: www.sbdp.org.br
e-mail: direitopublico@sbdp.org.br

Composição

Scripta

Capa
Criação: Vânia Lúcia Amato
Arte final: PC Editorial Ltda.

Impresso no Brasil
Printed in Brazil
04.2010

Agradeço ao Professor FERNANDO DIAS MENEZES DE ALMEIDA, exemplo de seriedade acadêmica, pela amizade e cuidadosa orientação do trabalho.

Para TEODORO.

PREFÁCIO

A escolha de um tema como objeto de pesquisa científica envolve o mesmo rigor que deve presidir seu subsequente desenvolvimento. E, tratando-se de um trabalho de doutorado, que implica o reconhecimento da maturidade científica de um estudioso, esse rigor é bastante significativo.

Muitas vezes, pelo que se constata na realidade, o critério de escolha do tema aponta para duas alternativas, igualmente impróprias.

De um lado, pode-se escolher um tema clássico, todavia recortando-o de modo a lhe conferir o tratamento de simples revisão bibliográfica, acrescida da opinião do autor, que raramente passa de uma paráfrase de formulações alheias. A justificativa para esse tipo de escolha frequentemente inclui a facilidade de acesso à bibliografia e a pretensa erudição que se pode daí demonstrar – a qual, na verdade, em geral reduz-se ao esforço físico, hoje muito facilitado por ferramentas eletrônicas, da compilação de citações mal compreendidas ou analisadas.

De outro lado, pode-se, com implícito ou explícito desprezo pelas ideias que as gerações anteriores já produziram – como se o próprio autor também não fosse um produto delas – escolher um tema "inédito", extraído de modo oportunista de qualquer corrente politicamente correta que esteja em voga, e dele tirar consequências que dificilmente vão além de nova apresentação exterior de elementos cujas essências são de longa data conhecidas. Com essa atitude, pelo lado ingênuo, pressupõe-se que a ciência evolua por saltos, rompendo-se com o "velho" e adotando-se imediatamente o "novo"; ou, pelo lado malicioso, pretende-se, mediante uma construção de ideias mercadologicamente estudadas e uma escolha de terminologia que cause impacto fácil na percepção média dos leitores, conquistar algum lugar de destaque na transitória glória deste mundo.

Ambos os caminhos são fáceis, porém perniciosos em termos do avanço do conhecimento.

E ambos fazem lembrar a observação de Ortega y Gasset – atualíssima, em que pese lançada em 1937, no "prólogo para franceses" de *La*

Rebelión de las Masas –, apontando "a obra de caridade mais própria do nosso tempo: não publicar livros supérfluos".

VERA MONTEIRO, no entanto, trilhou caminho diverso.

Escolheu tema clássico do direito administrativo: a *concessão*. Tema, aliás, em torno do qual se edificou substancial parcela da teoria administrativista, notadamente a partir de construções do Conselho de Estado francês. Tema que, nesse sentido, reúne e articula importantes capítulos como o do contrato administrativo, o do regime jurídico-administrativo, o do serviço público, o dos bens públicos, o das parcerias com o setor privado.

Estudou suas origens, não no sentido de meramente ilustrar sua tese com um indefectível tópico sobre *história* – que geralmente confunde método histórico com citação de obras antigas –, mas no sentido de recuperar a razão de ser de muitos aspectos pensados e afirmados até hoje em dia.

Dedicou-se a analisar, de modo cartesiano, os elementos tradicionalmente apontados como essenciais da concessão,[1] com o intuito de verificar sua adequação, ou não, à realidade contemporânea.

Tratou do tema pelo enfoque evolutivo, o qual, segundo Odete Medauar, "significa, sobretudo, o intuito do seu aprimoramento como técnica do justo e, por isso, da paz social" (*O Direito Administrativo em Evolução*, 2ª ed., p. 268). Assim procedendo, mostrou VERA MONTEIRO que "do ponto de vista teórico não interessa conceituar a concessão de forma absolutamente fechada, já que é instituto em franca transformação", do que dá evidência, por exemplo, a edição da Lei 11.079/2004, a qual VERA tão bem conhece desde sua elaboração e na qual se baseou para tirar várias de suas conclusões na presente obra.

Entretanto, não deixou de enfrentar, sempre atenta à realidade contemporânea, especialmente no contexto do Direito brasileiro – afinal, não se pode desconsiderar, mesmo na perspectiva teórica, que o objeto da análise jurídica materializa-se no Direito positivo – a questão da caracterização da essência da concessão.

Para tanto, sem descuidar da análise *estrutural* da concessão, optou por dar ênfase a uma perspectiva *funcional*. Aliás, a análise estrutural e

---

1. "(1) O caráter administrativo do *contrato*, para fazer incidir o regime jurídico de direito público na relação, (2) onde há a *transferência de poderes públicos* ao concessionário, (3) onde o *objeto* envolve sempre a exploração de um serviço público ou a realização de uma obra pública, (4) o qual é executado em *nome próprio* do concessionário, (5) que o *explora* por sua própria *conta e risco*, (6) sendo que sua *remuneração* se dá diretamente pelos usuários, (7) numa *relação trilateral* (poder concedente, concessionário e usuários), (8) e, em geral, de *longo prazo*, para permitir a amortização dos investimentos realizados."

a funcional, tão bem descritas por Norberto Bobbio em diversos de seus estudos, têm ambas sua relevância no Direito.

Todavia, notou, de modo muito bem fundamentado, que a identificação da concessão pelos elementos tradicionalmente tidos como essenciais – e que se podem dizer estruturais – nem sempre acompanha a constante adaptação das espécies de concessão à forma de atuação do Estado.

Sustentou, então, que "nos variados usos da concessão, ela tem sempre servido a uma *função*: viabilizar a realização de investimentos significativos para promover a disponibilização de bens e serviços à sociedade" (grifei). Essa a essência. E, "por outro lado, para cumprir a função acima, a legislação tradicionalmente lhe tem garantido caráter contratual, visando à estabilidade da relação; com vigência de longo prazo, para viabilizar a amortização dos investimentos realizados; e com remuneração vinculada a resultados, para permitir a apropriação de possível eficiência empresarial".

Nessa perspectiva, confirmou a hipótese inicialmente lançada em sua tese, quanto à *concessão* constituir um *gênero*, que comporta diversas espécies. Concluiu, enfim, com uma ideia que é, para mim, particularmente cara: "a conclusão foi de reconhecimento de verdadeira *permeabilidade* entre as espécies de concessão a partir do pressuposto de que são instrumentos que desempenham a mesma função. As leis que tratam das espécies concessórias têm caráter meramente autorizativo, cabendo aos contratantes privado e público, em conjunto, elaborar a melhor composição dos mecanismos de colaboração no instrumento contratual".

Posso dizer que a oportunidade de orientar a elaboração da tese de VERA MONTEIRO, compartilhando ideias, com todo respeito a eventuais discordâncias – de todo modo, mínimas face às convergências –, foi causa de muita satisfação.

Mas os méritos são da autora, que, além de possuir ideias claras e relevantes, tem sólida formação jurídica, forjada por mestres como Celso Antônio Bandeira de Mello e cultivada na convivência profissional e acadêmica com Carlos Ari Sundfeld.

Em suma, no livro de VERA MONTEIRO o leitor encontrará uma abordagem original sobre a concessão, destacando sua funcionalidade e suas condicionantes histórico-sociais. Nesse sentido, ao contrário de ser supérfluo, traz uma imprescindível contribuição para o debate e para a evolução das ideias sobre um tema fundamental do Direito administrativo.

FERNANDO DIAS MENEZES DE ALMEIDA
Professor da Faculdade de Direito
da Universidade de São Paulo

Sumário

Prefácio 5
Introdução 11

Capítulo I – **Elementos Históricos da Concessão no Brasil**
1. Introdução 15
2. A história do contrato de concessão 17
3. Doutrina brasileira da metade do século XX
   3.1 Considerações iniciais 27
   3.2 Um retrato de época sobre a concessão como instrumento de colaboração no Brasil 28
      3.2.1 Primeira impressão 30
      3.2.2 Haveria um uso "correto" da palavra "concessão"? 32
      3.2.3 Qual a natureza jurídica da concessão? 34
      3.2.4 O objeto "prestação de serviço público" é um dos elementos essenciais da concessão? 37
      3.2.5 Conclusões parciais 38

Capítulo II – **A Concessão como Instrumento de Colaboração entre o Particular e a Administração Pública**
1. **O regime jurídico especial de direito público do contrato administrativo clássico** 39
2. **Novos vetores para a revisão da teoria clássica do contrato administrativo** 45
   2.1 Contrato administrativo versus contrato privado: a armadilha dessa classificação 45
   2.2 Relativização da dimensão do autoritarismo do poder estatal em matéria contratual 48
   2.3 Administração consensual e os mecanismos de consenso no contrato administrativo 54

2.4 Princípio da legalidade em matéria contratual: crise da lei formal 59
2.5 Contrato como instrumento (limitado) de regulação: o problema da sua incompletude 67
3. Conclusões parciais 69

Capítulo III – Concessão na Constituição Federal
1. A Constituição Federal brasileira traz um conceito de "concessão"? 71
2. Concessão, permissão e autorização: a Constituição estabelece uma diferença? 78
3. Competência legislativa da União em matéria de licitação e contratação: o problema da "norma geral" 97
4. Competência legislativa da União em matéria de concessão 114
5. A Constituição traz um rol exaustivo de bens e serviços que podem ser dados em concessão? 122

Capítulo IV – Caracterização da Concessão
1. Introdução 129
2. Direito Europeu 130
3. O caso brasileiro da parceria público-privada 137
4. Por que buscar um conceito de "concessão"? 149
5. Caracterização da concessão
   5.1 O lugar-comum 152
   5.2 A inutilidade dos tradicionais elementos essenciais para a caracterização da concessão na atualidade 152
      5.2.1 O objeto da concessão 153
      5.2.2 O mecanismo de remuneração do concessionário 160
      5.2.3 O significado da expressão "exploração por sua própria conta e risco" 165
      5.2.4 A realização de investimentos pelo contratado 170
   5.3 Caracterização pela sua função 172
   5.4 Concessão administrativa é uma falsa concessão? 176
6. O impacto da Lei 11.079/2004 nos modelos concessórios 181
7. Efeitos jurídicos derivados da ampliação do conceito de "concessão" 182

Conclusão
1. Qual era o objetivo do trabalho? 193
2. Qual o caminho percorrido para testar a hipótese do trabalho e as conclusões a que se chegou? 193
3. Considerações finais 201

Bibliografia 203

Introdução

O direito administrativo vem passando por várias transformações. É natural que assim seja, porque se refere a uma realidade cambiante. Os desafios do pesquisador no século XXI são mais amplos que aqueles inseridos no quadro político-institucional do século XIX, marcado pela afirmação do Constitucionalismo, pela oposição aos regimes absolutistas e pela afirmação das liberdades individuais. O estudioso do Direito tem, hoje, à sua frente uma sociedade muito mais complexa que aquela de 1800, quando analisada a partir da sua forma de organização e de sua capacidade de produzir leis.[1]

A concessão de serviço público, que existe desde o século XIX no Brasil, é um dos temas tradicionais do direito administrativo e tem sido objeto de novas regras, novos usos políticos e de reformulação de posições doutrinárias. Seu objeto sempre foi o assim chamado "serviço público", porque ele sempre exigiu grande investimento e pessoal técnico especializado na sua prestação. A técnica concessória foi pensada para permitir que o Poder Público transferisse o ônus do financiamento e sua execução ao setor privado, em geral via contratos de longo prazo, por meio dos quais o privado se remunerasse pela tarifa paga pelo usuário. O serviço de transporte ferroviário e o fornecimento de água foram os primeiros a serem prestados utilizando esse modelo contratual.

A partir da década de 30 do século XX, no entanto, seguiu-se um período de declínio das concessões como instrumento para a prestação de serviços públicos, seja em razão da instabilidade econômica gerada pelas guerras mundiais, seja pela tendência estatizante vivida em muitos países – inclusive no Brasil, que criou empresas estatais para a prestação de serviços públicos.

---

1. Odete Medauar (*O Direito Administrativo em Evolução*, 2ª ed., São Paulo, Ed. RT, 2003) e Diogo de Figueiredo Moreira Neto (*Mutações do Direito Administrativo*, 3ª ed., Rio de Janeiro, Renovar, 2007) são autores nacionais que têm refletido sobre o tema das transformações do direito administrativo.

Foi só no final da década de 80, em meio ao fenômeno das privatizações e da Reforma do Estado, que ressurgiu o interesse pela concessão. Novamente ela foi vista como instrumento útil para transferir a prestação de serviços públicos para o setor privado.[2] Sob a ótica do sistema jurídico nacional, foi a edição da Lei 8.987, de 13.2.1995, que dispõe sobre o regime de concessão e permissão de serviços públicos, a responsável pelo renascimento do interesse, especialmente da doutrina, sobre o tema. No mesmo período também foram editadas algumas leis reformulando a participação estatal em vários serviços públicos, as quais estabeleceram regras setoriais para a concessão dos serviços. É o que ocorreu no setor elétrico, nas telecomunicações e, mais recentemente, no saneamento básico.

Em função da História e dessas mudanças legislativas, o interesse dos doutrinadores sempre esteve muito voltado à análise da concessão de *serviço público* (e não de outra espécie desse modelo contratual). Esse interesse tem se intensificado ultimamente, com debates envolvendo a formalização dos contratos e seu regime jurídico. Discussões relevantes estão acontecendo agora, no momento de término de muitos contratos celebrados ou em decorrência de múltiplos pedidos de revisão das bases originais dos contratos em vigor. Além disso, não se pode deixar de reconhecer a importância de outros debates paralelos e intimamente relacionados à concessão de serviço público, como os que envolvem o conceito de "serviço público" e a mudança no regime jurídico de sua exploração.

Mas é preciso escolher um eixo temático dentro desse universo. Assim, o presente estudo não se destina a rever as razões que levaram à transformação do direito administrativo ou, mesmo, teorizar sobre serviço público, o regime jurídico de sua exploração, ou sobre a concessão de serviço público em si. O objetivo que se busca neste trabalho decorre do sentimento de que a concessão não serve exclusivamente para a prestação de serviço público, podendo envolver bens e outras atividades prestadas pelo Estado. A hipótese do trabalho é que existe um gênero "concessão", do qual a concessão de serviço público é uma de suas espécies, sendo possível o uso desse instrumento para a prestação de outros serviços não qualificados como públicos, além de servir para a exploração de bens públicos. A pesquisa, assim, terá foco na caracterização do gênero "concessão" e na verificação acerca das potencialidades de uso desse instrumento contratual.

---

2. Odete Medauar faz esse relato histórico da concessão de serviço público em obra dedicada a estudar o direito administrativo no tempo (*O Direito Administrativo em Evolução*, cit., 2ª ed., pp. 217-218).

INTRODUÇÃO

Com o intuito de demonstrar que existe no Direito Brasileiro essa categoria mais ampla de concessão e que ela é mais larga que a tradição do instituto, notadamente marcada pela concessão de *serviço público*, o estudo será inaugurado com a descrição histórica do uso da concessão no Brasil, seguida de uma pesquisa acerca do que pensa a doutrina nacional sobre o tema, especialmente a literatura dos anos 30, 40 e 50 do século XX (Capítulo I).

Em seguida, o Capítulo II partirá para a identificação da base vetorial que dará suporte à releitura da teoria sobre o contrato de concessão.

Uma vez demonstrada a viabilidade da hipótese do trabalho, serão dados dois passos. O primeiro (Capítulo III) será destinado a identificar os limites constitucionais para viabilizar a construção de entendimento mais amplo sobre concessão, inclusive com a aplicação dos parâmetros identificados no Capítulo II. Para atingir esse objetivo será realizada uma análise do tema na Constituição Federal de 1988.

O segundo passo dependerá das conclusões sobre o modelo constitucional brasileiro em matéria de concessão. A partir delas, o objetivo da pesquisa será caracterizar o gênero "concessão", neste que será o tema do Capítulo IV do trabalho. Na construção de um conceito serão levadas em consideração as limitações constitucionais possivelmente existentes. Nesse momento será necessário analisar a concessão comum (Lei 8.987/1995) e as concessões patrocinada e administrativa (Lei 11.079/2004). Imagina-se que se poderá demonstrar que a concessão deve ser entendida de modo mais amplo, como modelo de colaboração com o setor privado.

Por fim, e utilizando-se do conceito elaborado, serão mapeadas as consequências da adoção de um conceito largo de concessão no Direito Brasileiro. O foco da análise será, fundamentalmente, a Lei 11.079/2004 e o impacto provocado por ela nos contratos de concessão e, reflexamente, nos contratos administrativos em geral. O objetivo será identificar os efeitos jurídicos derivados do alargamento do uso da concessão.

Está fora do escopo pretendido no estudo a elaboração de comentários pontuais, artigo por artigo, das leis que tratam das várias espécies de concessão. Também não será objeto de estudo o contrato de concessão sob seu aspecto formal, isto é, dos requisitos formais necessários para sua celebração válida. Para o presente estudo tais temas podem ser deixados de lado, já que seu escopo está delimitado, em síntese, na caracterização do gênero "concessão" e nas consequências jurídicas daí derivadas.

Capítulo I
Elementos Históricos
da Concessão no Brasil

1. Introdução. 2. A história do contrato de concessão. 3. Doutrina brasileira da metade do século XX: 3.1 Considerações iniciais – 3.2 Um retrato de época sobre a concessão como instrumento de colaboração no Brasil: 3.2.1 Primeira impressão – 3.2.2 Haveria um uso "correto" da palavra "concessão"? – 3.2.3 Qual a natureza jurídica da concessão? – 3.2.4 O objeto "prestação de serviço público" é um dos elementos essenciais da concessão? – 3.2.5 Conclusões parciais.

1. Introdução

Desde o final do século XIX a concessão tem sido usada como instrumento útil para a gestão de serviços públicos.[1] Nota-se uma identificação de gênese entre o surgimento da concessão e seu uso para viabilizar a prestação de serviço público por particulares, fazendo com que o instrumento exista quase que unicamente em função de seu objeto.

A leitura dos livros de direito administrativo induz à referida afirmação. Os autores tendem a apresentar um conceito fechado de "concessão de serviço público" que seria universal. As conclusões e reflexões

---

1. Pedro Gonçalves, *A Concessão de Serviços Públicos*, Coimbra, Livraria Almedina, 1999, p. 47. A propósito da história das concessões de serviços públicos no Brasil, Bruce Baner Johnson, Flávio Azevedo Marques de Saes, Hélio Janny Teixeira e James Terence Coulter Wright informam que o primeiro setor que se organizou, no Brasil, por meio de concessão foi o de estradas de ferro. A Lei Geral 641, de 26.6.1852, autorizou o Governo Federal a conceder a construção e exploração de um caminho de ferro do Rio de Janeiro às Províncias de Minas Gerais e São Paulo (*Serviços Públicos no Brasil. Mudanças e Perspectivas*, São Paulo, Edgard Blücher, 1996, p. 53). Na França, André de Laubadère também menciona o mesmo fato referindo-se às concessões ferroviárias autorizadas pela Lei de 11.1.1842 (*Direito Público Econômico*, trad. portuguesa de Maria Teresa Costa, Coimbra, Livraria Almedina, 1985, pp. 38-39).

elaboradas para esta espécie de concessão seriam válidas para qualquer contexto em que a palavra "concessão" aparece.[2]

Os autores brasileiros desenvolveram seus conceitos de "concessão" com suporte direto ou indireto na doutrina do direito administrativo da França. A concepção doutrinária francesa a respeito do assunto foi elaborada no final do século XIX, quando já existia outra categoria de contratos, já utilizada naquele país, a dos *marchés publics*.[3-4] Esse é um elemento histórico que ajuda a explicar a existência de uma dualidade de contratos voltados à construção de obra pública e à prestação de serviços. Como já existia um regime contratual geral, o "novo" modelo teria como objeto o serviço público, separando, dessa forma, o regime jurídico dos dois tipos contratuais.[5]

2. Carlos Ari Sundfeld, em trabalho inédito sobre concessão (*Concessão*, 2001), aponta o "terrível mal doutrinário" ao se querer transpor conclusões alcançadas a partir de certo contexto para todos os outros em que a palavra "concessão" aparece. A visão do instituto a partir de certa lei, de um dado serviço ou de um específico contrato tende à formação de um conceito universal de concessão que não condiz com a realidade.
3. A categoria dos *marchés publics* foi codificada na França em 1964 no *Code des Marchés Publics* e, basicamente, ela se distingue de quatro outras categorias de contratos administrativos: contratos de *délégation de service public* (*concessions*, *régies intéressées*, *affermages*); contratos de *louage de services*; contratos econômicos ou financeiros; e contratos relativos a bens públicos (Gilles Lebreton, *Droit Administratif Général*, 3ª ed., Paris, Dalloz, 2004, pp. 259-263).
 Nos termos do *Code des Marchés Publics* (na sua redação mais atual, do ano de 2006), o *marché public* foi definido como o contrato celebrado por uma entidade pública com vista à realização de obras, fornecimentos ou serviços (*Code des Marchés Publics* [édition 2006] – "Article 1. Les marchés publics sont les contrats conclus à titre onéreux entre les pouvoirs adjudicateurs définis à l'article 2 et des opérateurs économiques publics ou privés, pour répondre à leurs besoins en matière de travaux, de fournitures ou de services"). Assim, é possível traduzir a expressão *marché public* como sendo o genérico contrato administrativo disciplinado na Lei 8.666/1993, o qual envolve os contratos de obra, prestação de serviços e de fornecimento à Administração Pública.
4. André de Laubadère, ao relatar a história do direito público econômico, constata que antes da I Guerra Mundial ele era constituído essencialmente pelo regime das atividades econômicas contratuais da Administração, o qual, à época, coincidia com o direito dos contratos administrativos – *marchés* e concessões. Aliás, foi no final do século XIX e início do século XX que a jurisprudência administrativa francesa passou a teorizar e fixar regras a respeito dos contratos públicos (*Direito Público Econômico*, cit., pp. 38-39). Sob a ótica normativa, no ano de 1833 foi editada a primeira norma tratando dos contratos públicos (André de Laubadère, Franck Moderne e Pierre Delvolvé, *Traité des Contrats Administratifs*, 2ª ed., t. I, Paris, Librairie Générale de Droit et de Jurisprudence/LGDJ, 1983, p. 245).
5. Marie-Christine Rouault (*Droit Administratif*, Paris, Gualino Éditeur, 2005, pp. 311- 312) distingue os *marchés publics* dos *contrats de délegation de service public* com base no critério da remuneração, considerando que nos primeiros o pagamento integral

Assim, não há história propriamente dita da concessão como gênero contratual; há, sim, história da *concessão de serviço público*.

Em função dessa constatação, é feita uma opção, neste início de trabalho, de descrição do contexto no qual foram elaborados os conceitos de concessão no Brasil, para o fim de identificá-los e compreendê-los dentro do momento em que foram criados. Esta pesquisa extrapola um pouco o objeto de estudo (que se restringe à caracterização da concessão), mas é necessário passar por ela para demonstrar a afirmação feita no parágrafo precedente bem como para fixar os conceitos que serão objeto de reflexão.

2. A história do contrato de concessão

Como já salientado na "Introdução", conhecer a história da concessão ajuda a entender as construções doutrinárias que deram corpo ao instituto.

Ainda que as raízes da atividade contratual da Administração Pública sejam muito antigas, a ideia de associação do particular à realização do interesse público parece ter-se desenvolvido na Europa somente a partir do século XIX, como relata Maria João Estorninho.[6] O momento coincide com a percepção, pela Administração, de seu papel de guardiã do interesse público e com a assunção de uma atitude monopolista no cumprimento dessa função. Não tardou muito até ela precisar "chamar, tolerar, admitir ou mesmo suportar a ingerência de particulares" para suprir suas carências.[7]

A concessão passou a representar verdadeiro fenômeno de substituição da Administração por particulares na realização das tarefas de serviço público, por meio do qual os particulares se aventuravam a assumir os encargos de novas infraestruturas diretamente relacionadas ao desenvolvimento industrial (linhas férreas, distribuição de água, energia

e imediato é feito pela entidade pública, e nos segundos a remuneração está substancialmente – o que não quer necessariamente dizer totalmente – ligada aos resultados da exploração.
6. Pedro Gonçalves (*A Concessão de Serviços Públicos*, cit., p. 45) menciona que na Grécia antiga cidadãos desempenhavam tarefas públicas (obras e serviços) em troca de retribuição pelas atividades prestadas.
7. Maria João Estorninho, *Direito Europeu dos Contratos Públicos. Um Olhar Português...*, Coimbra, Livraria Almedina, 2006, pp. 127-128 (citando Jean-François Prévost, "La notion de collaborateur occasionnel et bénévole du service public", *Revue du Droit Public-RDP* 4/1.079, ano 1980).

e comunicações). Ela passou a ser considerada um ato constitutivo de direitos em favor do concessionário que executava tarefas públicas, e não mais um ato gracioso do Príncipe.[8]

O pano de fundo dessa mudança está na transição do Estado Absoluto para o Estado Liberal, tanto no que diz respeito à mudança dos fins do Estado quanto no que se refere à relação entre a Administração e particulares. O predomínio das ideias liberais, de matriz individualista e abstencionista, impedia o Estado de agir diretamente e executar grandes obras. Além disso, a "comovente penúria"[9] financeira da Administração e o caráter aleatório dos empreendimentos em novas infraestruturas foram determinantes da "atração irresistível que a Administração Pública vai sentir pela celebração de contratos (em especial, contratos de concessão de obras públicas)",[10] em detrimento dos contratos de empreitada de obra pública. O momento irá marcar o espírito das relações entre a Administração Pública liberal e seus contraentes particulares, pois a Administração aparece no papel de *nobreza sem fortuna* e cede inúmeras vantagens aos particulares que com ela colaboravam e que, por isso, se submetiam a enormes riscos. Magalhães Collaço, citado por Maria João Estorninho, diz que a Administração "se impunha o menos possível e amimava o mais possível" o particular, no desejo de ver realizadas as obras públicas. Aliás, como refere a autora portuguesa, "esta colaboração dos particulares no desempenho de tarefas públicas – através, nesta fase, de concessões ferroviárias, de concessões de serviços públicos de captação e distribuição de água e de concessões de serviços de transportes – nunca teria vingado se, no início, a Administração tivesse pretendido partes leoninas dos lucros".[11]

Aos poucos o particular deixa de lado esse papel inicial de colaborador e supridor das necessidades públicas, para ser considerado um adversário da Administração, possuidor de interesses antagônicos aos do Estado. Era o início de uma fase de atrito e mal-estar nas relações, na qual

---

8. Maria João Estorninho, *Direito Europeu dos Contratos Públicos. Um Olhar Português...*, cit., p. 128. No mesmo sentido: Pedro Gonçalves, *A Concessão de Serviços Públicos*, cit., p. 48.

9. Expressão de João Maria Tello de Magalhães Collaço (*Concessões de Serviços Públicos – Sua Natureza Jurídica*, Coimbra, 1914) citada por Maria João Estorninho, *Direito Europeu dos Contratos Públicos. Um Olhar Português...*, cit., p. 129. Interessante notar que já em 1914 se falava a respeito da incapacidade de investimento do Estado.

10. Maria João Estorninho, *Direito Europeu dos Contratos Públicos. Um Olhar Português...*, cit., p. 129.

11. Idem, p. 130.

o particular queria recuperar, o mais depressa possível, os investimentos realizados, sem atentar à qualidade e atualidade do serviço prestado. É quando a Administração tomou consciência das cláusulas contratuais que a impediam de exigir a alteração do contratado. O esforço passou a ser no sentido de encontrar maneiras de contornar as cláusulas originais dos contratos, de se adaptar às novas necessidades e de superar a insatisfação dos usuários, que até então nada mais podiam fazer senão esperar o fim da concessão, com a expectativa de melhora nas condições de exploração do serviço.[12]

Foi nesse ambiente do século XIX na Europa, numa era de grande progresso científico e tecnológico, que nasceu o contrato de concessão de serviço público no formato que o tornou popular. Coincidiu com o momento em que a teoria do contrato administrativo era elaborada na França para afirmar o regime jurídico exorbitante desses contratos em relação ao direito privado, a qual foi concebida para, em nome do interesse público, reconhecer poderes de autoridade à Administração na execução do contrato.[13]

Nos anos 30 do século XX, então na fase de transição do Estado Liberal para o Estado Social, o cenário da atividade contratual da Administração alterou-se. Segundo Waline, a fase de atrito anterior teria avançado para uma verdadeira colaboração, para evitar a relação de dependência financeira do privado em relação à Administração e garantir a qualidade e continuidade do serviço prestado. Já naquela época falava-se nas seguintes medidas típicas de um "novo espírito de colaboração": a alteração dos processos licitatórios; a modificação da redação dos contratos, passando as sanções a ter, sobretudo, caráter preventivo e intimidativo; a aceitação de esquemas de revisão de preços e pagamento de indenizações e a melhoria das condições de financiamento.[14]

Mas não só. A transição do Estado Liberal para o Estado Social é ainda marcada pelo crescimento da máquina administrativa e pela proliferação dos contratos como instrumento de colaboração de particulares com

---

12. Idem, p. 131.
13. Maria João Estorninho (*Direito Europeu dos Contratos Públicos. Um Olhar Português...*, cit., p. 133, nota 22) faz um interessante comentário a esse respeito ao perceber que, se no século XIX o direito privado era menos protetor dos interesses da Administração, foi o direito público que permitiu flexibilizar a atuação administrativa, ao passo que nos últimos tempos se dá precisamente o inverso: o direito público *amarra* e o direito privado é utilizado para *flexibilizar* essa atuação da Administração.
14. Marcel Waline, "L'Évolution récente des rapports de l'État avec sés co-contractantes", *RDP* 15, ano 1951, cit. por Maria João Estorninho, *Direito Europeu dos Contratos Públicos. Um Olhar Português...*, cit., p. 134.

a Administração nas tarefas de prestação de bens e serviços aos cidadãos.

No que diz respeito à construção e exploração de infraestruturas há uma evolução muito significativa que consiste na progressiva substituição da celebração de contratos de concessão de obras públicas pela celebração de contratos de concessão de serviço público.[15] A noção de concessão de serviço público não é, portanto, tão antiga. Os grandes autores do fim do século XIX não tratavam dela. Eles só se referiam às concessões de obra pública, de riquezas naturais (exemplo: minas e quedas de água), de sepultura nos cemitérios e às dominiais (de bens públicos). De fato, até o ano de 1910 a concessão de serviço público ainda era confundida com as concessões de obras públicas. Ao que parece, somente com o Decreto de 31.5.1910, que trata da organização do Conselho de Estado francês, é que foi inaugurada na França, em texto normativo, a expressão "concessão de serviço público".[16]

Pesquisas históricas provam a ligação originária entre a concessão e a realização de obras públicas. Há indícios de que, na Grécia Antiga, portos foram construídos por meio de concessão. Mesmo na França, antes da Revolução Francesa, canais e pontes se edificaram por esse meio, no qual o concessionário se remunerava cobrando diretamente dos usuários pela utilização das obras.[17]

---

15. Maria João Estorninho, *Direito Europeu dos Contratos Públicos. Um Olhar Português...*, cit., pp. 134-135.

16. É o que relata François Llorens, "La definition actuelle de la concession de service public en Droit interne", in *La Concession de Service Public face au Droit Communautaire*, Paris, Sirey, 1992, p. 16. De acordo com André de Laubadère, decisão de 10.1.1902 do Conselho de Estado, no caso "Commune de Deville-lès-Rouen", já teria se referido à concessão de serviço público. Segundo diz, "no século XIX, antes do aparecimento da iluminação elétrica, as comunas tinham geralmente concluído, com companhias de gás, contratos de concessão de iluminação a gás que comportavam a estipulação de um privilégio de exclusividade. Quando apareceu a iluminação elétrica, determinadas cidades pensaram que poderiam conceder autorizações de instalação a companhias de eletricidade, a fim de fazerem beneficiar as populações do progresso da Ciência. Essas autorizações foram julgadas ilegais na medida em que violavam a cláusula de exclusividade, mas o Conselho de Estado imaginou uma solução jurídica original: decidiu que as cidades poderiam constituir o concessionário de gás responsável pela substituição da iluminação a gás pela eletricidade e que a recusa dele os libertaria do vínculo e permitir-lhes-ia que consentissem autorizações aos eletricistas" (*Direito Público Econômico*, cit., p. 410). Esta seria uma das primeiras decisões do Conselho de Estado envolvendo a concessão de serviço público. Nesse mesmo sentido, referindo-se a esta decisão, Marçal Justen Filho, *Teoria Geral das Concessões de Serviço Público*, São Paulo, Dialética, 2003, p. 51.

17. A informação é de Dinorá Adelaide Musetti Grotti (com base nas lições de Manoel María Diez, André de Laubadère, Auby e Ducos-Ader), "A experiência brasilei-

ELEMENTOS HISTÓRICOS DA CONCESSÃO NO BRASIL 21

A obra pública, no curso do século XIX, era o objeto predominante nos contratos de concessão. Ela aparecia associada à construção de grandes infraestruturas públicas (redes de transporte de distribuição de gás, de eletricidade, de água e de transporte ferroviário). E é a partir da concessão de obra pública que surge a concessão de serviço público.

Themístocles Brandão Cavalcanti descreve a passagem da concessão de obra à de serviço público da seguinte forma:

"A concessão de serviço público foi o resultado do desenvolvimento industrial. Quando ainda não se conheciam as grandes aplicações dos novos conhecimentos das modernas invenções, principalmente devidas ao progresso da eletricidade, e que não se apresentava, ainda, a fortuna privada com o aspecto largamente concentrado hoje conhecido, não teria sido possível elaborar-se uma doutrina jurídica oriunda exclusivamente da feição atual que se conhece nos serviços públicos.

"A exploração do domínio público, mais tarde a exploração das estradas de ferro, inclusive a sua construção, o transporte sobre água, era o campo em que se desenvolvia a aplicação da doutrina.

"Daí a importância naquela época do contrato ou concessões de obras públicas, importância só comparável à das atuais concessões de serviços públicos.

"Evidentemente que outros princípios orientaram aquelas concessões. De natureza nitidamente privada, as relações que se estabeleciam entre o concessionário e o poder concedente não se achavam subordinadas tão rigorosamente ao interesse público, mas obedeciam a um regime jurídico de todo em todo semelhante ao dos particulares.

"Então, podia-se sustentar a natureza privada e contratual das concessões. Recorria-se ao particular como a um indivíduo que tudo arriscava para a execução de uma obra.

"Como escreveu Hauriou, citado por Magalhães Collaço:

"'Então estavam em começo as empresas de caminhos de ferro, de ônibus, de *tramways*, de iluminação a gás etc., e toda a gente reputava os concessionários pessoas a quem as Administrações deviam os mais

ra nas concessões de serviço público", in Carlos Ari Sundfeld (org.), *Parcerias Público-Privadas*, 1ª ed., 2ª tir., São Paulo, Malheiros Editores, 2007, p. 183, nota 3. Sobre a concessão na Idade Média, v. pesquisa feita por Odete Medauar em seu "A figura da concessão", in Odete Medauar (org.), *Concessão de Serviço Público*, São Paulo, Ed. RT, 1995, pp. 11-13. Pedro Gonçalves, ao tratar da evolução da concessão de serviço público, afirma que foi por meio da concessão que, a partir do século XVI, foram construídos canais de navegação, aquedutos, pontes e passagens de água (*A Concessão de Serviços Públicos*, cit., p. 101).

assinalados serviços por se haverem afoitado a tentar as contingências de empresas a que elas não eram capazes de arriscar-se.

"'Predominava sobre o interesse do serviço público a necessidade de favorecer aquele com todas as probabilidades de ganho, tanto mais que, sendo absolutamente novo o serviço que ia organizar-se, eram desconhecidas ainda as exigências com que se asseguraria uma boa exploração.'

"Nestas palavras se encontra a explicação de toda aquela construção jurídica tradicionalmente conhecida como concessão de obras públicas.

"O desenvolvimento na noção de serviço público modificou inteiramente aquela construção primitiva. Hoje a concessão de serviço público bem se caracteriza, com todos os seus elementos essenciais, mesmo quando a exploração do serviço está acompanhada de obras a ele destinadas."[18]

O que se revela é que a concessão de serviços públicos teve origem na concessão de obras públicas, a qual, por sua vez, teve origem no contrato de obras. E que foi a "sucessiva autonomização do serviço explorado com base na obra construída" que fez com que a concessão de *serviço público* ganhasse autonomia com relação à obra.[19]

A distinção entre concessão de obra e concessão de serviço público nunca teve limites muito claros entre si. O mesmo Themístocles Brandão Cavalcanti, na década de 40 do século passado, já dizia que essa polarização não se justificava. Quando um contrato de obra acompanha a concessão de serviço público – dizia o citado autor –, por ele é absorvido.[20]

Oswaldo Aranha Bandeira de Mello também percebeu este aspecto da transformação da concessão de obra em concessão de serviço público. Eis a sua reflexão:

"Muitas vezes, como consequência da execução da obra, havia necessidade de explorá-la, prestando os serviços aos quais ela era destinada. Assim, a par da concessão de obras públicas surgia a concessão de serviços públicos. Não obstante, estes não tomavam posição independente e eram considerados como decorrência natural, apenas, da concessão de obras públicas. Com o correr dos tempos, dada a importância que tomaram tais serviços, e o vulto das suas explorações, foi se delineando

---

18. Themístocles Brandão Cavalcanti, *Tratado de Direito Administrativo*, 3ª ed., vol. 1, São Paulo, Freitas Bastos, 1955 (1ª ed. de 1942), pp. 326-327.
19. Pedro Gonçalves, *A Concessão de Serviços Públicos*, cit., p. 101, nota 2.
20. Themístocles Brandão Cavalcanti, *Tratado de Direito Administrativo*, cit., 3ª ed., vol. 1, p. 328.

a figura da concessão de serviço público. E, hoje em dia, os papéis se inverteram, sendo que a concessão de obra passou a ocupar a posição de elemento integrante da de serviço público.

"Está em desuso a outorga da concessão de obra pública simplesmente, sem o imediato objetivo de prestação do serviço."[21] Em virtude da ligação da concessão a um modelo de administração de obra e serviço público prestado com base nela, por meio do qual o Poder Público transfere à iniciativa privada o ônus dos investimentos, sua fase de maior expansão esteve essencialmente centrada na segunda metade do século XIX e nas primeiras décadas do século XX.[22]

A ampliação do uso da concessão coincide com a época de desenvolvimento da prestação de serviço público pelo Estado, quando a infraestrutura com base na qual o serviço seria explorado era muito dispendiosa e o Estado não tinha recursos suficientes para fazer frente a ela; tampouco possuía capacidade administrativa para implementá-la e fazer a sua gestão de modo eficiente.[23]

Este breve relato é suficiente para entender o surgimento da concessão no Brasil, já que aqui o processo ocorreu de maneira semelhante. Assim como na França, a concessão assumiu especial importância no final do século XIX e início do século XX.[24] Ela foi identificada como

21. Oswaldo Aranha Bandeira de Mello, "Aspecto jurídico-administrativo da concessão de serviço público", Parte I, *RDA* 26/17, Rio de Janeiro, FGV, outubro-dezembro/1951.
22. A afirmação é de Pedro Gonçalves, *A Concessão de Serviços Públicos*, cit., p. 8.
23. Pedro Gonçalves, *A Concessão de Serviços Públicos*, cit., p. 102. Dinorá Adelaide Musetti Grotti explica que a generalização da concessão de serviços públicos só se dá no período do Estado Social, quando "o Estado foi assumindo novos encargos no campo social e econômico, que exigiam grandes investimentos financeiros e pessoal técnico especializado, surgindo a necessidade de encontrar novas formas de gestão do serviço público e da atividade privada exercida pela Administração. De um lado, a ideia de especialização, visando à obtenção de melhores resultados; de outro – e com o mesmo objetivo –, a utilização de métodos de gestão privada, mais flexíveis e mais adaptáveis ao novo tipo de atividade assumida pelo Estado" ("A experiência brasileira nas concessões de serviços públicos", cit., in Carlos Ari Sundfeld (org.), *Parcerias Público-Privadas*, 1ª ed., 2ª tir., p. 184).
24. Maria Sylvia Zanella Di Pietro, ao tratar da história do direito administrativo brasileiro e ao se referir ao período imperial, lembra que Themístocles Brandão Cavalcanti, em apresentação de obra de Visconde de Uruguay, reeditada em 1960 (*Ensaios sobre o Direito Administrativo*, de 1862), escreveu que "o direito administrativo no Império é toda a construção da jurisprudência administrativa feita pelo Conselho de Estado em suas diversas fases, é toda a legislação sobre terras, especialmente sobre terrenos de marinha e terras devolutas, é a legislação de águas, de minas, é a legislação sobre concessões ferroviárias e de portos, com traços marcantes e bem definidos, é o regime de

fator de desenvolvimento, uma vez que esteve relacionada à criação e expansão da rede de estradas de ferro, de portos, de energia elétrica e de serviços de transporte coletivo. Caio Tácito lembra que "nossa história econômica está pontilhada de nomes ilustres que se ocuparam destas atividades, mobilizando recursos em empreendimentos desta natureza. Mauá, no setor de ferrovias, foi um criador e coordenador de empresas concessionárias de serviços públicos. Um homem como Teófilo Ottoni sonhou abrir um caminho marítimo para Minas Gerais, através do Vale do Mucuri, no Espírito Santo, numa realização que não teve êxito e que fora planejada através do esquema de uma empresa concessionária. O grande desenvolvimento da Região Sul, especialmente de São Paulo, foi em grande parte possibilitado pela existência de suficiente potencial elétrico, fornecido por empresa concessionária."[25-26]

Conquanto no final do século XIX a concessão tenha sido elemento importante de desenvolvimento no Brasil, nos anos 40 do século passado o fenômeno da expansão da concessão arrefeceu. O momento coincidiu com a instabilidade econômica em geral, em razão das guerras mundiais e das tendências estatizantes, levando ao aumento da intervenção estatal direta na prestação de atividades aos particulares. Muitas empresas estatais foram criadas para absorver boa parte das concessões outorgadas ao setor privado.

Surgiram, assim, as concessões outorgadas às empresas estatais,[27] que proliferaram no Brasil até serem solapadas pela crise fiscal e pela

garantias de juros, base do nosso desenvolvimento na origem da construção do nosso sistema de estradas de ferro e navegação, etc. É todo o debate em torno do contencioso administrativo, da competência dos tribunais administrativos e judiciais. É, ainda, a construção doutrinária, feita pelos professores e pelos tratadistas, como o [Visconde do] Uruguay, Ribas, Pereira do Rêgo etc." ("500 anos de direito administrativo brasileiro", in Revista Eletrônica de Direito do Estado 5, Salvador, Instituto de Direito Público da Bahia, 2006, disponível na Internet em http://www.direitodoestado.com.br, acesso em 24.6.2008).

25. Caio Tácito, "Reformas do estatuto de concessões de serviços públicos", in Caio Tácito, Temas de Direito Público (Estudos e Pareceres), vol. 1, Rio de Janeiro, Renovar, 1997, pp. 754-755.

26. Tais fatos ajudam a entender a distinção legal existente na maioria dos países da Europa Continental, e também no Brasil, entre concessão de obra pública e concessão de serviço público, a qual muitas vezes não é clara e é carente de utilidade prática, ante a coincidência de regras para um e outro instituto. Marçal Justen Filho, ao comentar a Lei Geral de Concessões brasileira – a Lei 8.987/1995 –, afirma que tais espécies admitem distinção teórica entre si, mas admitem uniformização de seu regime jurídico básico (Teoria Geral das Concessões de Serviço Público, cit., p. 100).

27. Observação feita por Odete Medauar, "A figura da concessão", cit., in Odete Medauar (org.), Concessão de Serviço Público, p. 13.

falta de eficiência em suas prestações. Já era o final do século XX, quando surgiu um movimento de redescoberta da concessão. Esse ir e vir da História foi descrito por Caio Tácito como o fenômeno do *retorno do pêndulo*.[28] Segundo o relato do autor, enquanto no período colonial o Absolutismo concentrava no poder monárquico o domínio da ordem econômica com a finalidade de captação de recursos para o erário, na segunda metade do século XIX a mobilização de capitais privados passa a assumir importante função na exploração de atividades de interesse coletivo. Nas primeiras décadas do século XX, período marcado pelo primeiro pós-guerra, o Estado volta-se à elaboração de novos direitos – especialmente sociais –, que passam a entrar no elenco das garantias fundamentais. No final das décadas de 30 e 40 a empresa pública ingressa na vida econômica nacional,[29] com a criação de monopólios em favor da União (art. 116 da Constituição de 1934),[30] sendo que a expansão da ação direta do Estado na atividade econômica e social alcança seu ápice no início da década de 80. A limitação de serviços públicos e a tendência de retomada da abertura da ordem econômica conduzem a uma crescente política de retração na atividade pública empresarial, em busca de maior produtividade em áreas acessíveis à economia privada.[31] No Brasil os primeiros movimentos nesse sentido foram feitos ao longo da década de 80, e mais fortemente na década de 90, com a adoção de um Programa Nacional de Desburocratização, seguido da criação de um Conselho Interministerial de Privatização, que culminou num amplo programa de privatização das empresas estatais brasileiras. A expressiva valorização da iniciativa privada em áreas peculiares à atividade estatal levou à elaboração de regras para sua participação, com a edição da Lei 8.987, de 13.2.1995. Além dela, leis setoriais foram editadas para estabelecer normas para certos setores (é o caso das telecomunicações e dos setores de petróleo e gás).

Quanto à relação entre o papel do Estado e o surgimento da concessão como instrumento de descentralização das atividades estatais,

28. Caio Tácito, "O retorno do pêndulo: serviço público e empresa privada", in Caio Tácito, *Temas de Direito Público (Estudos e Pareceres)*, vol. 1, Rio de Janeiro, Renovar, 1997, pp. 721-733.
29. É o caso do Instituto de Resseguros do Brasil (1939), da Cia. Siderúrgica Nacional (1941) e da Cia. Vale do Rio Doce (1942).
30. A Petrobrás foi criada em 1953, e no setor elétrico o monopólio estatal foi criado em 1961 por meio da Eletrobrás.
31. Esse fenômeno é sentido em muitos países, como Inglaterra, França, México e Chile. Segundo relatório de 1994 do Banco Mundial, no período de 1988 a 1992, 25 países em desenvolvimento realizaram programas de privatização, no valor total de US$ 61,6 bilhões, com dois terços concentrados em setores da infraestrutura.

vale a transcrição de um trecho escrito por Oswaldo Aranha Bandeira de Mello. Suas ponderações explicam a correlação entre a maior ou menor intervenção do Estado na economia e a desejável abertura de espaço, via concessão, para o setor privado atuar na realização de atividades públicas. Vejam-se as palavras do autor:

"Após a Revolução Francesa, sob a influência dos preceitos individualistas que a informaram, predominou, em as nações civilizadas, a concepção de que o Estado devia se abster de gerir, diretamente, os serviços da atividade social, devendo, nas duas hipóteses em que se justificava fossem avocadas para si tais atribuições, delegar o seu exercício aos particulares, mediante concessão de serviços públicos. Era a época em que imperava o princípio do *laissez-faire, laissez-passer*. A Grande Guerra acarretou profunda transformação no pensamento contemporâneo, que se viu, então, imbuído das concepções socializantes do Direito e, por conseguinte, dominado pelas doutrinas favoráveis à intervenção direta do Estado na ordem social. É o predomínio da economia dirigida.

"Contra a administração direta do Estado nos serviços públicos se podem levantar várias objeções. Assim, se alega, em primeiro lugar, a sua incapacidade para explorá-los, em consequência de faltar-lhe as necessárias doses de iniciativa e adaptação às circunstâncias, que vão surgindo por ocasião do desempenho do serviço, o que exige ação rápida ante as situações objetivas aparecidas. Em segundo lugar, se argumenta haver, nas suas empresas, deficiência de interesse pessoal, pois ele age por intermédio de representantes, os quais não têm, nos negócios, o mesmo interesse que os particulares, imediatamente atingidos por eles. Além disso, estão sujeitas tais empresas a influências políticas, sendo difícil, também, sua rigorosa fiscalização, a fim de se impedirem abusos de diversas naturezas. E esses inconvenientes são mais sensíveis segundo o grau de complexidade do serviço e, principalmente, quando há inversão de grandes capitais.

"(...).

"Dada a intervenção muito intensa, nos países latinos, dos políticos na atuação do governo, prejudicando os interesses coletivos em proveito das conveniências partidárias, nos parece preferível o regime de concessão ao de exploração direta pelo Estado, mesmo sob forma autárquica, dos serviços públicos de sua atividade social, de caráter industrial. Mais fácil será se encontrarem nesses povos 'equipes' de funcionários dedicados e hábeis, que exercerão convenientemente a fiscalização dos serviços concedidos, do que conseguir-se organização satisfatória do Poder Público para diretamente gerir tais atividades, de forma que essas repartições fiquem alheias ao bafejo da politicagem ou do emperramento burocrático."[32]

Assim, para o presente trabalho é útil ter claro que variadas razões levaram o Estado a optar, desde o século XIX, em alguns momentos mais intensamente que em outros, pela descentralização de suas atividades econômicas, buscando o apoio do setor privado para a realização de obras e prestação de serviços públicos.[33] O instrumento de colaboração dos esforços público e privado na criação de infraestruturas públicas esteve originalmente ligado à concessão de obra pública, para depois ser amplamente estudado a partir do serviço prestado com base no equipamento disponibilizado.

3. Doutrina brasileira da metade do século XX

3.1 Considerações iniciais

A difundida noção de concessão como "o instituto através do qual o Estado atribui o *exercício* de um serviço público a alguém que aceita prestá-lo em nome próprio, por sua conta e risco, nas condições fixadas e alteráveis unilateralmente pelo Poder Público, mas sob garantia contratual de um equilíbrio econômico-financeiro, remunerando-se *pela própria exploração do serviço*, em geral e basicamente mediante tarifas cobradas diretamente dos usuários do serviço",[34] descreve bem a aplicação do instituto ao caso do serviço público. Entretanto, por outro ângulo de análise, pode-se tomar a concessão de modo mais amplo, como modelo de colaboração com o setor privado.

Em função do objetivo deste estudo, que pretende caracterizar o gênero "concessão",[35] é feita a opção, neste início de trabalho, pela pesquisa

---

32. Oswaldo Aranha Bandeira de Mello, "Natureza jurídica da concessão de serviço público", *RDP* 19/9-36, São Paulo, Ed. RT, janeiro-março/1972 (pp. 16-17).
33. Fernando Dias Menezes de Almeida, em artigo sobre a regulação no direito positivo brasileiro, traz dados do IBGE que colocam em números a diminuição da participação do setor público na formação bruta do capital fixo no Brasil. Somados os três níveis da Federação, em 1996 a participação do capital público era de 22% (contra 78% do setor privado), caindo em 2000 para 13,5% (contra 86,5% do setor privado). Nos fins da década de 60 a diferença é ainda mais perceptível, quando a participação do setor público era de aproximadamente 2/3, contra 1/3 do setor privado ("Considerações sobre a 'regulação' no direito público brasileiro", *Revista de Direito Público da Economia* 12/70, Belo Horizonte, Fórum, outubro-dezembro/2005).
34. Celso Antônio Bandeira de Mello, *Curso de Direito Administrativo*, 27ª ed., São Paulo, Malheiros Editores, 2010, p. 701.
35. Não serão objeto de estudo as espécies de concessão, nem mesmo a concessão de serviços públicos em si.

acerca das características que deram origem à concessão. A partir dela será possível identificar as raízes doutrinárias do instituto para, mais à frente, refletir a seu respeito.

Esta é a meta do item a seguir: expor os pensamentos típicos da doutrina brasileira das décadas de 30 a 60 do século passado, quando foram elaboradas afirmações e conceitos sobre o instituto, os quais, em grande medida, ainda hoje são reproduzidos na literatura do direito público. Somente a partir de tais noções torna-se possível ponderar sobre suas afirmações – o que será feito nos Capítulos III e IV deste trabalho.

3.2 Um retrato de época sobre a concessão como instrumento de colaboração no Brasil

Já se disse que os estudos sobre concessão no Brasil foram fortemente inspirados pela doutrina e jurisprudência francesas. Naquele país, onde o Conselho de Estado teve papel importante na construção do regime jurídico aplicável a esse modelo contratual, a doutrina encarregou-se de sistematizar os princípios fixados pela jurisprudência.

Os conceitos franceses, de fato, foram desde cedo recebidos no Brasil. Já no ano de 1908 o STF acolheu pela primeira vez a ideia de concessão ao julgar o litígio entre a União Federal e a Cia. Docas de Santos. É o que relata Carlos Ari Sundfeld, percebendo a utilização dos manuais franceses como ponto de partida da definição brasileira de concessão, inclusive por nossa Corte Constitucional.[36-37]

---

36. Carlos Ari Sundfeld conta que no acórdão do caso "União Federal *vs.* Cia. Docas de Santos" (STF, 1908) o Supremo invocou Hauriou ao conceituar a nova figura, fazendo-o da seguinte forma: "Que uma concessão, como a da espécie, é antes de tudo um acto administrativo ou de Poder Público, pelo qual se delega o exercício de certos direitos de Poder Público (*droit de puissance publique*) (Hauriou – *Droit Adm.*, ns. 300, 398 e 494) a um indivíduo ou associação privada sobre uma parte do domínio público, ou sobre uma parte da própria Administração Pública, uma vez que outra cousa não é a obra e o serviço dos portos marítimos do Estado e das capatazias e armazéns das alfândegas" (*Concessão*, cit., p. 3). Para um relato sobre esta fase da jurisprudência do STF, que teve no Min. Amaro Cavalcanti (1906-1914) a figura mais ativa à época nos julgados envolvendo concessionárias de serviço público, v. Lêda Boechat Rodrigues, *História do Supremo Tribunal Federal*, t. II ("1899-1910 – Defesa do Federalismo"), Rio de Janeiro, Civilização Brasileira, 1968, pp. 175-180.

37. A submissão da Administração Pública ao controle judicial é um dos traços marcantes do direito administrativo brasileiro no período republicano – é o que relata Maria Sylvia Zanella Di Pietro ("500 anos de direito administrativo brasileiro", cit., *Revista Eletrônica de Direito do Estado* 5, disponível na Internet in *http://www.direitodoestado.com.*

ELEMENTOS HISTÓRICOS DA CONCESSÃO NO BRASIL 29

Tendo por base essa constatação, útil para entender o contexto no qual se iniciaram os estudos sobre concessão no Brasil, o que segue é uma síntese do pensamento elaborado pelos principais doutrinadores da época. Suas afirmações formam o retrato de um período da história do direito administrativo brasileiro que perpassa as Constituições de 1934, 1937, 1946, 1967 e 1967, com a Emenda 1/1969.[38] Tais Cartas constitu-

br, acesso em 24.6.2008). Segundo a autora, ao citar Lafayette Pondé em trabalho sobre o "Direito administrativo na República" (*RDA* 178/24), isso ocorreu em várias hipóteses quando não havia disciplina para eles no direito positivo, sendo que dentre elas estava a adoção de uma teoria dos contratos administrativos, inclusive da concessão de serviço público, com características diversas das do direito privado.

38. Todas as Constituições trataram da concessão, e de modo bastante semelhante, como se lê a seguir:

– *Constituição de 1934*
"Art. 135. A lei determinará a percentagem de empregados brasileiros que devam ser mantidos obrigatoriamente nos serviços públicos dados em concessão, e nos estabelecimentos de determinados ramos de comércio e indústria.

"Art. 136. As empresas concessionárias ou os contratantes, sob qualquer título, de serviços públicos federais, estaduais ou municipais deverão: a) constituir as suas Administrações com maioria de diretores brasileiros, residentes no Brasil, ou delegar poderes de gerência exclusivamente a brasileiros; b) conferir, quando estrangeiros, poderes de representação a brasileiros em maioria, com faculdade de substabelecimento exclusivamente a nacionais.

"Art. 137. A lei federal regulará a fiscalização e a revisão das tarifas dos serviços explorados por concessão, ou delegação, para que, no interesse coletivo, os lucros dos concessionários, ou delegados, não excedam a justa retribuição do capital, que lhes permita atender normalmente às necessidades públicas de expansão e melhoramento desses serviços."

– *Constituição de 1937*
"Art. 147. A lei federal regulará a fiscalização e revisão das tarifas dos serviços públicos explorados por concessão para que, no interesse coletivo, delas retire o capital uma retribuição justa ou adequada e sejam atendidas convenientemente as exigências de expansão e melhoramento dos serviços.

"Parágrafo único. A lei se aplicará às concessões feitas no regime anterior de tarifas contratualmente estipuladas para todo o tempo de duração do contrato."

– *Constituição de 1946*
"Art. 151. A lei disporá sobre o regime das empresas concessionárias de serviços públicos federais, estaduais e municipais.

"Parágrafo único. Será determinada a fiscalização e a revisão das tarifas dos serviços explorados por concessão, a fim de que os lucros dos concessionários, não excedendo a justa remuneração do capital, lhes permitam atender às necessidades de melhoramentos e expansão desses serviços. Aplicar-se-á a lei às concessões feitas no regime anterior, de tarifas estipuladas para todo o tempo de duração do contrato."

– *Constituição de 1967, com a Emenda 1/ 1969*
"Art. 167. A lei disporá sobre o regime das empresas concessionárias de serviços públicos federais, estaduais e municipais, estabelecendo: I – obrigação de manter serviço

cionalizaram a concessão e criaram o direito de o concessionário receber tarifas que remunerassem o capital investido.

O que se lê nelas é um modelo de concessão que sempre envolveu a transferência, por parte do Estado, à iniciativa privada da gestão do serviço público e dos ônus do financiamento do empreendimento, reservando para si as decisões estratégicas pela prestação do serviço. À diferença dos dias de hoje, em que se discute acerca da repartição de riscos entre o poder concedente e o concessionário, naquele tempo assumia-se que cabia ao Estado arcar integralmente com os riscos derivados da outorga.[39]

Assim, o que vem a seguir é o relato da doutrina de uma época, útil para o trabalho porque é um de seus objetivos verificar em que medida as afirmações nascidas em certo momento histórico, e frequentemente reproduzidas nos dias de hoje, continuam a vincular as interpretações e construções doutrinárias pós-Constituição de 1988.

3.2.1 Primeira impressão

É interessante conhecer o direito administrativo por meio de textos escritos nas décadas de 30 e seguintes do século passado. Depois de uma lenta e laboriosa formação doutrinária, de 1930 para cá começa a se perceber uma codificação parcial da disciplina, com a edição, por exemplo, do Estatuto dos Funcionários Públicos e dos Códigos de Água, de Minas, de Caça e Pesca e o Florestal.[40] Aos poucos o direito administrativo vai perdendo seu caráter apriorístico, tipicamente doutrinário, que caracterizou este ramo do Direito em seus primeiros períodos de vida.[41]

É curioso notar que os autores se esforçaram para adaptar ideias e classificações à crescente codificação em torno dos assuntos, inicialmente formulados com base nas construções teóricas e jurisprudenciais da

adequado; II – tarifas que permitam a justa remuneração do capital, o melhoramento e a expansão dos serviços e assegurem o equilíbrio econômico e financeiro do contrato; e III – fiscalização permanente e revisão periódica das tarifas, ainda que estipuladas em contrato anterior."
39. A observação é de Jacintho Arruda Câmara, "A experiência brasileira nas concessões de serviço público e as parcerias público-privadas", in Carlos Ari Sundfeld (org.), *Parcerias Público-Privadas*, 1ª ed., 2ª tir., São Paulo, Malheiros Editores, 2007, p. 164.
40. Mesmo na França, só depois da I Guerra Mundial (1914-1918) é que surgem os *Tratados de Direito Administrativo* (Hauriou, Berthélemy, Gaston Jèze e Waline).
41. Themístocles Brandão Cavalcanti, *Tratado de Direito Administrativo*, cit., 3ª ed., vol. 1, pp. 38-40.

ELEMENTOS HISTÓRICOS DA CONCESSÃO NO BRASIL 31

França, de outros países da Europa Continental, e não raras vezes pelos Direitos Americano e Inglês.[42]

Houve um aprofundamento significativo dos estudos em matéria de serviços públicos e sua exploração, nesse período. Porém, dada a ausência de norma geral sobre o tema, os textos, via de regra, seguem o seguinte roteiro: analisam a natureza do ato de concessão de serviço público para, na sequência, tratar de temas pontuais, muitas vezes ligados a casos concretos, ora inseridos em setores codificados (por exemplo, a exploração de potencial hidráulico), ora em setores carentes de normas (por exemplo, o transporte coletivo urbano).

A leitura dos trabalhos de Francisco Campos,[43] Themístocles Brandão Cavalcanti,[44] Mário Masagão,[45] J. H. Meirelles Teixeira,[46] Ruy Cirne Lima[47] e Oswaldo Aranha Bandeira de Mello[48] é reveladora quanto ao acima referido. Ainda que se reconheça um sentido mais amplo para a concessão (para englobar a outorga de bens públicos a sujeitos privados), ela é sempre estudada em conjunto com o tema dos serviços públicos.

Quanto aos subtemas do objeto de reflexão, além da natureza jurídica do ato de outorga, destacam-se aspectos contratuais da concessão, entre os quais se encontram questões envolvendo o procedimento licitatório, o prazo da avença, a fixação das tarifas e sua revisão, o equilíbrio econômico-financeiro do contrato, a intervenção do Estado e temas relacionados à extinção antecipada da concessão.

Considerando a finalidade deste trabalho – qual seja, caracterizar o gênero "concessão" –, interessa identificar, na leitura desta doutrina, o seguinte: *Haveria um uso "correto" da palavra "concessão"? Qual a*

---

42. Francisco Campos, nos seus pareceres sobre concessão de telefonia e de energia elétrica, impressiona neste aspecto (*Direito Administrativo*, Rio de Janeiro, Imprensa Nacional, 1943).
43. Francisco Campos, *Direito Administrativo*, cit., 1943.
44. Themístocles Brandão Cavalcanti, *Tratado de Direito Administrativo*, cit., 3ª ed., vol. 2.
45. Mário Masagão, *Curso de Direito Administrativo*, 6ª ed., São Paulo, Max Limonad, 1977 (1ª ed. de 1959-1960); *Natureza Jurídica da Concessão de Serviço Público*, São Paulo, Saraiva, 1933 (tese de provimento de cátedra na USP).
46. J. H. Meirelles Teixeira, *Estudos de Direito Administrativo*, vol. 1, São Paulo, Departamento Jurídico da Prefeitura do Município de São Paulo, Procuradoria Administrativa, 1949.
47. Ruy Cirne Lima, *Princípios de Direito Administrativo Brasileiro (Parte Geral e Parte Especial)*, 7ª ed., São Paulo, Malheiros Editores, 2007.
48. Oswaldo Aranha Bandeira de Mello, *Princípios Gerais de Direito Administrativo*, 3ª ed., vol. I, São Paulo, Malheiros Editores, 2007 (1ª ed. de 1969).

natureza jurídica da concessão? O objeto "prestação de serviço público" é um dos elementos essenciais da concessão? Este roteiro serve para, no momento oportuno (Capítulos II, III e IV), verificar em que medida tais afirmações vão, ou não, de encontro à caracterização da concessão nos dias de hoje.

Foi deixada de lado qualquer análise detalhada sobre o serviço público em si, bem como sobre os temas relacionados aos aspectos contratuais da concessão – quais sejam, os que tratam da outorga (competência para conceder e processo licitatório), do concessionário, dos usuários, do prazo contratual, das prerrogativas do poder concedente, do regime tarifário e da extinção do vínculo contratual.

Desse modo, segue-se o roteiro de análise estabelecido.

3.2.2 Haveria um uso "correto" da palavra "concessão"?

A primeira dúvida que se procurou responder na literatura selecionada para pesquisa foi quanto à existência, ou não, de um uso *correto* da palavra "concessão". Haveria um uso universal do instituto?

O que se nota é que há certo consenso doutrinário envolvendo a palavra "concessão" quando se trata de reconhecer seu uso para designar ocupações privativas do domínio público e para viabilizar a outorga de direitos próprios do Estado a terceiros – como, por exemplo, a promoção de desapropriações, o recolhimento de tarifas e o exercício do poder de polícia.[49]

A palavra "concessão" teria, então, na teoria do direito administrativo, mais de uma aplicação, muito embora ela seja usada especialmente em relação à exploração e execução de serviço público.

Nesse sentido – ou seja, reconhecendo que o termo não serve unicamente para se referir à prestação de serviço público –, Themístocles Brandão Cavalcanti afirma que há na palavra "concessão", qualquer que seja sua aplicação, um *sentido comum*, que é a transferência, a outorga, a terceiro dos poderes, ou de alguns dos poderes, vantagens, utilidades que pertencem ao concedente e que, por efeito da própria concessão, passam ao concessionário, reservando o concedente alguns dos direitos, vantagens ou utilidades próprios do objeto outorgado.[50]

---

49. José Cretella Jr., *Direito Administrativo Brasileiro*, vol. 1, Rio de Janeiro, Forense, 1983, pp. 421-422.
50. Themístocles Brandão Cavalcanti, *Tratado de Direito Administrativo*, cit., 3ª ed., vol. 2, p. 342.

Apesar de afirmar que a concessão tem o mencionado sentido comum e, portanto, amplo, o autor atenta para o fato de que as consequências da concessão são distintas conforme seu objeto e finalidade, de modo que a concessão de obras públicas ou do domínio público não se confunde com a concessão de serviço público.[51]

A observação é bastante óbvia: não se discorda de que as consequências da concessão variam conforme seu objeto e finalidade. Aliás, é por isso que a literatura, em geral, escolhe um foco para reflexão, como faz Oswaldo Aranha Bandeira de Mello ao afirmar que a concessão envolve um negócio jurídico entre o Estado e um privado, por meio do qual o Estado reserva para si algum "direito inerente à sua condição de concedente". Deveras, não é útil, como acontece na Itália, que a concessão corresponda à outorga pela Administração Pública de "qualquer direito" ao particular. Naquele país, segundo o mencionado autor, a expressão não só envolve a outorga de prêmio por ato público, como também é o ato administrativo que concede ao condenado perdão do seu crime ou, ainda, a outorga de poderes ao funcionário público em virtude do ato administrativo de nomeação para cargo público em órgão estatal.[52]

Acertada, assim, seria a opção dos franceses e alemães, que restringem o emprego do termo aos "atos administrativos de delegação a terceiro, por parte da Administração Pública, de poderes e deveres que lhe competem, para, em seu lugar e sob sua fiscalização, desempenhar certos cometimentos, em nome e conta própria".[53]

Esse seria um possível uso "correto" da concessão, na visão da doutrina estudada. Noutras palavras, seria o uso mais frequente e útil, na medida em que contribui para evitar confusão entre duas situações distintas – quais sejam, a delegação de poderes e deveres da Administração Pública a terceiros e a outorga de qualquer direito ao particular. De todo modo, é preciso esclarecer que o referido sentido atribuído para a concessão nos estudos doutrinários está invariavelmente relacionado à prestação de serviço público, ainda que se reconheçam outros usos para o instituto.

51. Idem, ibidem.
52. Oswaldo Aranha Bandeira de Mello, *Princípios Gerais de Direito Administrativo*, cit., 3ª ed., vol. I, p. 556. Para o autor, a concessão constitutiva de direito seria aquela por meio da qual "o concedente delega ao concessionário poderes para utilizar ou explorar bem público, mas os atribui em qualidade inferior e quantidade menor dos que os tem. (...)".
53. Oswaldo Aranha Bandeira de Mello, *Princípios Gerais de Direito Administrativo*, cit., 3ª ed., vol. I, p. 557.

3.2.3 Qual a natureza jurídica da concessão?

Por que pesquisar a natureza jurídica da concessão? Não é para fazer ilações acerca das diversas teorias surgidas (a que a considera ato unilateral; a que a considera contrato ora público, ora privado; a que a considera um negócio jurídico misto).[54] O que se deseja saber é para quê serve essa análise, e quanto ela é útil para o presente trabalho, já que invariavelmente os autores pesquisados iniciam suas considerações por ela.

As leis brasileiras, desde a primeira relativa à concessão, de 29.8.1928, sempre afirmaram seu caráter contratual.[55-56] É comum ver a afirmação de que a concessão tem natureza jurídica contratual. Mário Masagão definiu o instituto como "contrato de direito público, oneroso, sinalagmático e comutativo, pelo qual a Administração transfere a pessoa do direito privado a obrigação de fazer funcionar um direito público".[57]

Isto não quer dizer que não haja divergências sobre esse aspecto. Muito pelo contrário. Oswaldo Aranha Bandeira de Mello é convicto quanto à natureza mista da concessão. Para o autor, a concessão envolve uma relação jurídica complexa, composta de um ato unilateral (regulamentar) por meio do qual o Estado fixa as condições em que será prestado o serviço, e de um contrato de direito privado, no que diz respeito à equação econômico-financeira, estabelecida por meio da proposta elaborada pelo privado.[58]

54. Sobre as diversas teorias que tratam da natureza jurídica da concessão de serviço público, v. Oswaldo Aranha Bandeira de Mello, "Natureza jurídica da concessão de serviço público", cit., *RDP* 19/11-36.
55. Mário Masagão, *Curso de Direito Administrativo*, cit., 6ª ed., p. 287.
56. José Cretella Jr., *Direito Administrativo Brasileiro*, cit., vol. 1, p. 422; e Themístocles Brandão Cavalcanti, *Tratado de Direito Administrativo*, cit., 3ª ed., vol. 2, pp. 350-365.
57. Mário Masagão, *Curso de Direito Administrativo*, cit., 6ª ed., p. 286.
58. V. a posição de Oswaldo Aranha Bandeira de Mello sobre a natureza jurídica da concessão: "O interesse do concessionário se cifra em obter lucros na exploração do serviço, e foi tendo em mira esta causa final que acordou em aceitar a concessão de serviço público, enquanto o interesse do Estado é atender às necessidades coletivas na forma que lhe parece mais conveniente, e, considerando esta causa final, acordou em delegar a terceiro a concessão de serviço público. Assim, a concessão é originada de acordo; por conseguinte, convencional, mas não contratual. Para, porém, assegurar a sua posição financeira e atingir o fim pelo qual acordou em levar a efeito o serviço público, o concessionário firma contrato que estabelece a sua equação econômica. Por sua vez, o serviço público, pelo fato de sua execução haver sido entregue a um particular, não perde o caráter de serviço público e, por conseguinte, não se despoja o Estado das suas prerrogativas de prescrever, unilateralmente, as normas mais aconselhadas para o seu bom de-

Themístocles Brandão Cavalcanti, adepto da teoria do contrato de direito público, afirma que pouco importa que haja cláusulas obrigatórias, decorrentes de normas gerais e impessoais, ditadas pela lei, preexistentes e às quais se acham subordinadas as autoridades administrativas. É indispensável – segundo ele – o acordo de vontades entre as partes, mesmo que estas sejam heterogêneas; daí a sua natureza contratual.[59]

Consciente desse debate, que já vinha de longa data, Francisco Campos, em parecer elaborado no ano de 1933, afirma que a controvérsia acerca da natureza jurídica da concessão não tem grande importância, uma vez que não variam as relações jurídicas entre concedente e concessionário com sua classificação na categoria de ato unilateral ou contrato. Para ele, o que interessa é que a concessão gera direitos, responsabilidades e garantias para ambas as partes, independentemente de sua natureza jurídica. O autor pondera que essa discussão tem origem no momento histórico da transição entre o regime de polícia e o Estado de Direito. Segundo observa, "o que se pretende quando se classificam entre os contratos os atos de concessão de serviço público não é, propriamente, configurar uma espécie jurídica com o simples intuito de classificá-la ou de ordená-la em uma das categorias fundamentais do Direito, mas *acentuar que o ato de concessão produz efeitos jurídicos*, que por ele o concessionário se investe de direitos e de garantias e que, uma vez concedido o serviço público para o concessionário, dentro nos limites do ato de concessão, se cria um estado de inviolabilidade e de proteção no que se refere às vantagens e prestações estipuladas, conseqüências, estas, que na vigência do regime de polícia só poderiam ser atribuídas aos contratos". E arremata, com base no pensamento de Otto Mayer, afirmando que: "Uma vez, porém, que no Estado regido pelo Direito um ato de direito público é suscetível de gerar direitos e deveres, é indiferente seja a concessão classificada como ato unilateral ou contratual, desde que, em um e outro sistema, lhe sejam atribuídas as consequências jurídicas que costumam decorrer das relações contratuais".[60]

O autor, ao mesmo tempo em que desqualifica o debate em torno da natureza jurídica da concessão, por achar que se trata de um esforço classificatório inútil, reconhece que o ato de concessão produz efeitos jurídicos ao concessionário, a quem se outorgam direitos e garantias com sempenho no interesse coletivo, como juiz, que é, desse interesse" ("Natureza jurídica da concessão de serviço público", cit., *RDP* 19/35).
59. Themístocles Brandão Cavalcanti, *Tratado de Direito Administrativo*, cit., 3ª ed., vol. 2, p. 356.
60. Francisco Campos, *Direito Administrativo*, cit., pp. 173-174.

base no serviço concedido, independentemente da sua qualificação como ato unilateral ou contratual.

Mesmo para Oswaldo Aranha Bandeira de Mello, para quem a concessão tem a natureza jurídica de um negócio misto – por ser formada por um ato unilateral, de um lado, e, de outro, por um contrato privado –, por meio dela "não se despoja o Estado das suas prerrogativas de prescrever, unilateralmente, as normas mais aconselhadas para o seu bom desempenho no interesse coletivo, como juiz, que é, desse interesse".[61]

O que a divergência revela é que, independentemente da teoria a que se filie, a consequência está no reconhecimento de prerrogativas públicas na concessão. Representativo desse pensamento é o seguinte trecho de Oswaldo Aranha Bandeira de Mello, para quem "o interesse privado deve, sempre, ceder diante do interesse público. Sobre este só prevalece o direito privado cuja segurança contra aquela está na reparação patrimonial dos danos sofridos. Ante o interesse coletivo, o titular de direito privado tem direito, apenas, à sua conversão em determinada expressão patrimonial. Esse o princípio que rege o direito público, e, portanto, os serviços concedidos".[62]

A teorização pura e simples acerca da natureza jurídica da concessão (se ato unilateral, se misto de ato unilateral e contrato privado, se contrato público) não encontra uma razão de ser senão para, a partir dela, afirmar a existência de um regime jurídico especial nas concessões – típico de direito público –, o qual lhe é aplicado tendo em vista seu objeto e finalidade: a prestação de serviços públicos. Nota-se essa mesma consequência a partir do reconhecimento de um objeto especial para a concessão – a prestação de serviço público. Este também é um elemento que leva à afirmação de um regime jurídico especial em contratos desse tipo.[63]

Assim, em matéria de concessão, o estudo acerca da natureza jurídica do vínculo serve para afirmar certas prerrogativas da Administração

---

61. Oswaldo Aranha Bandeira de Mello, "Natureza jurídica da concessão de serviço público", cit., *RDP* 19/35.
62. Idem, p. 36.
63. Quanto a este último aspecto, Francisco Campos é bastante eloquente: "O fato de a concessão ter por objeto um serviço público não influi, igualmente, na caracterização da sua natureza jurídica. Será um elemento a ser considerado na interpretação e na execução do contrato, como na interpretação e na execução dos contratos celebrados entre particulares o fim a que eles se destinam constitui elemento ou subsídio a ser invocado não só na indagação da vontade presumida das partes, mas também na apreciação da conformidade dos seus atos de execução à finalidade em vista da qual se constituiu entre elas o nexo contratual" (*Direito Administrativo*, cit., p. 175).

concedente.[64] Para uns, porque envolve a prestação de serviço público;[65] para outros, porque envolve um negócio jurídico com o Estado (sob o formato de contrato público ou não). Mas em ambos os casos a consequência é o reconhecimento de efeitos exorbitantes do direito civil.[66] A construção das teorias envolvendo contratos administrativos foi claramente feita em prol da afirmação de poderes exorbitantes em favor da entidade pública contratante.

3.2.4 O objeto "prestação de serviço público" é um dos elementos essenciais da concessão?

No contexto estudado a resposta é afirmativa, pois o contrato de concessão confunde-se com o próprio instituto. Havendo uma ligação originária entre contrato de concessão e prestação de serviço público, o objeto "prestação de serviço público" é um dos elementos essenciais do ato de outorga. Junto com o acordo de vontades, a capacidade das partes e a forma prescrita em lei, o objeto lícito e possível é um dos elementos essenciais de todos os contratos, conforme a teoria geral dos contratos, estudada no direito civil.

Assim, a conclusão só pode ser uma: a teoria do contrato de concessão tradicionalmente inclui o *objeto* da relação na sua caracterização. Isso fica muito evidente na seguinte passagem de Themístocles Brandão

---

64. Francisco Campos, *Direito Administrativo*, cit., p. 176.
65. É o caso de Gastón Jèze (cit. por Francisco Campos), para quem é exclusivamente da noção de serviço público que decorrem os efeitos exorbitantes do direito civil: "O que leva Jèze a atribuir à concessão uma natureza jurídica especial é o fato de que ela tem por fim ou objeto o funcionamento de um serviço público. Ora, o fim ou objeto do ato não determina a sua natureza jurídica. O que Jèze tem em vista é fazer com que a consideração do serviço influa na inteligência e na execução da concessão. Ora, essa influência do fim sobre a inteligência e a execução dos contratos se faz sentir em todos os contratos, e não apenas naqueles que Jèze denomina administrativos. O fim não qualifica, portanto, a natureza jurídica do ato, mas a sua significação ou o seu destino prático". Francisco Campos discorda da tese, e afirma que tais efeitos não decorrem implicitamente da adjudicação ao particular de um serviço público. Eles precisam estar expressos no instrumento em que o concessionário declara reconhecê-los e aceitá-los (*Direito Administrativo*, cit., p. 181).
66. O trecho a seguir, de Mário Masagão, expõe claramente o que se afirmou: "Em resumo, pela análise que ficou feita, a natureza jurídica da concessão de serviço público é a de um contrato de direito público, oneroso, sinalagmático e comutativo. Essa conclusão tem grande importância prática, porque, se admitirmos que se trata de contrato de direito privado, teremos que negar à Administração várias prerrogativas necessárias ao bom andamento do serviço concedido, que não pode constranger-se na estreiteza de uma avença daquela espécie (...)" (*Curso de Direito Administrativo*, cit., 6ª ed., p. 255).

Cavalcanti, que, citando Gaston Jèze, afirma que a concessão contém cinco elementos essenciais, a saber: "(1) é um contrato administrativo propriamente dito; (2) tem por fim a exploração e o funcionamento de um serviço público; (3) a exploração é realizada assumindo o concessionário os respectivos riscos; (4) a remuneração consiste no direito do concessionário de perceber em seu benefício e do público uma taxa fixada pelas tarifas, durante todo o período da concessão; (5) a concessão é um contrato de longo prazo".

Parece evidente que há na transcrição acima uma confusão entre os aspectos formais do contrato e a identificação do traço característico da concessão. O objeto "prestação de serviço público" contamina a análise e reafirma o amplo poder regulamentar em relações de tal natureza.

3.2.5 Conclusões parciais

A teoria elaborada sobre concessão no Brasil recebeu forte influência francesa. Ainda que ambas reconheçam que o contrato de concessão possa ser usado para outros fins que não apenas a prestação de serviço público, há uma tendência comum no sentido de os estudos se centrarem na análise da concessão *de serviço público*.

As afirmações tendem a ser generalizantes, sem compromisso com o direito positivo.

Nota-se que o principal esforço da doutrina brasileira estudada está na construção de argumentos e classificações para afirmar a existência de prerrogativas públicas na concessão. Algumas vezes isso se dá por meio do objeto e finalidade da avença – que envolve a prestação de serviço público; outras vezes, pela análise da natureza jurídica da outorga, a qual, mesmo quando não se reconhece que é contratual, de alguma maneira justifica o poder regulamentar do Poder Público na relação com o privado.

Capítulo II
A Concessão como Instrumento de Colaboração entre o Particular e a Administração Pública

1. O regime jurídico especial de direito público do contrato administrativo clássico. 2. Novos vetores para a revisão da teoria clássica do contrato administrativo: 2.1 Contrato administrativo "versus" contrato privado: a armadilha dessa classificação – 2.2 Relativização da dimensão do autoritarismo do poder estatal em matéria contratual – 2.3 Administração consensual e os mecanismos de consenso no contrato administrativo – 2.4 Princípio da legalidade em matéria contratual: crise da lei formal – 2.5 Contrato como instrumento (limitado) de regulação: o problema da sua incompletude. 3. Conclusões parciais.

1. O regime jurídico especial de direito público do contrato administrativo clássico

Foi relatado no Capítulo I o esforço histórico dos estudiosos do direito administrativo no sentido de afirmar a existência de um regime jurídico especial de direito público nas relações contratuais das quais o Estado participa.

O objetivo do Capítulo II é organizar ideias em prol de um novo pensamento sobre o regime jurídico a ser aplicável na atualidade aos contratos administrativos. Serão listadas as balizas para tanto, para então aplicá-las à concessão – o que será feito nos Capítulos III e IV. Antes, porém, será feita uma breve incursão no referido regime jurídico especial, para se ter segurança quanto às considerações que serão feitas.

A teoria do contrato administrativo, elaborada na primeira metade do século XX e amplamente reproduzida nas décadas seguintes, deixou marcado um traço que a caracteriza até os dias de hoje: a afirmação de um regime jurídico especial de direito público nas relações contratuais com o Estado. Como consequência desse regime especial sobressai o aspecto segundo o qual o Estado teria a faculdade de alterar a extensão e as características das prestações estabelecidas no contrato em que ele é uma das partes contratantes, baseado em um poder de autoridade que nada teria de contratual.

Isso explica por que grande parte da doutrina teoriza sobre a oposição entre os contratos administrativos e os contratos privados celebrados pela Administração. O objetivo dela é afirmar que os primeiros, porque destinados à defesa do interesse público, são marcados pelo sinal da autoridade, enquanto nos segundos tais poderes não apareceriam.[1]

O poder reconhecido ao Estado nas suas relações contratuais – como explica a teoria clássica do contrato administrativo – seria, assim, incompatível com o regime contratual comum. As conhecidas *cláusulas exorbitantes* seriam derrogatórias desse direito, fazendo surgir um direito especial aplicável aos contratos administrativos, o qual incidiria mesmo na ausência de previsão em lei ou no instrumento contratual. A existência de prerrogativas derivaria, segundo a referida teoria, ou do próprio sistema jurídico, que protege as atividades públicas, ou de cláusulas estabelecidas nos próprios contratos. Nas palavras de Celso Antônio Bandeira de Mello, as prerrogativas "tanto poderiam ser colhidas nos textos que diretamente regulem a matéria – quando existentes – como deduzidas dos princípios retores de certas atividades públicas. Vale dizer: ou se reputam *implícitas*, seja na ordenação normativa, seja no bojo do contrato, ou estão realmente *explícitas* na lei ou em cláusula expressa no contrato".[2]

Assim, o direito especial, peculiar do regime do contrato administrativo, giraria em torno da supremacia de uma das partes (o Estado), que representaria a prevalência do interesse público sobre os particulares. Como consequência, estaria legitimada a possibilidade de instabilização da relação por meio do exercício de um *poder de autoridade*, o qual se manifestaria pela *presunção de legitimidade de seus atos*, pelo amplo *controle e fiscalização* na execução do contrato, pela possibilidade de *alteração unilateral* da extensão e características do objeto do contrato, pela possibilidade de *rescisão unilateral* do contrato, pela possibilidade de *ocupação provisória* de bens e serviços, pela vedação à invocação da *exceção do contrato não cumprido* pelo contratado (a não ser em alguns casos expressamente autorizados) e, finalmente, pela possibilidade de *impor sanções* ao privado. O conjunto de tais poderes é conhecido como *cláusulas exorbitantes*.[3]

---

1. Celso Antônio Bandeira de Mello, *Curso de Direito Administrativo*, 27ª ed., São Paulo, Malheiros Editores, 2010, p. 615.
2. Idem, p. 616. No mesmo sentido: Carlos Ari Sundfeld, *Licitação e Contrato Administrativo*, 2ª ed., São Paulo, Malheiros, 1995, p. 205.
3. Sobre a história da teoria contratual no direito público, v. Romeu Felipe Bacellar Filho, *Direito Administrativo e o Novo Código Civil*, Belo Horizonte, Fórum, 2007, pp.

Odete Medauar resume a referida teoria francesa do contrato administrativo, própria do início do século XX, no seguinte trecho: "A concepção do contrato regido pelo direito administrativo acabou por firmar-se, separando-se de preceitos tradicionais da teoria do contrato privado, como a igualdade entre as partes e a intangibilidade da vontade inicial das mesmas; formou-se a teoria de um contrato diferenciado do modelo privado, de um contrato em que a Administração contratante dispõe de certas prerrogativas para assegurar o atendimento do interesse geral, sem o sacrifício dos interesses pecuniários do particular contratado. As *cláusulas exorbitantes*, assim denominadas na concepção francesa porque se distanciavam dos preceitos vigentes para os contratos privados, permitiam à Administração a modificação unilateral do contrato, desde que assegurada a equação financeira do contrato; possibilitavam a rescisão unilateral; conferiam à Administração amplo controle e acompanhamento da execução do contrato e o direito de impor sanções ao particular contratado, e impediam que este convocasse a *exceptio non adimpleti contractus* a seu favor. Com essas linhas básicas, difundiu-se a teoria do contrato administrativo na Europa Ocidental Continental e na América Latina, inclusive no Brasil. A partir de então, e durante algumas décadas, nenhum elemento novo afetou as bases assentadas; os tipos contratuais, em número restrito, pouco variaram; e parecia predominar a atividade administrativa por atos unilaterais; as formas contratuais ocupavam pequena parte do panorama da Administração".[4]

A lei geral brasileira sobre contratos administrativos – Lei 8.666/ 1993 –, por sua vez, positivou essa teoria.[5] Fixou o *regime jurídico dos contra-*

166-173. Segundo o autor, o direito administrativo clássico não admitia a figura do contrato administrativo. Caio Tácito fez amplo estudo sobre a origem na literatura (especialmente francesa) das características clássicas do contrato administrativo ("Contrato administrativo", in Caio Tácito, *Temas de Direito Público (Estudos e Pareceres)*, vol. 1, Rio de Janeiro, Renovar, 1997, p. 617).

4. Odete Medauar, *O Direito Administrativo em Evolução*, 2ª ed., São Paulo, Ed. RT, 2003, pp. 207-208.

5. Na verdade, o tema já era tratado dessa forma em norma federal desde o Decreto-lei 2.300, de 21.11.1986, que normatizava licitações e contratos da Administração Pública Federal antes de ser revogado pela Lei 8.666/1993. Segundo seu art. 48, o regime jurídico dos contratos administrativos conferia à Administração a prerrogativa de modificação e extinção unilateral, fiscalização e aplicação de sanções. No Estado de São Paulo, a Lei 89, de 27.12.1972, também estabelecida casos de alteração unilateral do contrato pela Administração Pública (art. 48).

Como prova de que essa concepção de há muito tempo está arraigada no Direito Brasileiro, Hely Lopes Meirelles, na 1ª edição de seu *Licitação e Contrato Administra-*

tos administrativos em seu art. 58 e firmou competências inderrogáveis pela vontade das partes. Veja-se o teor do dispositivo: "Art. 58. O regime jurídico dos contratos administrativos instituído por esta Lei confere à Administração, em relação a eles, a prerrogativa de: I – modificá-los, unilateralmente, para melhor adequação às finalidades de interesse público, respeitados os direitos do contratado; II – rescindi-los, unilateralmente, nos casos especificados no inciso I do art. 79 desta Lei; III – fiscalizar-lhes a execução; IV – aplicar sanções motivadas pela inexecução total ou parcial do ajuste; V – nos casos de serviços essenciais, ocupar provisoriamente bens móveis, imóveis, pessoal e serviços vinculados ao objeto do contrato, na hipótese da necessidade de acautelar apuração administrativa de faltas contratuais pelo contratado, bem como na hipótese de rescisão do contrato administrativo".

A mesma lei ainda tratou da inoponibilidade da exceção do contrato não cumprido ao Estado, positivando mais um elemento típico do regime público dos contratos administrativos no art. 78, XIV e XV.[6]

Mas não só. Em contraposição aos poderes públicos em matéria de contratos administrativos, o sistema legal brasileiro também assegurou

---

tivo (São Paulo, Ed. RT, 1973, pp. 182-183), ao tratar dos contratos em que a Administração Pública é uma das partes contratantes, já se referia à "supremacia de poder para fixar as condições iniciais do ajuste" e à "presença da Administração com privilégio administrativo na relação contratual". Ambos seriam elementos tipificadores do contrato administrativo, capaz de distingui-los do contrato privado. Conforme escreve o próprio autor: "Dessa posição privilegiada surgem as chamadas *cláusulas exorbitantes do direito comum* e a faculdade implícita de *alteração e de rescisão unilateral do contrato*, nos limites exigidos pelo interesse público. Tais são os traços marcantes do *contrato administrativo*, negado por alguns, mas afirmado pela imensa maioria dos publicistas modernos que reconhecem à Administração o poder de contratar no regime do direito público, bem diversificado no direito privado".

6. Referidos dispositivos da Lei 8.666/1993 têm a seguinte redação: "Art. 78. Constituem motivo para rescisão do contrato: (...) XIV – a suspensão de sua execução, por ordem escrita da Administração, por prazo superior a 120 (cento e vinte) dias, salvo em caso de calamidade pública, grave perturbação da ordem interna ou guerra, ou ainda por repetidas suspensões que totalizem o mesmo prazo, independentemente do pagamento obrigatório de indenizações pelas sucessivas e contratualmente imprevistas desmobilizações e mobilizações e outras previstas, assegurado ao contratado, nesses casos, o direito de optar pela suspensão do cumprimento das obrigações assumidas até que seja normalizada a situação; XV – o atraso superior a 90 (noventa) dias dos pagamentos devidos pela Administração decorrentes de obras, serviços ou fornecimentos, ou parcelas destes, já recebidos ou executados, salvo em caso de calamidade pública, grave perturbação da ordem interna ou guerra, assegurado ao contratado o direito de optar pela suspensão do cumprimento de suas obrigações até que seja normalizada a situação; (...)".

o direito do reequilíbrio econômico-financeiro em favor do contratado, para fazer frente à desigualdade na relação.[7] É o que determinou a própria Constituição Federal de 1988 (art. 37, XXI) ao fixar que as obras, serviços, compras e alienações serão contratados com "cláusulas que estabeleçam obrigações de pagamento, mantidas as condições efetivas da proposta". E a Lei 8.666/1993, nos arts. 58, §§ 1º e 2º,; 65, II, "d", e §§ 5º e 6º.

A Lei 8.987/1995, por sua vez, ao tratar da concessão de serviço público, claramente influenciada pela mesma teoria, também previu *cláusulas exorbitantes* e cláusulas garantidoras do equilíbrio econômico--financeiro.[8] Ao fazê-lo, a norma ainda acrescentou mais uma hipótese de cláusula tipicamente pública, mas específica para o contrato por ela regido, qual seja, aquela que trata da impossibilidade de rescisão do contrato por iniciativa do concessionário, a não ser por decisão judicial transitada em julgado. Veja-se o dispositivo:

"Art. 39. O contrato de concessão poderá ser rescindido por iniciativa da concessionária, no caso de descumprimento das normas contratuais pelo poder concedente, mediante ação judicial especialmente intentada para esse fim.

"Parágrafo único. Na hipótese prevista no *caput* deste artigo, os serviços prestados pela concessionária não poderão ser interrompidos ou paralisados, até a decisão judicial transitada em julgado."

De fato, o regime tradicional da concessão de serviço público, positivado entre nós, deriva da teoria clássica do contrato administrativo e reconhece ao Estado titular do serviço ou do bem dado em concessão o poder de dispor livremente sobre as condições de prestação do serviço (ou de uso do bem) e modificá-las sempre que o interesse público demandar; assim como lhe reconhece o poder de retomar o serviço (ou bem) concedido sem que caiba oposição do concessionário. Em contrapartida ao reconhecimento de tais prerrogativas, ao contratado é garantido o direito ao equilíbrio econômico-financeiro.[9]

---

7. Neste sentido, v. também Celso Antônio Bandeira de Mello, *Curso de Direito Administrativo*, cit., 27ª ed., pp. 622-623.
8. Estabelece o § 4º do art. 9º da Lei 8.987/1995 que, "em havendo alteração unilateral do contrato que afete o seu inicial equilíbrio econômico-financeiro, o poder concedente deverá restabelecê-lo, concomitantemente à alteração". E ainda seu art. 10, pelo qual, "sempre que forem atendidas as condições do contrato, considera-se mantido seu equilíbrio econômico-financeiro".
9. Caio Tácio, "O equilíbrio financeiro na concessão de serviço público", *RDA* 64/15, Rio de Janeiro, FGV, 1961.

44 CONCESSÃO

É a identificação da concessão no Brasil como sendo um *contrato administrativo ao estilo francês* – na expressão de Almiro do Couto e Silva[10] –, caracterizada pela existência de *cláusulas regulamentares*, em contraposição ao aspecto contratual da concessão, como explica Celso Antônio Bandeira de Mello:

"Em suma: o Estado dispõe, com plena liberdade e do modo que entender mais conveniente para o interesse público, sobre a parte regulamentar do serviço e está peado no que concerne ao elemento verdadeiramente contratual da concessão, que é o equilíbrio econômico-financeiro.

"*15.* Faz parte do aspecto regulamentar tudo o que diz com o modo de prestação do serviço e fruição dele pelos usuários. Em consequência, integram-no as disposições relativas à *organização*, ao *funcionamento* do serviço, ao *prazo* da concessão e às *tarifas* que serão cobradas; esta é a parte *mutável* na concessão por ato exclusivamente do Estado. (...).

"O aspecto contratual da concessão é a equação econômico-financeira concertada. Daí ser imutável unilateralmente. Dita equação é a expressão econômica de valor fruível pelo concessionário como resultado da exploração do serviço ao longo da concessão, segundo os termos constituídos à época do ato concessivo.

"Igualmente imutável é o próprio objeto material da concessão, isto é, o tipo de serviço concedido, no que se inclui a *modalidade técnica genérica* segundo a qual será prestado."[11]

Desse modo, o que se quer deixar explícito neste ponto do trabalho é que a tradicional concessão de serviço público, entre nós regulada pela Lei 8.987/1995, também é tida como uma avença que se submete à teoria clássica do contrato administrativo, incidindo sobre ela o regime de direito público porque: (a) a determinação exata do objeto é feita posteriormente à sua celebração, por atos administrativos unilaterais; (b) as pretensões da Administração se materializam em decisões autoexecutórias; e (c) é intangível o equilíbrio da equação econômico-financeira inicialmente estabelecido.[12]

---

10. Almiro do Couto e Silva, "Privatização no Brasil e o novo exercício de funções públicas por particulares: serviço público *à brasileira*?", *RDA* 230/51, Rio de Janeiro, Renovar, outubro-dezembro/2002. Sobre a evolução do modelo tradicional do contrato administrativo francês, v. Maria João Estorninho, *Réquiem pelo Contrato Administrativo*, Coimbra, Livraria Almedina, 1990, pp. 53-67.
11. Celso Antônio Bandeira de Mello, *Curso de Direito Administrativo*, cit., 27ª ed., p. 713.
12. Carlos Ari Sundfeld, *Licitação e Contrato Administrativo*, cit., 2ª ed., p. 214.

2. Novos vetores para a revisão da teoria clássica do contrato administrativo

O propósito deste item é organizar, de maneira didática, os novos vetores que determinam uma revisão da teoria clássica do contrato administrativo.

2.1 Contrato administrativo "versus" contrato privado: a armadilha dessa classificação

Como já foi mencionado no item anterior, o reconhecimento de um poder de autoridade à disposição do Estado nas relações contratuais tende a opor, de um lado, o contrato administrativo e, de outro, o contrato privado da Administração. Pela sua própria natureza jurídica, o contrato administrativo seria diferente do contrato privado e, por isso, estaria sujeito a um regime especial. Em alguns países – como França, Portugal e Espanha – essa dualidade ainda teria a função de autorizar a incidência de uma jurisdição especial para decidir casos envolvendo contratos administrativos.

Com o objetivo de afirmar a legitimidade das cláusulas exorbitantes ao direito comum, os estudiosos do direito administrativo – especialmente aqueles seguidores da Escola Francesa – convenceram-se de uma distinção aguda entre as duas espécies contratuais.[13-14]

---

13. Maria João Estorninho, em seu *Réquiem pelo Contrato Administrativo*, cit., pp. 41-53, conta que a Escola Alemã não se seduziu e se manteve firme na natureza privada dos contratos da Administração. Sobre o conceito de contrato administrativo e os critérios para sua classificação na cultura europeia, em especial nos ordenamentos francês, alemão, italiano, espanhol e português, v. a obra de Lourenço B. de Vilhena de Freitas, *O Poder de Modificação Unilateral do Contrato Administrativo pela Administração (e as Garantias Contenciosas do seu Co-Contratante perante este Exercício)*, Lisboa, AAFDL, 2007, pp. 19-66. De acordo com este último autor, enquanto o modelo francês entende que o regime do contrato administrativo é pautado exclusivamente pelo direito público, na Itália e na Espanha se admite a aplicabilidade subsidiária do direito civil ao contrato administrativo, sendo que o ordenamento jurídico alemão defende sua aplicação por analogia.

14. Sabino Cassese, reconhecendo a histórica bipolaridade entre o direito público e o privado, criticou-a, para afirmar que frequentemente os "módulos consensuais (contratos, pactos, convenções etc.)" do direito administrativo coincidem com os mesmos tipos do direito privado. Segundo o autor, referida bipolaridade acabou se tornando o paradigma fundamental do direito público do século XX, e foi com base nela que muitas teorias foram elaboradas (Sabino Cassese, *La Crisis del Estado*, Buenos Aires, Abeledo--Perrot, 2003, pp. 104-105).

A busca por um "critério mágico" que permitisse, de forma inequívoca, distinguir os contratos administrativos dos privados celebrados pela Administração já passou dos 100 anos.[15] No Brasil, apesar de a jurisdição ser uma só e não se pôr o aspecto relacionado à identificação do contrato administrativo para fins de definição de competência jurisdicional, a tal procura por um "critério mágico" também esteve presente e leva a afirmações categóricas decorrentes do regime jurídico do "contrato administrativo".

Por que a busca por um critério no Brasil? Possivelmente por apego ao já mencionado estilo francês, valorizado entre nós. Mas não só. A mera suspeita de que se trata de um contrato administrativo, como numa relação de causa e efeito, leva o ente público contratante a cumprir uma série de formalidades prévias à celebração do contrato – entre as quais a mais conhecida é a licitação pública –, além de se sujeitar a uma cartilha com regras relacionadas ao seu controle e ao modo de execução.

Dos vários critérios elaborados pela doutrina para distinguir o contrato administrativo do contrato de direito privado, há dois principais: um é o *subjetivo*, e leva em consideração a presença do Estado na contratação; e o outro é o *formal*, e está ligado à existência de cláusulas exorbitantes no instrumento.[16]

A Lei 8.666/1993 valorizou a participação da Administração na relação contratual e, por isso, determinou uma aplicação restrita do direito privado em seus negócios. É o que foi fixado no § 3º de seu art. 62, segundo o qual mesmo nos contratos de seguro, de financiamento, de locação e nos demais cujo conteúdo seja regido predominantemente pelo direito privado, aplica-se, "no que couber" (na expressão da lei), o regime jurídico de direito público (as chamadas *cláusulas exorbitan-*

---

15. Este é o tema central da dissertação de Mestrado de Maria João Estorninho, *Réquiem pelo Contrato Administrativo*, cit., p. 100. Na visão da autora, o primeiro *equívoco histórico* da teoria clássica do contrato administrativo estaria no tempo perdido com a busca de um critério único para distinguir as duas espécies contratuais. O segundo equívoco estaria em achar que a construção francesa do contrato administrativo seria símbolo de uma nova Administração, moderna e "revolucionária". Com relação à sistematização dos critérios para identificação do contrato administrativo, a autora passa pelas várias fases (da jurisdição competente, da forma e formalidades, da natureza jurídica das partes, do fim de imediata utilidade, do objeto de serviço público, da sujeição, das cláusulas exorbitantes, do misto de cláusulas exorbitantes/serviços públicos, do regime jurídico exorbitante, do critério alemão e, finalmente, do critério estatutário) para, ao final, desmistificar as exorbitâncias desta espécie contratual.

16. Maria Sylvia Zanella Di Pietro expõe os vários critérios em seu *Direito Administrativo*, 19ª ed., São Paulo, Atlas, 2006, p. 259.

A CONCESSÃO COMO INSTRUMENTO DE COLABORAÇÃO 47

tes). Deveras, a lei adotou o critério subjetivo; e, independentemente do objeto contratado, toda avença em que o Estado é uma das partes deve ser considerada contrato administrativo. A própria Lei 8.666/1993, portanto – e para não deixar margem de dúvida –, considerou incidentes os poderes de autoridade sobre todos os contratos em que uma das partes for o Poder Público.

O argumento que se quer enfatizar é que estudar o contrato administrativo a partir de sua oposição ao de direito privado é algo bastante impróprio, pois cria uma polarização na análise e tende a uniformizar o regime contratual administrativo. Se não se admitir um meio-termo, acaba-se fazendo como faz a Lei 8.666/1993, que indevidamente determina a existência de cláusulas exorbitantes em todos os contratos celebrados com entes públicos.

A lei não se limitou a reconhecer e a detalhar que todos os contratos da Administração estão sujeitos a regras que descendem da Constituição, a qual impõe condições e formalidades na sua celebração, bem assim regras para o controle na sua execução.[17] Foi além, e determinou que sempre, em suas relações contratuais, o Estado comparece com poderes de autoridade, induzindo o intérprete a crer que a ausência de tais poderes faria com que a relação fosse regida integralmente pelo direito privado.

Neste ponto, o que se quer destacar é que pensar o contrato administrativo a partir da dualidade que tradicionalmente pauta a teoria clássica tende a criar uma *falsa* uniformização de regime aplicável a ele, de modo a reduzir o fenômeno contratual da Administração ante a valorização de cláusulas exorbitantes.[18]

17. Carlos Ari Sundfeld é quem traz esse argumento ao comentar a Lei 8.666/1993. Em suas palavras: "Definir o contrato administrativo como aquele onde o Estado maneja poderes de autoridade e, em consequência disso, classificar como 'privados' os demais, na suposição de não serem regidos pelo direito administrativo, mas pelo privado, é ignorar que a Constituição da República – e, a partir dela, as leis – submete todos os atos e relações da Administração Pública a um sistema radicalmente diverso do privado. Por óbvio, é-lhe impossível, sob a justificativa de não estar travando 'contratos administrativos', colocar-se sob a égide do sistema do direito privado, assim escapando às exigências da legalidade, da impessoalidade, da igualdade, da publicidade, da motivação etc." (*Licitação e Contrato Administrativo*, cit., 2ª ed., p. 200).
18. Fernando Dias Menezes de Almeida, ao refletir sobre o assunto, cita Duguit (*Traité de Droit Constitutionnel*, t. III, Paris, Ancienne Librairie Fontemiong & Cie., 1930, pp. 434-435) e expõe que a preocupação com a dualidade mencionada, além de perigosa, não é recente ("Mecanismos de consenso no direito administrativo", in Floriano de Azevedo Marques Neto e Alexandre Santos de Aragão (coords.), *Direito Administrativo e*

2.2 Relativização da dimensão do autoritarismo do poder estatal em matéria contratual

Diante do que foi exposto no item anterior, é equivocado supor que contrato administrativo é sinônimo de poder de autoridade. Não se duvida de que, a partir da Constituição Federal, ele receba a influência de um conjunto de princípios (entre eles os da legalidade, impessoalidade, igualdade, moralidade, motivação, publicidade e supremacia do interesse público sobre o privado), uma vez que quaisquer contratos da Administração estão sujeitos a regras especiais quanto às condições, formalidades, controle e quanto ao próprio conteúdo contratado.[19]

Mas assumir que contrato administrativo é sinônimo de autoridade é perder o foco original para o qual o regime de direito público foi teorizado: a realização do interesse público no caso concreto. O regime de prerrogativas tende a perpetuar uma especial desatenção do órgão público contratante com relação às especificidades do caso concreto, uniformizando, assim, um padrão de negociação teórico que estimula: (a) a ineficiência da Administração (pois ela pode alterar ou rescindir os contratos unilateralmente); (b) a geração de contratos mais onerosos (decorrente da incerteza gerada pelas cláusulas exorbitantes); (c) a legiti-

---

seus Novos Paradigmas, Belo Horizonte, Fórum, 2008, pp. 335-349). Algumas das suas ideias também estão em outro trabalho seu, intitulado "Visão crítica sobre a teoria do contrato administrativo, a partir de inovações na Lei 8.987/1995 trazidas pela Lei 11.196/2005", *Revista do Direito da Energia* 6/191-200, São Paulo, Instituto Brasileiro de Estudos do Direito da Energia, 2007. Eis as palavras do autor francês (Duguit), trazidas pelo autor brasileiro, quanto à noção de contratos administrativos: "Mas se ninguém hoje nega o caráter obrigatório dos contratos feitos pelo Estado, existe uma doutrina falsa e perigosa, que subsiste com uma persistência lamentável. É aquela que distingue os contratos feitos pelo Estado em duas categorias: os contratos de direito privado e os contratos de direito público. (...). Ela não responde a nada e tem o risco de conduzir a consequências lamentáveis. O contrato é uma certa categoria jurídica, e se os elementos que o constituem se encontram reunidos ele sempre existirá com o mesmo caráter e as mesmas consequências. (...). Falar de contrato de direito privado e de contrato de direito público é falar de coisas que não existem; e, por consequência, não se os pode opor, pelas mesmas razões por que não se pode falar de atos de gestão e de atos de autoridade e os opor uns aos outros. Há contratos celebrados pelo Estado e atos praticados por ele que não são contratos. Mas opor os contratos de direito público aos contratos de direito privado é dar uma aparência jurídica aos procedimentos mais ou menos hábeis pelos quais os detentores do poder tendem frequentemente a se eximir de cumprir compromissos regularmente estabelecidos. Deve-se pois, de uma vez por todas, banir da linguagem do Direito essa expressão 'contrato de direito privado e de direito público' e falar somente em contrato".

19. Carlos Ari Sundfeld, *Licitação e Contrato Administrativo*, cit., 2ª ed., p. 201.

mação de práticas autoritárias (em razão de medidas unilaterais); (d) um ambiente propício para desvios em relação à probidade administrativa no curso da execução dos contratos (ao atender ao interesse do privado em detrimento do público).[20]

A propósito deste aspecto vale o alerta de Maria João Estorninho, para quem, longe de ser um sinal de modernidade, o contrato administrativo ao estilo francês encobre técnicas autoritárias da Administração; e o uso desmedido de cláusulas exorbitantes desfavoráveis ao particular põe em xeque o esforço, desde meados do século passado para cá, por relações estáveis e duradouras, celebradas em um ambiente de colaboração, tendo em mira a melhoria na qualidade dos serviços prestados.[21]

Fernando Dias Menezes de Almeida pondera, acerca do regime das prerrogativas especiais para a Administração, que, além de serem questionáveis os fundamentos teóricos que levam à aplicação irrestrita da teoria, também é questionável se os "poderes especiais" são aptos a garantir o atendimento do interesse público. Afirma que os interpreta "como instrumentos de estímulo à ineficiência da Administração, muitas vezes acomodada". É por isso que o autor propõe uma interpretação restritiva do alcance das referidas cláusulas, já que elas decorrerem unicamente do dever da Administração de realizar atividades prestacionais em benefício da sociedade.[22] Maria João Estorninho, no mesmo sentido,

---

20. Os exemplos são de Fernando Dias Menezes de Almeida, "Mecanismos de consenso no direito administrativo" (cit.), in Floriano de Azevedo Marques Neto e Alexandre Santos de Aragão (coords.), *Direito Administrativo e seus Novos Paradigmas*, p. 344.

21. Maria João Estorninho, *Réquiem pelo Contrato Administrativo*, cit., pp. 58-59 e 168.

22. Fernando Dias Menezes de Almeida, "Contratos administrativos", in Antônio Jorge Pereira Jr. e Gilberto Haddad Jabur (coords.), *Direito dos Contratos II*, São Paulo, Quartier Latin, 2008, p. 197. Em outro trabalho ("Mecanismos de consenso no direito administrativo", cit., in Floriano de Azevedo Marques Neto e Alexandre Santos de Aragão (coords.), *Direito Administrativo e seus Novos Paradigmas*, p. 342) o autor afirma que a principal objeção quanto aos fundamentos teóricos que estão por trás da diferença de regimes aplicáveis entre as partes nos contratos administrativos está relacionada com a própria distinção entre direito público e direito privado, "ou mesmo na distinção entre governantes (Estado ou Administração) e governados (particulares) enquanto indivíduos". Cita, a propósito, Charles Debbasch ("Le droit administratif, droit dérogatoire au droit commun?", in *Mélange René Chapus*, Paris, Montchrestien, 2002, p. 128), para quem é "anacrônica" a concepção clássica da Administração em relação às pessoas privadas; e ainda Sabino Cassese ("Le trasformazioni del diritto amministrativo dal XIX al XXI secolo", in *Rivista Trimestrale di Diritto Pubblico* 1/35, 2002), para quem "a supremacia do direito administrativo vem se erodindo. Primeiramente ela cessa de ser um atributo

afirma que é a busca de realização de interesses públicos que justifica a submissão a um regime jurídico exorbitante.[23]

Se não se levar em consideração o acima exposto torna-se muito difícil enxergar o fenômeno da multiplicação de mecanismos contratuais envolvendo a Administração. À luz da teoria clássica do contrato administrativo, todos os contratos administrativos – contratos de obras, serviços e fornecimentos, concessões de serviço público, concessões administrativas, contratos de gestão, termos de parceria, consórcios públicos, contratos de programa, convênios, além dos contratos típicos do direito civil – teriam, necessariamente, as mesmas características. Odete Medauar, ao refletir a respeito do tema, percebe que depois da difusão da teoria do contrato administrativo na Europa Continental e na América Latina, inclusive no Brasil, até a década de 70 do século passado, nenhum elemento novo afetou as bases teóricas fixadas, e os tipos contratuais, até então em número restrito, pouco variaram ao longo dos anos.[24] Com a criação de novos modelos contratuais em que o Estado é uma das partes contratantes a questão que agora se põe é: quais seriam as novas bases teóricas para explicar essa realidade que não se resume à clássica oposição entre contrato administrativo e convênio?

Desde logo anote-se que é por conta da multiplicidade de novos tipos contratuais envolvendo o Estado que o direito comunitário não se ocupa em definir "contrato administrativo". A diversidade de modelos contratuais existentes nos países da Comunidade Europeia fez com que o Tratado de Roma não fixasse uma noção única de contrato público, tendo o documento permanecido neutro do ponto de vista do regime jurídico substantivo de tais contratos. Ele deu prevalência às preocupações de ordem procedimental, determinou a garantia da liberdade de circulação e

permanente da Administração e do direito administrativo e se torna um privilégio que deve ser concedido em cada caso pela lei. Depois, à supremacia e à unilateralidade substituem-se o consenso e a bilateralidade. Enfim, o cidadão não é mais posto em situação de subordinação". Sobre o tema, v. também Fernando Vernalha Guimarães, "Uma releitura do poder de modificação unilateral dos contratos administrativos (*ius variandi*) no âmbito das concessões de serviços públicos", *RDA* 219/107-125, Rio de Janeiro, Renovar, janeiro-março/2000.
23. Nas palavras da autora: "Na verdade, a *relação jurídica administrativa* identifica-se, hoje, não em função de um critério orgânico, mas, antes, de um critério teleológico. É a prossecução de interesses públicos que justifica a submissão ao direito administrativo (o qual não é sinônimo de *regime jurídico exorbitante*) e ao contencioso administrativo" (*Direito Europeu dos Contratos Públicos. Um Olhar Português...*, Coimbra, Livraria Almedina, 2006, pp. 284-285).
24. Odete Medauar, *O Direito Administrativo em Evolução*, cit., 2ª ed., p. 208.

o princípio da concorrência, de forma a impedir práticas discriminatórias em matéria de contratação pública.[25]

Em outras palavras, a percepção é no sentido de que a presença de poderes especiais na relação contratual com entes da Administração não é decorrência direta da própria condição de autoridade do Estado. Especialmente em um Estado Democrático de Direito como o nosso, tais poderes deveriam ser manejados em cada caso para a melhor realização do interesse do Direito e da sociedade, antes mesmo de ser interesse público ou particular, conforme alerta Fernando Dias Menezes de Almeida.[26]

Ao se pautar por este outro vetor – ou seja, deixando-se de definir o contrato administrativo com base nas cláusulas exorbitantes –, é possível concluir que nem todo contrato em que o Estado é uma das partes deve, como numa relação de causa e efeito, conter cláusulas exorbitantes. E,

25. Maria João Estorninho, *Direito Europeu dos Contratos Públicos. Um Olhar Português...*, cit., pp. 24-25. A autora portuguesa identifica três tendências relacionadas ao fenômeno da "europeização dos contratos públicos":
"Em primeiro lugar, a indiscutível *desnacionalização* do regime jurídico aplicável aos contratos e a perda de domínio dos Estados sobre o regime dos seus contratos públicos.
"Em segundo lugar, a tendência para a emergência de um modelo internacional de contratação pública, procurando uma harmonização sob a égide de princípios de transparência, de publicidade e de concorrência (que impõem aos Estados severas restrições à sua tradicional liberdade de escolha dos seus co-contraentes). Do ponto de vista do regime substantivo, e devido à própria submissão à arbitragem internacional, a tendência é no sentido de os árbitros serem reticentes em aceitar a imposição de certas regras especiais como, por exemplo, o poder de modificação unilateral. Por outro lado, tendem a generalizar cláusulas de *estabilização* ou *intangibilidade*, pelas quais os Estados contratantes se obrigam a não nacionalizar os bens do seu co-contraente ou a não agravar a sua fiscalidade ou, ainda, a não aprovar legislação que torne mais onerosa a execução do contrato.
"Finalmente, a influência que as regras externas provocam nos ordenamentos jurídicos internos, ao ponto de bulir com os modelos clássicos de contratação pública de diversos países. Inegável é, na verdade, a influência do movimento de *internacionalização dos contratos públicos*, ao nível da respectiva conceptualização jurídica" (Maria João Estorninho, ob. cit., pp. 35-36).
26. Fernando Dias Menezes de Almeida, "Contratos administrativos", cit., in Antônio Jorge Pereira Jr. e Gilberto Haddad Jabur (coords.), *Direito dos Contratos II*, p. 197. Carlos Ari Sundfeld também tem o mesmo entendimento (*Licitação e Contrato Administrativo*, cit., 2ª ed., pp. 203-207). Essa é a razão, aliás, pela qual o último autor faz a distinção entre "contrato administrativo em sentido amplo" e "contrato administrativo em sentido estrito", por reconhecer que todos os contratos públicos se submetem a uma principiologia constitucional mas que nem todos estão munidos das prerrogativas públicas.

consequentemente, nem toda relação contratual com o Estado envolve um contrato administrativo no seu sentido estrito, em que há manejo de poderes de autoridade.

Sob a ótica do direito privado o fenômeno contratual também passou por transformações. Se no século XIX era impensável uma relação contratual na qual uma das partes prevalecesse em relação à outra, o que se viu ao longo do século XX foi uma profunda transformação acerca da autonomia privada, com o surgimento de normas destinadas a proteger a situação da parte mais fraca e para tutelar valores de ordem pública. É a chamada "função social do contrato", prevista expressamente no art. 421 do CC de 2002, nos seguintes termos: "A liberdade de contratar será exercida em razão e nos limites da função do social do contrato". E ainda no art. 2.035, parágrafo único, segundo o qual: "Nenhuma convenção prevalecerá se contrariar preceitos de ordem pública, tais como os estabelecidos por este Código para assegurar a função social da propriedade e dos contratos".[27]

Parece haver uma aproximação entre os contratos administrativos e os contratos privados, de um lado, porque o reconhecimento de prerrogativas deixa de ser extraordinário e, de outro, porque elas só devem existir quando devidamente justificadas no caso concreto. Eduardo García de Enterría e Tomás-Ramón Fernández, a propósito da distinção entre eles, afirmam que, na origem, ela se deu exclusivamente para efeito jurisdicional (referindo-se à dualidade de jurisdição na Espanha), e não substantivo, pois não são realidades radicalmente diferentes e rigorosamente separadas.

Segundo os autores espanhóis, qualquer contrato é capaz de refletir elementos do direito administrativo e do direito privado, sem que por isso varie a essência do instituto contratual.[28] Ocorre simplesmente que, em

27. O abuso de direito é, assim, totalmente incompatível com o dever de respeito à função social do contrato. Há uma clara limitação da autonomia privada de contratar, tendo em vista o fim econômico e social, a boa-fé e os bons costumes positivados pelo Código Civil brasileiro de 2002. Para uma visão mais aprofundada do tema, v. Teresa Ancona Lopez, "Princípios contratuais", in Wanderley Fernandes (coord.), *Contratos Empresariais. Fundamentos e Princípios dos Contratos Empresariais*, São Paulo, Saraiva, 2007, pp. 3-74.

28. Eduardo García de Enterría e Tomás-Ramón Fernández, *Curso de Derecho Administrativo*, 8ª ed., vol. 1, Madri, Civitas, 1997, pp. 681-694. No mesmo sentido: Maria João Estorninho, *Réquiem pelo Contrato Administrativo*, cit., pp. 140-148. V. especificamente este trecho, às pp. 145-146: "O que é fundamental é que se entenda que este poder não resulta do contrato mas sim da própria posição jurídica geral da Administração, de natureza extracontratual. Afasta-se, assim, a ideia tradicional de que o contra-

certos contratos diretamente vinculados à atividade típica do órgão administrativo contratante, os elementos jurídico-administrativos são mais intensos que em outros, e decorrem: (a) ora do poder geral de autotutela da Administração, que lhe garante auto-executoriedade aos seus atos (são as cláusulas de executoriedade, por exemplo, aplicação de sanções); (b) ora do poder de império da Administração (são as cláusulas de *jus variandi*, por exemplo, poderes de modificação e rescisão unilateral); e (c) ora de cláusulas que atribuem ao privado direitos de expropriação, de receber tarifas, de exercer atividades de polícia, entre outras, as quais resultam da aplicação das leis.

A partir da mencionada visão, a posição especial da Administração decorreria de sua natureza extracontratual, e não da ideia tradicional segundo a qual o contrato administrativo importaria o reconhecimento de um plexo predeterminado de prerrogativas em toda e qualquer situação. O que é peculiar nos poderes públicos é o fato de a Administração poder exercê-los – com relação àqueles previstos no instrumento – de forma unilateral e autoexecutória.

Assim, se no passado a teorização sobre as referidas cláusulas levou à afirmação da supremacia indiscriminada da Administração, na atualidade quer-se ter a opção de inserir ou não traços de autoridade nas relações contratuais. Conforme anota Diogo de Figueiredo Moreira Neto, em um ambiente de economia de mercado, no qual o Estado busca atuar mais como regulador e fomentador da atividade privada que como mero executor de prestações públicas, a pressuposição de poderes de autoridade traz as seguintes desvantagens: insegurança nas relações; aumento dos custos de transação com o Poder Público; falta de transparência nas transações, na medida em que contêm cláusulas genéricas; e baixa credibilidade nas relações com o Estado. A relativização da autoridade nos contratos administrativos abre espaço para a *consensualidade*, entendida como "uma formação privilegiada de administrar interesses públicos nas relações entre Administração e administrados, como marca de muitos novos institutos, em que a flexibilidade, a negociação, o uso criterioso da discricionariedade, o exercício da ponderação entre interesses, valores e direitos e, sobretudo a motivação dão a tônica pragmática e democrática do Pós-Modernismo".[29]

---

to administrativo, pela sua própria natureza especial, atribuiria prerrogativas exorbitantes à Administração, para se passar a entender que, pelo contrário, é a própria Administração que, pela sua natureza, é dotada de poderes especiais aos quais não pode renunciar mesmo quando celebra contratos".

29. Diogo de Figueiredo Moreira Neto, "O futuro das cláusulas exorbitantes nos contratos administrativos", in Diogo de Figueiredo Moreira Neto (org.), *Mutações do*

Como conclusão para este tópico, tem-se que as cláusulas exorbitantes não devem ser fator uniformizador da relação contratual pública, mas – na expressão de García de Enterría e Ramón Fernández –, meras *modulações contratuais*,[30] que são inseridas nos contratos sempre que o objeto contratado justificadamente o exigir. É a desmistificação da natureza exorbitante do contrato administrativo, em prol do reconhecimento de uma relação contratual dialogada, marcada pela consensualidade e pela perda do autoritarismo gratuito.[31] O desenvolvimento dessa característica será objeto de reflexão nos tópicos 2.3 e 2.5, a seguir.

2.3 Administração consensual e os mecanismos de consenso no contrato administrativo

A par da ideia de atenuação do caráter unilateral e impositivo da atividade administrativa, ao longo do século XX, especialmente nas suas últimas décadas, o movimento de afirmação do poder de autoridade descrito no item anterior começa a dar lugar a novas reflexões, especialmente na Europa Continental, onde nasceram. Odete Medauar, a propósito de traçar a linha de transformação do contrato administrativo clássico, percebe o início de uma mudança na forma como o Estado enxerga o particular na relação contratual. A autora descreve um movimento nascido na década de 70, e que se intensificou a partir dos anos 90, em prol da simplificação dos procedimentos de contratação pública e da outorga de

Direito Administrativo, 3ª ed., Rio de Janeiro, Renovar, 2007, pp. 418-420. O autor lembra que, dos vários projetos de lei elaborados para alterar a Lei 8.666/1993, o que foi coordenado por Benedicto Porto Neto adotou a lógica afirmada; e, se tivesse prosperado, permitiria que o administrador, motivadamente, adotasse ou não determinada cláusula exorbitante no caso concreto. V. a redação do dispositivo proposto:
"Art. 167. A Administração, desde que previsto expressamente no contrato administrativo, pode: I – invalidá-lo de ofício; II – alterá-lo unilateralmente; III – rescindi-lo unilateralmente; IV – aplicar sanções; e V – nos casos de serviços essenciais, ocupar provisoriamente bens móveis e imóveis e utilizar-se de pessoas e serviços vinculados ao objeto do contrato, nas hipóteses de necessidade de acautelar apuração administrativa de faltas contratuais pelo contratado e de rescisão contratual.
"Parágrafo único. O exercício de qualquer prerrogativa da Administração depende de ato escrito, motivado e prévia audiência do contratado."
30. Eduardo García de Enterría e Tomás-Ramón Fernández, *Curso de Derecho Administrativo*, cit., 8ª ed., vol. 1, p. 681.
31. Vasco Manuel Pascoal Dias Pereira da Silva fez um estudo amplo sobre a falência dos modelos autoritários de atuação da Administração: *Em Busca do Acto Administrativo Perdido*, Coimbra, Livraria Almedina, 1996.

maior liberdade à Administração na escolha de contratados. Além disso, nota uma tendência de maior concretização de igualdade entre as partes, sempre com o objetivo de aumentar a satisfação pública na prestação e diminuir a litigiosidade nas relações. Nesse ambiente amplia-se o debate acerca do papel do privado na relação contratual, reafirmando-se ideia já defendida desde a década de 50, por Laubadère, segundo a qual as partes devem ser parceiros em *colaboração*.[32] A noção de que o contrato envolve partes em posições contrapostas deve ser substituída pela ideia de convergência de interesses.

A nova abordagem – teoriza a citada autora – envolve a substituição da lógica da "Administração por autoridade" pela "Administração por consenso" (ou "Administração concertada"), em que decisões unilaterais devem dar lugar a soluções obtidas por meio de concordância entre as partes, em um ambiente de maior consenso e de participação. Dentre os vários fatores que foram associados à mudança estão a "crise da lei formal como ordenadora de interesses", o "processo de *deregulation*", a "emersão de interesses metaindividuais", a "exigência de racionalidade, modernização e simplificação da atividade administrativa, assim como maior eficiência e produtividade, alcançados de modo mais fácil quando há consenso sobre o teor das decisões". Sendo que a principal consequência desse fenômeno está no surgimento de novas técnicas contratuais decorrentes de consenso, acordo, cooperação, parceria entre Administração e particulares ou entre órgãos e entidades estatais.[33] Nas palavras de Dinorá Grotti, "há um refluxo da imperatividade e uma redução da

---

32. Odete Medauar, *O Direito Administrativo em Evolução*, cit., 2ª ed., pp. 206-216. Sobre as linhas de transformação dos contratos clássicos, v. Gustavo Henrique Justino de Oliveira, "Estado contratual. Direito ao desenvolvimento e parceria público-privada", in Eduardo Talamini e Mônica Spezia Justen (coords.), *Parcerias Público-Privadas. Um Enfoque Multidisciplinar*, São Paulo, Ed. RT, 2005, pp. 101-110.
33. Em seu *Direito Administrativo Moderno* (12ª ed., São Paulo, Ed. RT, 2008, pp. 225-226), a percepção da autora é descrita de forma objetiva, nos seguintes termos: "Nas últimas décadas vêm florescendo atuações administrativas instrumentalizadas por técnicas contratuais, decorrentes de consenso, acordo, cooperação, parceria entre Administração e particulares ou entre órgãos e entidades estatais. Diante desse modo de atuar, novos tipos de ajuste foram surgindo, com moldes que não se enquadram no padrão clássico de contrato administrativo, nem no padrão teórico de contrato vigente no século XIX. Discute-se, então, se esses novos ajustes enquadram-se ou não na figura contratual, tal como se discutiu quanto ao contrato administrativo. Aqui segue-se o entendimento de que tanto os contratos administrativos clássicos como os novos tipos incluem-se numa figura contratual, num módulo contratual (...). O regime jurídico dessas novas figuras é essencialmente público, mas diferente, em muitos pontos, do regime aplicado aos contratos administrativos tradicionais".

imposição unilateral e autoritária de decisões para valorizar a participação dos administrados quanto à formação da conduta administrativa".[34-35] Fernando Dias Menezes de Almeida concorda, e reafirma o consenso como um dos fundamentos da ação do Estado. Eis suas palavras: "Natural, portanto, que um dos vetores da evolução do direito administrativo, na Democracia, seja a substituição dos mecanismos de imposição unilateral – tradicionalmente ditos de 'império' – por mecanismos de consenso, ou seja, mecanismos que propiciem o acordo entre os sujeitos envolvidos na ação administrativa, tanto os governantes como os governados, sobre as bases da ordem a que estão submetidos, respeitando-se os limites da legalidade".[36] Ou, como diz Charles Debbasch, se a via autoritária era adaptada a uma sociedade em que o nível cultural era baixo, nos dias de hoje a Administração não pode, frequentemente, agir se não conseguir convencer. É mais fácil administrar com a adesão do administrado que contra a sua vontade.[37]

Em verdade, as razões que levam à Administração consensual provocam efeitos mais amplos, que vão além daqueles sentidos na esfera do contrato administrativo. Diogo de Figueiredo Moreira Neto sintetiza

34. Dinorá Adelaide Musetti Grotti, "A participação popular e a consensualidade na Administração Pública", in Diogo de Figueiredo Moreira Neto (coord.), *Uma Avaliação das Tendências Contemporâneas do Direito Administrativo*, Rio de Janeiro, Renovar, 2003, p. 648.
35. Maria Sylvia Zanella Di Pietro, em obra dedicada ao estudo das parcerias na Administração Pública, também percebe uma mudança na forma de se conceber o Estado. "Parece que o que muda é principalmente a *ideologia*, é a forma de conceber o Estado e a Administração Pública. Não se quer mais o Estado prestador de serviços; quer-se o Estado que estimula, que ajuda, que subsidia a iniciativa privada; quer-se a democratização da Administração Pública pela participação dos cidadãos nos órgãos de deliberação e de consulta e pela colaboração entre público e privado na realização das atividades administrativas do Estado; quer-se a diminuição do tamanho do Estado para que a atuação do particular ganhe espaço; quer-se a flexibilização dos rígidos modos de atuação da Administração Pública, para permitir maior eficiência; quer-se a parceria entre o público e o privado para substituir-se a Administração Pública dos atos unilaterais, a Administração Pública autoritária, verticalizada, hierarquizada" (*Parcerias na Administração Pública (Concessão, Permissão, Franquia, Terceirização, Parceria Público-Privada e Outras Formas)*, 6ª ed., São Paulo, Atlas, 2008, p. 2).
36. Fernando Dias Menezes de Almeida, "Mecanismos de consenso no direito administrativo", cit., in Floriano de Azevedo Marques Neto e Alexandre Santos de Aragão (coords.), *Direito Administrativo e seus Novos Paradigmas*, p. 337.
37. Charles Debbasch, "Le droit administratif face à l'évolution de l'Administration Française", in *Mélanges Offerts à Marcel Waline, II*, Paris, 1984, pp. 343-345, cit. por Maria João Estorninho, *Réquiem pelo Contrato Administrativo*, cit., p. 60. Nesse mesmo sentido: Diogo de Figueiredo Moreira Neto, "Políticas públicas e parcerias: juridicidade, flexibilidade negocial e tipicidade na administração consensual", *Revista de Direito do Estado* 1/105, Rio de Janeiro, Renovar, janeiro-março/2006.

o que chamou de "práticas de Democracia participativa ou de colaboração dos particulares com o Estado" no seguinte trecho: "Os modelos de colaboração entre entidades privadas e o Estado tendem a se multiplicar, tanto em razão do avanço da consensualidade, abrindo alternativas mais flexíveis às formas tradicionais de Administração Pública impositiva, como por motivo do desenvolvimento do conceito do espaço público não-estatal, o que tem possibilitado a ação coordenada das chamadas entidades intermédias, bem como o surgimento de novos instrumentos de provocação social de controle, ampliando-se, nesse processo político, um *continuum* de ações convergentes entre a Sociedade e o Estado, como o consequente progresso da legitimidade".[38]

A ideia de participação privada (ou popular, em alguns casos) na gestão e no controle da Administração Pública, para o fim de lhe atribuir legitimidade em suas ações, está intimamente ligada à noção de Estado Democrático de Direito e se faz presente em diversos mecanismos, como, por exemplo: o princípio do devido processo legal e sua maior incidência na atividade administrativa normativa, por meio de audiências e consultas públicas; as arbitragens envolvendo a Administração Pública; o orçamento participativo; as negociações envolvendo o reconhecimento da responsabilidade privada em matéria de defesa da concorrência; os termos de ajustamento de conduta com o Ministério Público; a participação popular na organização das cidades e na definição das diretrizes do sistema de saúde, da assistência social e da educação. Desse modo, a incidência desse princípio pode ser sentida em quase todas as formas de manifestação estatal.[39] É o fenômeno da "euforia da participação", a que se refere José Barmejo Vera, e para o qual ele pede certa cautela.[40]

38. Diogo de Figueiredo Moreira Neto, *Curso de Direito Administrativo*, 12ª ed., Rio de Janeiro, Forense, 2001, p. 33.
39. Dinorá Adelaite Musetti Grotti ("A participação popular e a consensualidade na Administração Pública", cit., in Diogo de Figueiredo Moreira Neto (coord.), *Uma Avaliação das Tendências Contemporâneas do Direito Administrativo*, pp. 648-657) faz um amplo apanhado das normas da Constituição brasileira de 1988, que prevê a participação da sociedade na ação estatal, mencionando os seguintes dispositivos constitucionais: art. 5º, XIV, XXXIII, XXXIV e LV; art. 29, X; art. 37, § 3º; art. 194, parágrafo único, VII; art. 187; art. 198, III; art. 204, II; art. 205; art. 206, VI; art. 216, § 1º; art. 225; art. 227, § 1º; art. 231, § 3º.
40. Para o autor espanhol é preciso atentar para a desmedida proliferação de mecanismos de participação dos cidadãos, com consequências não desejadas, como o aumento dos custos e da burocracia, bem assim do risco da captura dos órgãos públicos por grupos organizados (José Barmejo Vera, "Privatización y el nuevo ejercicio de función pública por particulares", in Diogo de Figueiredo Moreira Neto (coord.), *Uma Avaliação das Tendências Contemporâneas do Direito Administrativo*, Rio de Janeiro, Renovar, 2003, p. 409).

Para não perder o foco, em razão das várias abordagens que o tema permite, as considerações que seguem cingem-se à aplicação da noção de consenso em matéria de contratos administrativos.

A opção pela busca de acordo preferencialmente à ação unilateral da Administração em matéria contratual, via métodos de ação negociada entre o público e o privado na atividade administrativa, tem sido objeto de estudo e reflexão já há bastante tempo. É o que se lê na obra de André de Laubadère ao afirmar que, especialmente em matéria de intervenção no domínio econômico, a Administração pela via contratual é preferível ao método de ação unilateral, ilustrado este último pelo "dirigismo" próprio dos anos de guerra e pelos períodos de penúria.[41] Em obra voltada especificamente ao estudo do direito público econômico, o citado autor percebe que a complexidade das situações econômicas muitas vezes torna difícil a aplicação coercitiva das regulamentações e prescrições unilaterais, fazendo com que o Estado prefira a participação dos interessados ao uso de meios de autoridade na sua atuação. Daí por que surge uma "economia contratual", como complemento da "economia concertada". Segundo o autor francês, o que é novo não é a utilização do contrato em matéria de intervenção do Estado na economia, mas seu uso cada vez mais frequente para atingir objetivos para os quais, tradicionalmente, o Estado recorria à ação unilateral e coercitiva. "Em certa medida o contrato tornou-se, deste ponto de vista, uma espécie de substituto do acto unilateral."[42]

Mas o que significa afirmar, na prática hodierna da Administração Pública, a preferência pelo particular que participa na condição de colaborador, e não como mero destinatário da decisão administrativa? Noutras palavras: como se realiza a Administração consensual em matéria de contratos administrativos?

Duas constatações de índole prática podem ser levantadas para auxiliar na tarefa de responder à questão proposta. A primeira é que se presume mais eficiente, do ponto de vista do resultado alcançado, quando o particular assume papel ativo na concepção e gestão de contratos administrativos, uma vez que a figura do "mero executor" já há algum tempo tem sido substituída pela figura do "colaborador", ou daquele que tem comprometimento com a execução do contrato.

A segunda constatação está ligada à figura da Administração contratante, e imagina-se a materialização da consensualidade na maior

---

41. André de Laubadère, Franck Moderne e Pierre Delvolvé, *Traité des Contrats Administratifs*, 2ª ed., t, I, Paris, LGDJ, 1983, pp. 19-22.
42. André de Laubadère, *Direito Público Econômico*, trad. portuguesa de Maria Teresa Costa, Coimbra, Livraria Almedina, 1985, pp. 422-423.

responsabilidade que lhe cabe na elaboração e execução das avenças. A capacidade que o ente público tem de induzir comportamentos deve ser utilizada para permitir a elaboração de contratos cujos riscos de eventual inadimplemento sejam minimizados, antecipando soluções justas, na medida do possível – o que se faz pela opção por cláusulas específicas ao invés de genéricas e pela discriminação pormenorizada das obrigações de parte a parte. Imagina-se, assim, que o diálogo entre o público e o privado de alguma maneira tire o Estado de sua tradicional "zona de conforto", provocando-o a mudar o rumo de seu histórico papel como aquele que respalda (financeiramente) a ineficiência privada.

Vários mecanismos podem ser pensados para atingir tais desideratos. Alguns ligados à fase pré-contratual (como a audiência e consulta públicas e a promoção de manifestação de interesse); outros para serem aplicados no processo licitatório em si (e assumindo que a competição não é um mecanismo vantajoso em todos os casos); e outros, ainda, para serem inseridos no instrumento contratual (como a arbitragem, a mediação, a revisão periódica das condições contratualizadas, a repartição de riscos, o compartilhamento de ganhos econômicos, a maior participação dos financiadores na execução do contrato e a remuneração variável).

Em suma, são mecanismos que buscam o consenso, o acordo, na relação contratual. O melhor arranjo para eles depende do caso concreto e precisa levar em consideração as peculiaridades do negócio. Mas é possível antever dois grandes problemas decorrentes da sua articulação. O primeiro: é necessário que lei (no seu sentido formal) autorize a inserção de mecanismos de consenso para cada tipo contratual? O segundo: qual a real eficácia de tais mecanismos? Noutras palavras, seriam eles capazes de absorver as crises que sobrevirão durante a execução do contrato, promovendo a estabilização da relação contratual?

Os próximos itens destinam-se ao enfrentamento dessas duas questões.

2.4 Princípio da legalidade em matéria contratual: crise da lei formal

A multiplicação dos tipos contratuais celebrados pela Administração Pública supõe uma revisão do princípio da legalidade na sua acepção clássica. Um entendimento tradicional sobre o tema permitiria à Administração apenas firmar os tipos contratuais definidos previamente em lei, e apenas com cláusulas nela autorizadas (como é o caso da concessão de serviço público da Lei 8.987/1995 e dos contratos de obra, de serviço, de compra e de alienação da Lei 8.666/1993).[43] Assumir que o Estado depende de autorização *específica* em lei para contratar, e não genérica, implica reduzir muito essa capacidade estatal.

O argumento é que a legislação sobre contratações públicas não é exaustiva quanto à instituição de modelos contratuais que podem ser empregados pela Administração. Muito pelo contrário. As contratações públicas foram disciplinadas de maneira genérica, prevendo-se cláusulas gerais que deveriam constar em qualquer tipo de pacto, mas sem excluir outras previsões. Qualquer modelo contratual previsto em lei, desde que não contrarie as previsões específicas da legislação em geral, pode ser empregado pelas entidades integrantes da Administração Pública.[44]

Para um enfrentamento consistente sobre o assunto, é preciso matizar sobre o significado da relação de *legalidade*.

É possível marcar o nascimento da formulação desse princípio com o período da História no qual houve a afirmação das liberdades individuais. A Declaração dos Direitos do Homem e do Cidadão de 1789 é o marco da chamada concepção clássica da legalidade: o que não é proibido pela lei, é permitido. E a função da lei não seria outra senão a de garantir as liberdades individuais contra a restrição arbitrária do exercício do poder.

Essa formulação tipicamente francesa da legalidade atribui à lei um sentido formal, afirmando que só a lei, como expressão da vontade geral, aprovada pelo Parlamento, pode restringir direitos individuais.

Como aplicar essa formulação clássica do princípio da legalidade à Administração Pública contemporânea?

Charles Eisenmann propõe quatro leituras possíveis da legalidade aplicada à atividade da Administração Pública, fazendo-o a partir de uma visão mais flexível para uma visão mais restritiva de sua atuação. Assim, para o autor francês, num primeiro sentido a Administração poderia fazer

---

43. Fernando Dias Menezes de Almeida ("Contratos administrativos" cit., in Antônio Jorge Pereira Jr. e Gilberto Haddad Jabur (coords.), *Direito dos Contratos II*, pp. 201-202) e Marçal Justen Filho (*Curso de Direito Administrativo*, São Paulo, Saraiva, 2005, p. 280) concordam com uma visão menos restritiva do princípio da legalidade em matéria de contratos públicos.
44. Sobre o tema, Gustavo Binenbojm afirma que "a autorização legal (geral e orçamentária) para a realização de despesas pela Administração, mediante celebração de contratos com particulares, importa, *a fortiori*, a autorização para que o administrador faça uso de todos os meios negociais disponíveis para a melhor consecução dos interesses da coletividade" ("As parcerias público-privadas (PPPs) e a Constituição", *RDA* 241/173, Rio de Janeiro, Renovar, julho-setembro/2005).

tudo o que não está proibido na lei.[45] Num segundo, a Administração poderia agir desde que alguma norma de Direito a autorizasse. Num terceiro, a Administração poderia agir desde que alguma norma de Direito a autorizasse e se o conteúdo do ato atendesse ao predeterminado pela lei, prescrevendo ou facultando condutas.[46] Finalmente, num quarto sentido, a Administração só poderia agir se fosse obrigada pelo Direito, que não lhe concederia qualquer margem de escolha.[47]

Nesta escala, entre um sentido (o primeiro) que propõe a legalidade como *regra de compatibilidade* com o ordenamento (o que parece dar-lhe certo viés autoritário) e um sentido quase paralisador da Administração Pública (o último), a tendência conservadora é a de se afirmar pela *regra de conformidade* na relação lei-Administração, expressada nos sentidos dois e três de Eisenmann (seja como regra de competência ou a vinculação a um conteúdo material predefinido pela lei).

Para saber qual desses significados foi incorporado pelo ordenamento jurídico brasileiro é preciso ir ao texto constitucional e interpretá-lo. Seu art. 5º, II, enuncia que "ninguém será obrigado a fazer ou deixar de fazer alguma coisa senão em virtude de lei". Além disso, o art. 37, *caput*, diz que a Administração Pública obedecerá ao princípio da legalidade. Qual é a melhor interpretação dessas normas? Seus intérpretes divergem. De um lado, Celso Antônio Bandeira de Mello atribui ao princípio da legalidade um sentido formal,[48] enquanto Eros Grau, de outro, lhe atribui um sentido material.[49]

45. Este significado equivale à legalidade aplicada aos particulares em nosso sistema, e prevista no art. 5º, II, da CF. É a chamada *vinculação negativa à lei*.
46. Este significado é a enunciação da chamada *vinculação positiva à lei*.
47. Charles Eisenmann, "O direito administrativo e o princípio da legalidade", *RDA* 56/47, Rio de Janeiro, FGV, 1959.
48. Escreve Celso Antônio Bandeira de Mello:
"A atividade administrativa deve não apenas ser exercida sem contraste com a lei, mas, inclusive, só pode ser exercida nos termos de autorização contida no sistema legal. A legalidade na Administração não se resume à ausência de oposição à lei, mas pressupõe autorização dela, como condição de sua ação. Administrar é, conforme disse Seabra Fagundes em frase lapidar, "aplicar a lei, de ofício".
"Em suma, a lei, ou, mais precisamente, o sistema legal, é o fundamento jurídico de toda e qualquer ação administrativa. A expressão 'legalidade' deve, pois, ser entendida como 'conformidade *à lei* e, sucessivamente, às subsequentes normas que, com base nela, a Administração expeça para regular mais estritamente sua própria discrição', adquirindo então um sentido mais extenso. Ou seja, é desdobramento de um dos aspectos do princípio da legalidade o respeito, quando da prática de atos individuais, aos atos genéricos que a Administração, com base na lei, haja produzido para regular seus comportamentos ulteriores" (*Curso de Direito Administrativo*, cit., 27ª ed., pp. 76-77).
49. A leitura de Eros Grau a respeito do princípio da legalidade pode ser assim entendida, a partir de suas próprias palavras:

62 CONCESSÃO

Não se trata de afirmar que um sentido é correto em prejuízo do outro. O enfoque deve ser diferente: o de operacionalidade.[50] Qual sentido satisfaz a legalidade em nosso sistema? Qual seu conteúdo mínimo?

"Ora, há visível distinção entre as seguintes situações: (i) vinculação da Administração às definições *da* lei; (ii) vinculação da Administração às definições *decorrentes* – isto é, fixadas em virtude dela – de lei. No primeiro caso estamos diante da *reserva da lei*; no segundo, em face da *reserva da norma* (norma que pode ser tanto *legal* quanto *regulamentar*; ou *regimental*).

"Na segunda situação, ainda quando as definições em pauta se operem em atos normativos não da espécie legislativa – mas decorrentes de previsão implícita ou explícita em atos legislativos contida –, o princípio estará sendo devidamente acatado. No caso, o princípio da legalidade expressa *reserva da lei em termos relativos* (= *reserva da norma*), razão pela qual não impede a atribuição, explícita ou implícita, ao Executivo para, no exercício de função normativa, definir obrigação de fazer e não fazer que se imponha aos particulares – e os vincule.

"Voltando ao art. 5º, II, do texto constitucional, verificamos que, nele, o princípio da legalidade é tomado em *termos relativos*, o que induz a conclusão de que o devido acatamento lhe estará sendo conferido quando – manifesta, explícita ou implicitamente, atribuição para tanto – ato normativo não legislativo, porém regulamentar (ou regimental), definir obrigação de fazer ou não fazer alguma coisa imposta a seus destinatários.

"Tanto isso é verdadeiro – que o dispositivo constitucional em pauta consagra o princípio da legalidade em termos apenas relativos – que em pelo menos três oportunidades (isto é, no art. 5º, XXXIX, no art. 150, I, e no parágrafo único do art. 170) a Constituição retoma o princípio, então o adotando, porém, em termos absolutos: não haverá crime ou pena, nem tributo, nem exigência de autorização de órgão público para o exercício de atividade econômica, sem *lei* – aqui entendida como tipo específico de ato legislativo – que os estabeleça. Não tivesse o art. 5º, II, consagrado o princípio da legalidade em temos somente relativos, e razão não haveria a justificar a sua inserção no bojo da Constituição, em termos então absolutos, nas hipóteses referidas.

"Dizendo-o de outra forma: se há um princípio de reserva da lei – ou seja, se há matérias que só podem ser tratadas pela lei –, evidente que as excluídas podem ser tratadas em regulamentos; quanto à definição do que está incluído nas matérias de reserva de lei, há de ser colhida no texto constitucional; quanto a tais matérias não cabem regulamentos. Inconcebível a admissão de que o texto constitucional contivesse disposição despicienda – *verba cum effectu sunt accipienda*.

"Resta evidenciado, desta sorte, não importar ofensa ao princípio da legalidade inclusive a imposição, veiculada por regulamento, de que alguém faça ou deixe de fazer algo, desde que isso decorra, isto é, venha, em virtude de lei. Note-se, ademais, que, quando o Executivo expede regulamentos – ou, o Judiciário, regimentos –, não o faz no exercício de *delegação legislativa*" (*O Direito Posto e o Direito Pressuposto*, 7ª ed., São Paulo, Malheiros Editores, 2008, pp. 246-247).

50. Odete Medauar faz sua proposta de *significado operacional* do princípio, afirmando que o sentido do princípio da legalidade não se exaure com o significado de habilitação legal; ele deve ser combinado com o sentido amplo, de compatibilidade, para ser vedado à Administração editar atos ou tomar medidas contrárias às normas do ordenamento, tendo ela o dever de respeitá-lo em sua integralidade (*Direito Administrativo Moderno*, cit., 12ª ed., pp. 123-124).

É fato que se vive um momento de crise do Legislativo, da lei formal como requisito para a garantia de direitos.[51] Há uma crescente valorização da figura do chefe do Executivo em decorrência da necessária intervenção do Estado na seara econômica, o que demanda agilidade negocial.[52-53] Parte da doutrina, por sua vez, diante desse quadro, elabora um conceito amplo de legalidade, que envolve a Constituição, atos sem forma de lei (como são os decretos, portarias e resoluções) e atos com força de lei, como é o caso da medida provisória. Trata-se do conceito de *juridicidade*, trabalhado por Gustavo Binenbojm,[54] que afirma a dupla vinculação da Administração Pública à lei e ao Direito, sendo a legalidade uma das formas de juridicidade. O próprio Parlamento vem atribuindo uma esfera maior de competência ao Executivo, num fenômeno que Paulo Otero chamou de "fuga para os princípios".[55]

51. Foi Manoel Gonçalves Ferreira Filho que escreveu sobre a falência dos Parlamentos como legisladores (*Processo Legislativo*, 3ª ed., São Paulo, Saraiva, 1995, p. 14).

52. Odete Medauar, ao afirmar a alteração da concepção originária do princípio da legalidade, afirma ser irrealizável a ideia de submissão total da Administração à lei; muitas vezes o vínculo de legalidade significa só atribuição de competência (sem indicar o modo de exercício e as finalidades a realizar). Ainda segundo a autora, com o tempo a Administração buscou poderes livres (discricionariedade e atos de governo), muitas vezes fundamentados no chamado *poder de supremacia especial*. E a redução da legalidade à relação lei-ato deu atenção acentuada ao tema do controle jurisdicional, em detrimento da atenção aos aspectos decisionais. O foco acabou sendo o controle *a posteriori*, em que transparecem as zonas livres e incontroláveis do ato. Esse modelo tornou a Administração autônoma e dotada de muitos poderes incontroláveis, apesar do princípio da legalidade. A concepção positivista e a sacralização da legalidade levaram ao legalismo, ao formalismo excessivo dos decretos e atos infralegais, com predominância da letra dos textos sobre seu espírito ou sobre a realidade dinâmica da vida. Outros fatores: transformações do Estado, com o deslocamento da primazia do Legislativo para o Executivo; reconhecimento da existência de função de orientação política na cúpula do Executivo; a lei Legislativo deixou de ser a vontade geral, para ser a vontade de maiorias parlamentares controladas pelo Executivo; a ampla função normativa do Executivo (autor de projetos, legislador delegado, legislador direto): a inflação de normas gera incerteza e insegurança. Para isso vêm as leis-medida (as leis de contingência) (Odete Medauar, *O Direito Administrativo em Evolução*, cit., 2ª ed., p. 145).

53. René Chapus, ainda que se referindo a circunstâncias excepcionais como o estado de sítio, afirma que o princípio da legalidade se adapta de diversas maneiras aos fatos (*Droit Administratif Général*, 15ª ed., vol. 1, Paris, Montchrestien, 2001, p. 1.085).

54. Gustavo Binenbojm, *Uma Teoria do Direito Administrativo. Direitos Fundamentais, Democracia e Constitucionalização*, Rio de Janeiro, Renovar, 2006, p. 38.

55. Paulo Otero, *Legalidade e Administração Pública: o Sentido da Vinculação Administrativa à Juridicidade*, Coimbra, Livraria Almedina, 2003, pp. 164-169.

Uma questão importante sobre este ponto merece reflexão: a flexibilização da legalidade transforma o princípio a ponto de ele perder sua função primordial de garantidor de direitos? Dito de outro modo: a legalidade no sentido de juridicidade despreza essa importantíssima função do princípio? Parece que não.

Na origem, sua razão única de ser era a de preservar as liberdades individuais contra o exercício arbitrário do poder, permitindo, assim, o controle da Administração Pública. Mas à concepção restrita da legalidade, típica da fase liberal do Estado de Direito, no qual não se admitia intervenção na esfera privada sem lei anterior aprovada pelo Parlamento, somaram-se novas demandas. Em brevíssimas palavras, vieram o Estado Social e, em seguida, o Democrático de Direito, onde as prestações positivas, a intervenção no domínio econômico, a participação dos cidadãos na gestão da coisa pública e o aumento do controle da Administração levaram a uma nova formulação do Estado de Direito, já bastante distanciada daquela elaborada na Revolução Francesa, de mera oposição às práticas do período absolutista. Há, inclusive, aqueles, como Jacques Chevallier, que identificam um Estado de Direito pós-moderno,[56] fruto das crises financeiras, da corrupção e da ineficiência na prestação dos serviços públicos, que levaram à diminuição do papel do Estado na atividade econômica, ao incremento de sua função reguladora (incentivando, subsidiando, planejando e normatizando) e aos fenômenos da agencificação e da desburocratização. Seria um Direito transitório, que não hesitaria em se adaptar às circunstâncias.

Essa onda de "liberalismo" – como dizem alguns – ou de mudança do papel do Estado – como preferem outros –, para evitar o rótulo, não significa mera volta ao Estado Liberal, por uma razão muito simples: a sociedade é muito mais complexa que aquela dos fins de 1700 e o Estado de hoje não é *mero* garantidor de direitos, mas é também responsável pelo desenvolvimento social e econômico em um ambiente de restrição (por incapacidade fática e jurídica) da sua atuação direta por meio de seus próprios órgãos e empresas.

Assim, é correto afirmar que o princípio da legalidade não perdeu sua função originária. Mas a ele se somam novas demandas: permitir que o Estado atue rapidamente e de forma eficaz. O desafio que se põe neste contexto é a elaboração de uma interpretação flexível do princípio sem, contudo, permitir que ele perca sua função garantidora.

---

56. Jacques Chevallier, "Vers un Droit post-moderne? Les transformations de la régulation juridique", *Révue du Droit Public et de la Science Politique en France et à l'Étranger* 3/659-690, Paris, LGDJ, maio-junho/1998.

Odete Medauar responde a esse desafio afirmando que a legalidade a que se submete a Administração deve se organizar em novas bases: trata-se de um princípio mais amplo, com bases valorativas assentadas na própria Constituição, cuja garantia fica resguardada pelo aprofundamento do controle sobre a Administração (jurisdicional e parlamentar).[57] Se, por um lado, a valorização do controle pode gerar desvios e abusos, dada a indesejável interferência entre os Poderes, por outro lado, também não se pode afirmar que a versão estrita da legalidade seja a garantia absoluta em prol da preservação dos direitos individuais.[58] A conformação dos direitos é tarefa das mais árduas, e o princípio da legalidade na sua formulação originária não é, por si só, a garantia contra a eficácia dos direitos constitucionais. Neste contexto, a citada autora afirma o princípio da legalidade em bases valorativas, sujeitando a atividade da Administração não somente à lei formal, quando for o caso, mas também a preceitos fundamentais que norteiam todo o ordenamento.[59]

Deveras, o ordenamento jurídico brasileiro é formado por um emaranhado de normas que ora permitem à Administração realizar todos os atos que não sejam contrários à lei (exemplo: na celebração de contratos, nas prestações positivas, nas afirmações de direitos constitucionais), ora exigem que ela tenha habilitação legal (no sentido formal) para agir (exemplo: matéria penal e tributária). A depender da matéria, maior ou menor formalismo é exigido pelo ordenamento brasileiro em termos de legalidade.

É importante fixar este ponto: a rigidez da legalidade não é, por si só, e nos dias de hoje, sinônimo de preservação (ou de eficácia) dos direitos constitucionais. Eles serão legitimamente interpretados e conformados à realidade se forem seguidos os ritos previstos pelo próprio ordenamento e se seu conteúdo se sustentar diante dos preceitos nele estabelecidos.[60]

---

57. Odete Medauar, *O Direito Administrativo em Evolução*, cit., 2ª ed., pp. 146-148.

58. José Manuel Sérvulo Correia afirma que, "no tempo em que vivemos, o sentido funcional da reserva de lei não se esgota no plano da proteção da esfera individual do cidadão em face do poder do Estado: a reserva de competência normativa do Parlamento obedece também em parte à consideração das vantagens resultantes para a vitalidade da Democracia do debate no quadro parlamentar da integralidade dos regimes jurídicos de certos institutos e das bases dos de outros" (*Legalidade e Autonomia Contratual nos Contratos Administrativos*, Coimbra, Livraria Almedina, 1987, pp. 38-41).

59. Odete Medauar, *O Direito Administrativo em Evolução*, cit., 2ª ed., p. 147.

60. Um bom exemplo é o direito de greve no serviço público (CF, art. 37, VIII), cujo reconhecimento via mandado e injunção é novidade. Em outubro/2007 o STF

Assim – e para fins de uma conclusão quanto a esse aspecto –, deve restar claro que o conteúdo mínimo da legalidade, quando se trata da atuação da Administração Pública, é variável: ora basta uma relação de compatibilidade com o ordenamento, ora ele próprio exige uma relação de conformidade, seja em relação à forma, seja em relação ao conteúdo preestabelecido pela norma. E a opção por um sentido ou outro está totalmente relacionada ao setor do direito público a que se esteja referindo. Em matéria tributária, por exemplo, faz parte da nossa história constitucional a exigência de lei formal que fixe todos os contornos da interferência estatal na liberdade e propriedade privadas. No entanto, quando se trata da organização dos serviços públicos e regulação da atividade econômica há o caminho inverso, inclusive com o aval de parte da doutrina. Como dizem Carlos Ari Sundfeld e Jacintho Arruda Câmara, é preciso alertar contra o risco das generalizações em matéria de direito público econômico, ainda que calcadas em ideias muito conhecidas: "O tratamento adequado de qualquer um de seus tópicos exige um fino exame de peculiaridade, problemas e normas. As generalizações estão em crise".[61]

O apego à legalidade estrita não é garantia contra abusos do exercício indevido do poder. A própria França, que indica em sua Constituição as matérias sujeitas à lei (Parlamento) e as sujeitas ao regulamento, entendido naquele país como norma primária (Governo), não transforma aquele país em um Estado autoritário ou menos democrático. Algumas normas, em razão de seu conteúdo, têm a lógica do debate e da conciliação de interesses, própria do ambiente legislativo. Outras, todavia, não envolvem os conflitos típicos da sociedade plural.[62]

O mencionado apego, ainda que sob uma justificativa nobre, traz consigo uma dificuldade enorme de compreensão da realidade. Somente com tal enunciação do princípio da legalidade é que se pode elaborar argumento favorável ao reconhecimento de alguma flexibilidade na formatação de contratos pelo Estado.

julgou o MI 712 e propôs a solução para a omissão legislativa com a aplicação da Lei 7.783/1989 (vencidos os Mins. Ricardo Lewandowski, Joaquim Barbosa e Marco Aurélio).
61. Carlos Ari Sundfeld e Jacintho Arruda Câmara, "O poder normativo das agências em matéria tarifária e a legalidade: o caso da assinatura do serviço telefônico", in Alexandre dos Santos Aragão (coord.), *O Poder Normativo das Agências Reguladoras*, Rio de Janeiro, Forense, 2006, p. 606.
62. Neste sentido, v. Manoel Gonçalves Ferreira Filho, *Processo Legislativo*, cit., 3ª ed., p. 254.

2.5 Contrato como instrumento (limitado) de regulação: o problema da sua incompletude

Já se afirmou que a década de 90 trouxe novos elementos no campo dos contratos públicos, entre os quais está a tendência segundo a qual as relações contratuais – principalmente as de longo prazo –, devem ser elaboradas com base em consenso, em instrumentos jurídicos negociados, que sejam capazes de absorver as crises que sobrevirão durante sua execução. Isso traz consigo a dificuldade da antecipação dos problemas futuros, com a previsão de mecanismos internos ao contrato para sua solução. É o desafio da chamada "contratualização" da relação, na qual o contrato assume papel relevante na conformação dos interesses no longo prazo. Deixam de ser instrumentos padronizados para serem cuidadosamente elaborados caso a caso, com base em estudos e planejamento prévios para o específico negócio.

Parece natural que o contrato conquiste papéis novos com a substituição progressiva dos tradicionais meios de atuação unilateral da Administração. André de Laubadère pergunta se já não se está perante uma orientação nova na própria maneira de administrar e se, no fundo, a administração por via contratual já não terá se tornado um "estilo de intervenção tão corrente como a administração por via de regulamentação e ação unilateral, que parecia mais clássica".[63] Essa avaliação é uma constatação da mudança na forma de organização da atuação do Estado. O foco no ato administrativo, como conceito central na teoria do direito administrativo, cedeu espaço para as teorias sobre o processo administrativo, e agora cede mais um tanto para o contrato. Ambos os movimentos estão pautados pelo mesmo objetivo: legitimar a atuação administrativa.[64]

Mas é preciso reconhecer a dificuldade na elaboração dos instrumentos, pois é impossível antecipar todos os pontos de futuro conflito e acordar previamente uma solução para eles. A regulação por contrato, conforme é conhecida, como forma de promover e controlar a atuação de prestadores privados, especialmente de serviços de infraestrutura em que essa teoria é estudada, enfrenta o grave problema da incompletude. Esse mecanismo foi amplamente utilizado na Europa e nos Estados Unidos

---

63. A citação está em Maria João Estorninho, *Réquiem pelo Contrato Administrativo*, cit., pp. 63-64.
64. Para uma leitura mais ampla sobre o "fenômeno da atenuação dos aspectos autoritários" da atividade administrativa por meio da abertura dos procedimentos administrativos e dos "módulos convencionais", v. Massimo Severo Giannini, *El Poder Público. Estados y Administraciones Públicas*, Madri, Civitas, 1991, pp. 147-154.

até o final do século XIX, e perdeu espaço à medida que aumentava o entusiasmo com a criação de comissões reguladoras independentes, de modo que a regulação por meio de contratos de concessão foi aos poucos sendo substituída pela regulação discricionária atribuída às agências reguladoras independentes. Noutras palavras, a regulação por contrato vê no instrumento contratual uma forma de obter o comprometimento entre as partes, enquanto a regulação discricionária busca extrair sua credibilidade principalmente do caráter independente do regulador.[65]

Não obstante seja um assunto de amplo debate acadêmico, interessa, neste ponto do trabalho, perceber o problema da incompletude do contrato e seu agravamento quando se trata de relações de longo prazo, como é a concessão. Assim, é própria do contrato de concessão sua incompletude, e contratos com essa característica normalmente importam a necessidade de serem feitas adaptações e de se permitir algum grau de flexibilidade durante sua vigência, para que possam se acomodar às mudanças ocorridas ao longo do tempo. A doutrina clássica francesa, por nós incorporada, reconhece juridicamente essa necessidade, ao construir a teoria da alteração do contrato administrativo.

A impossibilidade fática de o contrato antecipar todos os problemas futuros expõe limites aos mecanismos de consenso, já que as informações disponíveis no momento da contratualização da relação são, por definição, insuficientes para um contrato de longo prazo. É preciso reconhecer que o risco da incompletude pode ser minimizado por meio deles, mas não eliminado. A revisão das condições econômicas ou mesmo das condições de prestação do serviço, seja em favor do particular ou da Administração, decorre da própria natureza do objeto contratado (que via de regra envolve a prestação de um serviço público) e da passagem do tempo. Inegavelmente, há um grau de indeterminação na relação, que só é concretizado durante a execução do contrato.

Assim, ainda que o contrato preveja procedimentos e ambientes próprios para o diálogo, eventual conflito entre o (interesse) público e o privado pode restar insuperável. Neste caso, não há como se negar a existência de uma competência extracontratual da Administração para resolver o conflito de interesses (razão pela qual não se sustentou até agora a pura e simples abolição do regime de cláusulas exorbitantes nos

---

65. Fernanda Meirelles Ferreira, *Regulação por Contrato no Setor de Saneamento. O Caso de Ribeirão Preto*, dissertação de Mestrado apresentada na Escola de Administração de Empresas da FGV/São Paulo, 2005, pp. 66-71.

contratos administrativos).⁶⁶ Mas a proposta, na forma apresentada no item 2 deste capítulo, é que o detalhamento do exercício dessa competência (que, por natureza, é unilateral e autoexecutória) seja internalizado no contrato, para que ela possa, inclusive, ser precificada pelas partes contratantes.

3. Conclusões parciais

O Capítulo II deste trabalho pretendeu relembrar as afirmações tradicionais da teoria clássica contratual e identificar as bases vetoriais para a revisão do regime jurídico do contrato administrativo. A proposta não se traduz como fuga do direito administrativo, mas como uma atualização da referida teoria, tipicamente francesa, que identifica o contrato administrativo pela existência de cláusulas exorbitantes.

Assim:

(1) Teorizar sobre o contrato administrativo a partir de sua oposição com o direito privado gera distorções, pois leva à indevida suposição de que contrato administrativo é sinônimo de poder de autoridade, além de uniformizar o regime contratual administrativo, fazendo incidir em todos os tipos contratuais as chamadas exorbitâncias em favor do contratante público.

(2) É preciso desmistificar a natureza exorbitante do contrato administrativo, em prol do reconhecimento de uma relação contratual dialogada, marcada pela consensualidade e pela perda do autoritarismo gratuito.

(3) A crescente substituição da figura da "Administração por autoridade" pela de "Administração por consenso", na atividade administrativa em geral, propõe que o contrato administrativo seja teorizado a partir da lógica da convergência de interesses entre as partes, e não de uma (inerente) posição contraposta.

(4) É preciso reler o princípio da legalidade em sua formulação clássica, para que a Administração Pública possa celebrar contratos (e estruturar modelos de negócio) que não tenham sido previamente tipificados pela lei, mas que estejam em conformidade com o Direito.

---

66. Esta parece ser a ideia de Fernando Dias Menezes de Almeida, que chega a recomendar que "a evolução legislativa rume para a mitigação, facultatividade e, enfim, abolição do regime de cláusulas exorbitantes, em especial no que diz respeito à possibilidade de alteração e rescisão unilateral dos contratos" ("Mecanismos de consenso no direito administrativo", cit., in Floriano de Azevedo Marques Neto e Alexandre Santos de Aragão (coords.), *Direito Administrativo e seus Novos Paradigmas*, p. 345).

(5) O contrato é um instrumento limitado de regulação entre as partes, porque não é capaz de antecipar todos os problemas futuros decorrentes de sua execução. Quando os mecanismos de consenso nele previstos forem incapazes de resolver os conflitos, o próprio contrato deve prever como e quando o Poder Público pode interferir unilateralmente na relação, seja para modificá-la ou extingui-la.

No Capítulo IV serão aplicados os vetores apresentados na noção de concessão, com o objetivo de caracterizá-la.

Capítulo III
Concessão na Constituição Federal

1. A Constituição Federal brasileira traz um conceito de "concessão"?. 2. Concessão, permissão e autorização: a Constituição estabelece uma diferença?. 3. Competência legislativa da União em matéria de licitação e contratação: o problema da "norma geral". 4. Competência legislativa da União em matéria de concessão. 5. A Constituição traz um rol exaustivo de bens e serviços que podem ser dados em concessão?.

1. A Constituição Federal brasileira traz um conceito de "concessão"?

A Constituição Federal brasileira de 1988 não traz um conceito de concessão.[1] A palavra "concessão" está presente em diversos dispositivos

---

1. Esta também é a opinião de Marçal Justen Filho, que, em trabalho sobre a teoria geral das concessões de serviço público, afirma que não apenas a Constituição Federal brasileira não define concessão de serviço público, como nem seria o caso de ela fazê-lo (*Teoria Geral das Concessões de Serviço Público*, São Paulo, Dialética, 2003, p. 53).

   É também a opinião de Floriano de Azevedo Marques Neto ("Concessão de serviço público sem ônus para o usuário", in Luiz Guilherme da Costa Wagner Jr. (coord.), *Temas do Direito Público. Estudos em Homenagem ao Professor Adilson Abreu Dallari*, Belo Horizonte, Del Rey, 2004, p. 337), de Gustavo Binenbojm ("As parcerias público-privadas (PPPs) e a Constituição", *RDA* 241/159-175, Rio de Janeiro, Renovar, julho-setembro/2005), de Carlos Ari Sundfeld (*Concessão*, 2001, texto inédito) e de Alexandre Santos de Aragão ("As parcerias público-privadas – PPPs no direito positivo brasileiro", *RDA* 240/116, Rio de Janeiro, Renovar, abril-junho/2005).

   Marçal Justen Filho chega a afirmar que "a concessão comporta uma pluralidade de configurações, o que impede inclusive aludir 'à' concessão, tal como se houvesse conceito único, determinado e padronizado para o instituto. Talvez se pudesse afirmar que a expressão indica um gênero, que contempla inúmeras espécies. A tentativa de produzir uma solução única para a concessão não encontra respaldo na ordem jurídica e acaba produzindo resultados extremamente negativos" ("As diversas configurações da concessão de serviço público", *Revista de Direito Público da Economia* 1/96, Belo Horizonte, Fórum, janeiro-março/2003).

constitucionais, mas sem qualquer compromisso com a construção de um conceito, fixação de um sentido único ou, mesmo, estabelecimento de um regime jurídico constitucional. É usada (a) para referir-se a atos unilaterais do Poder Público, ora no exercício de competência vinculada (exemplo: concessão de aposentadoria – art. 40), ora no exercício de competência discricionária (exemplo: concessão de anistia – art. 48, VIII; concessão de asilo político – art. 4º, X); (b) como instrumento de intervenção do Poder Público em setores regulados da economia (arts. 21, XI e XII; art. 25, § 2º; art. 30, V; art. 175; e art. 223); e (c) como instrumento para habilitar um particular a usar bem de propriedade pública ou explorar jazidas e recursos naturais (art. 176; art. 177; art. 183; e art. 188, § 1º).

Interessa, para os fins deste trabalho, focar na concessão quando ela é usada para fazer surgir uma relação de cunho econômico entre o Poder Público e terceiro (hipóteses dos itens "b" e "c", acima), e não quando ela representa um mero ato de conceder, a partir do preenchimento de certos requisitos previstos em lei (seria a hipótese do item "a", acima).

Assim, basta uma rápida leitura dos dispositivos indicados para verificar que, na Constituição, ou a concessão está relacionada à exploração de serviço público por terceiro que não seu titular, ou ao uso de bem público. Com relação à concessão de serviço público, o texto constitucional refere-se ao instrumento quando trata das competências da União, dos Estados e dos Municípios. Vejam-se os dispositivos, todos da Constituição Federal de 1988.

"Art. 21. Compete à União: (...) XI – explorar, diretamente ou mediante *autorização*, *concessão* ou *permissão*, os serviços de telecomunicações, nos termos da lei, que disporá sobre a organização dos serviços, a criação de um órgão regulador e outros aspectos institucionais;[2] XII – explorar, diretamente ou mediante *autorização*, *concessão* ou *permissão*: a) os serviços de radiodifusão sonora e de sons e imagens;[3] b) os serviços e instalações de energia elétrica e o aproveitamento energético dos cursos

---

2. Apenas para constar, lembre-se do art. 66 do ADCT, segundo o qual "são mantidas as concessões de serviços públicos de telecomunicações atualmente em vigor, nos termos da lei".
3. O art. 223 da CF apenas reafirma a competência da União em matéria de radiodifusão, cabendo ao Poder Executivo outorgar e renovar a concessão, permissão e a autorização para o serviço. V. a íntegra do dispositivo:
"Art. 223. Compete ao Poder Executivo outorgar e renovar concessão, permissão e autorização para o serviço de radiodifusão sonora e de sons e imagens, observado o princípio da complementaridade dos sistemas privado, público e estatal.

de água, em articulação com os Estados onde se situam os potenciais hidroenergéticos; c) a navegação aérea, aeroespacial e a infraestrutura aeroportuária; d) os serviços de transporte ferroviário e aquaviário entre portos brasileiros e fronteiras nacionais, ou que transponham os limites de Estado ou Território; e) os serviços de transporte rodoviário interestadual e internacional de passageiros; f) os portos marítimos, fluviais e lacustres."

"Art. 25. Os Estados organizam-se e regem-se pelas Constituições e leis que adotarem, observados os princípios desta Constituição.

"(...).

"§ 2º. Cabe aos Estados explorar diretamente, ou mediante *concessão*, os serviços locais de gás canalizado, na forma da lei, vedada a edição de medida provisória para a sua regulamentação."

"Art. 30. Compete aos Municípios: (...) V – organizar e prestar, diretamente ou sob regime de *concessão* ou *permissão*, os serviços públicos de interesse local, incluído o de transporte coletivo, que tem caráter essencial; (...)."

Além deles, o art. 175 da CF traz uma regra genérica sobre o *serviço público*, que impõe ao Poder Público titular de serviço público a obrigação de prestá-lo, seja diretamente ou por delegação, sob o regime de *concessão* ou *permissão*. Veja-se sua redação:

"Art. 175. Incumbe ao Poder Público, na forma da lei, diretamente ou sob regime de *concessão* ou *permissão*, sempre através de licitação, a prestação de serviços públicos.

"Parágrafo único. A lei disporá sobre: I – o regime das empresas concessionárias e permissionárias de serviços públicos, o caráter especial de seu contrato e de sua prorrogação, bem como as condições de caducidade, fiscalização e rescisão da concessão ou permissão; II – os direitos dos usuários; III – política tarifária; IV – obrigação de manter serviço adequado."

"§ 1º. O Congresso Nacional apreciará o ato no prazo do art. 64, §§ 2º e 4º, a contar do recebimento da mensagem.

"§ 2º. A não-renovação da concessão ou permissão dependerá de aprovação de, no mínimo, dois quintos do Congresso Nacional, em votação nominal.

"§ 3º. O ato de outorga ou renovação somente produzirá efeitos legais após deliberação do Congresso Nacional, na forma dos parágrafos anteriores.

"§ 4º. O cancelamento da concessão ou permissão, antes de vencido o prazo, dependerá de decisão judicial.

"§ 5º. O prazo da concessão ou permissão será de 10 (dez) anos para as emissoras de rádio e de 15 (quinze) para as de televisão."

A Constituição ainda se refere à concessão como instrumento para habilitar um particular para explorar jazidas e outros recursos naturais no art. 176, nos seguintes termos:

"Art. 176. As jazidas, em lavra ou não, e demais recursos minerais e os potenciais de energia hidráulica constituem propriedade distinta da do solo, para efeito de exploração ou aproveitamento, e pertencem à União, garantida ao *concessionário* a propriedade do produto da lavra.

"§ 1º. A pesquisa e a lavra de recursos minerais e o aproveitamento dos potenciais a que se refere o *caput* deste artigo somente poderão ser efetuados mediante *autorização* ou *concessão* da União, no interesse nacional, por brasileiros ou empresa constituída sob as leis brasileiras e que tenham sua sede e administração no país, na forma da lei, que estabelecerá as condições específicas quando essas atividades se desenvolverem em faixa de fronteira ou terras indígenas.

"§ 2º. É assegurada participação ao proprietário do solo nos resultados da lavra, na forma e no valor que dispuser a lei.

"§ 3º. A autorização de pesquisa será sempre por prazo determinado, e as *autorizações* e *concessões* previstas neste artigo não poderão ser cedidas ou transferidas, total ou parcialmente, sem prévia anuência do poder concedente.

"§ 4º. Não dependerá de *autorização* ou *concessão* o aproveitamento do potencial de energia renovável de capacidade reduzida."

E, finalmente, a referência à concessão como instrumento apto a permitir a utilização por particular de imóvel público foi feita unicamente nos arts. 183, 188 e 189, nos seguintes termos:

"Art. 183. Aquele que possuir como sua área urbana de até 250 (duzentos e cinquenta) metros quadrados, por 5 (cinco) anos, ininterruptamente e sem oposição, utilizando-a para sua moradia ou de sua família, adquirir-lhe-á o domínio, desde que não seja proprietário de outro imóvel urbano ou rural.

"§ 1º. O título de domínio e a *concessão de uso* serão conferidos ao homem ou à mulher, ou a ambos, independentemente do estado civil.

"§ 2º. Esse direito não será reconhecido ao mesmo possuidor mais de uma vez.

"§ 3º. Os imóveis públicos não serão adquiridos por usucapião."

"Art. 188. A destinação de terras públicas e devolutas será compatibilizada com a política agrícola e com o plano nacional de reforma agrária.

"§ 1º. A alienação ou a *concessão*, a qualquer título, de terras públicas com área superior a 2.500 (dois mil e quinhentos) hectares a pessoa física ou jurídica, ainda que por interposta pessoa, dependerá de prévia aprovação do Congresso Nacional.

"§ 2º. Excetuam-se do disposto no parágrafo anterior as alienações ou as *concessões de terras públicas* para fins de reforma agrária."

"Art. 189. Os beneficiários da distribuição de imóveis rurais pela reforma agrária receberão títulos de domínio ou de *concessão de uso*, inegociáveis pelo prazo de 10 (dez) anos.

"Parágrafo único. O título de domínio e a *concessão de uso* serão conferidos ao homem ou à mulher, ou a ambos, independentemente do estado civil, nos termos e condições previstos em lei."

A partir da leitura dos dispositivos acima, fica óbvio que seus objetivos são bastante variados. Com relação aos serviços públicos a referência constitucional ora aparece junto com a permissão, ora também com a autorização; além disso, os serviços referidos pelas normas são de natureza muito distinta e têm peculiaridades no seu regime de exploração que não foram objeto de tratamento constitucional.

Com relação ao uso de bens públicos por privados é ainda mais evidente a ausência de um tratamento constitucional abrangente sobre a matéria, que faz mera referência ao tema. Em verdade, a Constituição não trata amplamente da *concessão de uso de bem público*. O que há no texto constitucional é a menção a um tipo de concessão de uso de bem público relacionado à política urbana (art. 183) e voltado à estabilização de situações precárias decorrentes da ocupação de área nas cidades. O dispositivo foi regulamentado por duas normas: uma que trata da ocupação de imóveis urbanos em geral (que estabeleceu a[4] *usucapião especial*

---

4. O Estatuto da Cidade (Lei 10.257/2001) optou pelo artigo feminino para tratar *da* usucapião. Sérgio Ferraz ("Usucapião especial", in Adilson Abreu Dallari e Sérgio Ferraz (orgs.), *Estatuto da Cidade*, 3ª ed., São Paulo, Malheiros Editores, 2010, p. 139), ao comentar os arts. 9º a 14 da referida norma, inicia seu texto com a seguinte questão: *"a" usucapião ou "o" usucapião?* E ele responde dizendo que, "para nós, é indiferente que se adote a fórmula 'a usucapião' ou a indicação o 'o usucapião'. Com Clóvis Beviláqua à frente (e ele preferia 'usocapião' a 'usucapião'), a maior parte da doutrina tem optado por atribuir à palavra o gênero feminino, quase sempre forte na sustentação de que as palavras latinas da terceira declinação, com o nominativo terminando em 'io', invariavelmente eram femininas. Há, contudo, relevante corrente que sustenta o gênero masculino do vocábulo, inclusive porque os substantivos portugueses terminados em 'ão' a esse gênero habitualmente pertencem". Apenas a título de curiosidade, o Código Civil de 1916 (arts. 550, 553, 618 e 619) usava a versão masculina, e o Código Civil de 2002 optou pela versão feminina (art. 1.262).

de imóvel urbano, tratada pelos arts. 9º a 14 do Estatuto da Cidade – Lei 10.527/2001) e outra que trata da *concessão de uso especial para fins de moradia*, que regulariza a ocupação ilegal de imóvel público situado em área urbana por população de baixa renda sem moradia (por meio da Medida Provisória 2.220/2001).[5]

Os arts. 188 e 189 tratam de uma situação ainda mais pontual. Previram, para fins de reforma agrária, a *concessão de uso* para distribuição de terras públicas e devolutas rurais. A regra é que a concessão de terras públicas com área superior a 2.500ha depende de aprovação pelo Congresso Nacional (art. 188, § 1º).

E, finalmente, é ainda preciso fazer menção ao § 1º do art. 177, que autoriza a União a contratar com empresas estatais ou privadas a realização das atividades monopolizadas no setor de petróleo e gás natural. Veja-se o dispositivo:

"Art. 177. Constituem monopólio da União: I – a pesquisa e a lavra das jazidas de petróleo e gás natural e outros hidrocarbonetos fluidos; II – a refinação do petróleo nacional ou estrangeiro; III – a importação e exportação dos produtos e derivados básicos resultantes das atividades previstas nos incisos anteriores; IV – o transporte marítimo do petróleo

---

5. Note-se que essa última espécie, apesar de ter sido chamada de *concessão*, é muito mais parecida com a usucapião que com um contrato. A concessão de uso especial para fins de moradia, tal qual tratada na Medida Provisória 2.220/2001, é um direito oponível à Administração assegurado aos possuidores de imóveis públicos que preencheram os requisitos da norma até 30.7.2001. Possivelmente a Constituição se referiu à *concessão* no § 1º do art. 183 porque ela mesma proíbe a usucapião de bens imóveis (art. 183, § 3º, e art. 191, parágrafo único). Quanto à sua natureza jurídica, Maria Sylvia Zanella Di Pietro, ao comentar esse novo instrumento urbanístico, reconhece que a Medida Provisória 2.220/2001 não faz qualquer referência a contrato, mas a "termo urbanístico", sendo "uma indicação de que o instituto foi tratado como ato unilateral, conclusão que se reforça pelo fato de que a concessão não gera, nesse caso, obrigações para ambas as partes, mas apenas para o concessionário; ou seja, gera para ele o direito de utilizar o bem, com a obrigação de utilizá-lo exclusivamente para fins de moradia". Ao final, a autora define a concessão de uso especial de imóvel público para fins de moradia como "o ato administrativo vinculado pelo qual o Poder Público reconhece, gratuitamente, o direito real de uso de imóvel público de até 250m² àquele que o possui, por cinco anos, ininterruptamente e sem oposição, para sua moradia ou de sua família" ("Concessão de uso especial para fins de moradia (Medida Provisória 2.220, de 4.9.2001)", in Adilson Abreu Dallari e Sérgio Ferraz (orgs.), *Estatuto da Cidade*, 3ª ed., São Paulo, Malheiros Editores, 2010, pp. 162-166). Sobre o tema, v. também artigo de Carlos Bastide Horbach, "Da concessão de uso especial para fins de moradia" (in Odete Medauar e Fernando Dias Menezes de Almeida (orgs.), *Estatuto da Cidade. Lei 10.257, de 10.7.2001. Comentários*, São Paulo, Ed. RT, 2002, pp. 99-110), para quem o instituto também é muito mais parecido com uma modalidade de usucapião que de contrato público.

bruto, de origem nacional ou de derivados básicos de petróleo produzidos no país, bem assim o transporte, por meio de conduto, de petróleo bruto, seus derivados e gás natural de qualquer origem; V – a pesquisa, a lavra, o enriquecimento, o reprocessamento, a industrialização e o comércio de minérios e minerais nucleares e seus derivados, com exceção dos radioisótopos, cuja produção, comercialização e utilização poderão ser autorizadas sob regime de permissão, conforme as alíneas 'b' e 'c' do inciso XXIII do *caput* do art. 21 desta Constituição Federal.

"§ 1º. A União poderá contratar com empresas estatais ou privadas a realização das atividades previstas nos incisos I a IV deste artigo, observadas as condições estabelecidas em lei.

"§ 2º. A lei a que se refere o § 1º disporá sobre: I – a garantia do fornecimento dos derivados de petróleo em todo o território nacional; II – as condições de contratação; III – a estrutura e atribuições do órgão regulador do monopólio da União.

"§ 3º. A lei disporá sobre o transporte e a utilização de materiais radioativos no território nacional.

"§ 4º. A lei que instituir contribuição de intervenção no domínio econômico relativa às atividades de importação ou comercialização de petróleo e seus derivados, gás natural e seus derivados e álcool combustível deverá atender aos seguintes requisitos: I – a alíquota da contribuição poderá ser: a) diferenciada por produto ou uso; b) reduzida e restabelecida por ato do Poder Executivo, não se lhe aplicando o disposto no art. 150, III, 'b'; II – os recursos arrecadados serão destinados: a) ao pagamento de subsídios a preços ou transporte de álcool combustível, gás natural e seus derivados e derivados de petróleo; b) ao financiamento de projetos ambientais relacionados com a indústria do petróleo e do gás; c) ao financiamento de programas de infraestrutura de transportes."

Foi a Emenda Constitucional 9/1995 que deu a atual redação ao § 1º do art. 177; e, apesar de ter mantido o monopólio da União no setor, possibilitou o fim da exclusividade da exploração das jazidas de petróleo e gás natural por empresa estatal federal.[6] Ao fazê-lo, o dispositivo

---

6. A Emenda Constitucional 9/1995 pôs fim à exclusividade da exploração das atividades de petróleo e gás por empresa federal estatal (Petrobrás), mas não alterou o monopólio da União em relação às mesmas. A possibilidade de atuação privada nas atividades da indústria do petróleo, sob a regulação federal, fez diminuir a relevância jurídica da distinção entre as atividades objeto de monopólio e as que escapam desse monopólio. A Lei 9.478/1997 – Lei do Petróleo –, a partir da autorização dada pela nova redação do § 1º do art. 177 da CF, definiu a *concessão* como sendo o instrumento cabível para outorgar o direito de exploração e produção de petróleo e gás que fazem parte do monopólio. Sobre o tema, v. Carlos Ari Sundfeld, "Regime jurídico do setor petrolífero", in

não fez referência ao instrumento de outorga, assim como também não vedou a execução direta da atividade pela União. Foi a Lei do Petróleo (Lei 9.478/1997) que regulamentou um modelo possível de delegação das atividades para particulares. É o modelo da *concessão*, qualificado como o instrumento capaz de outorgar o direito de exploração e produção de petróleo e gás, num regime por meio do qual o concessionário passa a ter a propriedade de todos os bens depois de extraídos. Para as outras atividades do setor a lei estabeleceu a *autorização* como instrumento legal. Desse modo, foi a lei federal – que regulamentou o § 1º do art. 177 da CF – que tratou do regime jurídico da concessão e da autorização no setor de petróleo e gás.

A oposição entre *concessão* e *autorização* na Lei do Petróleo remete a um intenso debate na doutrina nacional sobre a definição e hipóteses de cabimento dos vários instrumentos de outorga de serviços públicos e atividades administrativas a privados. A dúvida está na existência de uma margem de liberdade para o legislador infraconstitucional estabelecer o regime e a hipótese de cabimento de cada um deles. Teria a Constituição Federal predeterminado o conceito e o regime aplicável à concessão, à permissão e à autorização? O próximo item destina-se ao enfrentamento dessa questão.

2. Concessão, permissão e autorização: a Constituição estabelece uma diferença?

As transcrições das normas constitucionais feitas no tópico anterior auxiliam na afirmação segundo a qual não há um projeto constitucional único em relação ao modo como o Estado deve prestar serviços à coleti-

Carlos Ari Sundfeld (org.), *Direito Administrativo Econômico*, 1ª ed., 3ª tir., São Paulo, Malheiros Editores, 2006, p. 391. A Lei do Petróleo, que regulamentou o § 1º do art. 177, foi objeto de ação direta de inconstitucionalidade no STF (ADI 3.273-9-DF, rel. Min. Carlos Ayres Britto, j. 16.3.2005, m.v.). O Min. Eros Grau, em voto que conduziu a maioria vencedora, afirma que "(i) a inovação introduzida pela Emenda Constitucional n. 9/1995, no sentido de tornar relativo o monopólio, não se encontra na permissão de que a União contrate com empresas estatais ou privadas a sua exploração; desde anteriormente à emenda a União não estava obrigada a explorar o monopólio diretamente; desde sempre essa exploração poderia ser exercida por outrem, pessoa jurídica de direito público ou privado; (ii) o monopólio de que se trata tornou-se relativo precisamente porque antes da Emenda Constitucional n. 9/1995 projetava-se, de modo amplo, sobre o produto da exploração petrolífera; ia, neste sentido, para além da *atividade* monopolizada; a ausência dessa projeção, no regime da Emenda Constitucional n. 9/1995 é que o torna relativo em relação ao regime anterior".

vidade ou autorizar o uso de seu patrimônio por particulares. Daí por que a menção a concessão, permissão e autorização em alguns dispositivos não é suficiente para afirmar que haja mecanismos de exploração uniformizados ou regime jurídico universal com relação a eles e objetivos comuns a atingir.[7] A propósito dos serviços públicos, ora a Constituição refere-se unicamente à concessão (art. 25, § 2º), ora à concessão e à permissão (art. 30, V, e art. 175), ora à autorização, à permissão e à concessão (art. 21, XI e XII). Quanto às jazidas e recursos minerais, a Constituição refere-se à autorização e à concessão (art. 176, § 1º). Com relação ao setor de petróleo e gás natural ela apenas libera a contratação com empresas estatais e privadas, sem mencionar o instrumento jurídico por meio do qual se poderá fazê-lo (art. 177, § 1º). Ao tratar de imóvel público urbano, refere-se à concessão de uso (art. 183, § 1º, art. 188, § 1º, e art. 189).

Claramente não existe na Constituição Federal de 1988 uma distinção entre *concessão, permissão* e *autorização*. Os três instrumentos são usados como sinônimo de ato jurídico e têm a função de abrir a possibilidade de contratação de terceiros (ente público ou empresa privada, pessoa jurídica ou pessoa física) na exploração de serviços públicos e serviços monopolizados e no uso de bens públicos.[8]

Esta afirmação, contudo, é polêmica e não encontra fácil respaldo na doutrina nacional, que tende a enxergar a ocorrência de um equívoco constitucional, já que um mesmo dispositivo nem sempre faz menção aos três instrumentos de outorga. Para os autores que assim pensam, o legislador teria "pecado" pela falta de uniformidade no emprego da terminologia.[9]

Assim, a partir da constatação de que não há um conceito constitucional para *concessão, permissão* e *autorização*, é a doutrina que, tradicionalmente, tem definido os institutos. Para um retrato mais organizado dela, é útil separar a análise naquilo que diz respeito aos serviços públicos num primeiro momento, para, em seguida, tratar dos bens públicos.

7. Esta afirmação, que condiz com a visão deste trabalho, é de Carlos Ari Sundfeld, *Concessão*, 2001, texto inédito.
8. Nas Constituições de 1934, 1937, 1946, 1967 e 1967 com a Emenda Constitucional 1/1969 não se encontram elementos que pudessem levar a uma conclusão diferente. Elas também criaram um regime constitucional aberto para os instrumentos de outorga de atividades públicas.
9. Dinorá Adelaide Musetti Grotti, *O Serviço Público e a Constituição Brasileira de 1988*, São Paulo, Malheiros Editores, 2003, p. 163.

A análise começa pela *permissão de serviço público*. Doutrinariamente, é comum encontrar a afirmação segundo a qual ela não tem natureza contratual, tratando-se de ato precário, passível de ser revogado a qualquer momento, sem direito a indenização. Ela se distinguiria da *concessão* por ser este último um instrumento com natureza contratual, com prazo determinado, recomendável para grandes investimentos e capaz de promover estabilidade e segurança na relação jurídica.

Maria Sylvia Zanella Di Pietro resume a visão clássica ao afirmar que "a permissão de serviço público é, tradicionalmente, considerada ato unilateral, discricionário e precário, pelo qual o Poder Público transfere a outrem a execução de um serviço público, para que o exerça em seu próprio nome e por sua conta e risco, mediante tarifa paga pelo usuário".[10]

Celso Antônio Bandeira de Mello, no mesmo sentido, escreve que: "*88. Permissão de serviço público*, segundo conceito tradicionalmente acolhido na doutrina, é o ato unilateral e precário, *intuitu personae*, através do qual o Poder Público transfere a alguém o desempenho de um serviço de sua alçada, proporcionando, à moda do que faz na concessão, a possibilidade de cobrança de tarifas dos usuários. Dita outorga se faz por licitação (art. 175 da CF) e pode ser gratuita ou onerosa, isto é, exigindo-se do permissionário pagamento(s) como contraprestação.". A permissão seria útil, nessa visão, quando o Estado não desejasse constituir o particular em direitos contra ele, mas apenas em face de terceiros, razão pela qual se reconhece a possibilidade de revogação unilateral a qualquer tempo e sem qualquer indenização. E: "Pelo seu caráter precário, caberia utilizá-la normalmente, quando: (a) o permissionário não necessitasse alocar grandes capitais para o desempenho do serviço; (b) poderia mobilizar, para diversa destinação e sem maiores transtornos, o equipamento utilizado ou, ainda, quando: (c) o serviço não envolvesse implantação física de aparelhamento que adere ao solo, ou, finalmente, quando: (d) os riscos da precariedade a serem assumidos pelo permissionário fossem compensáveis seja pela extrema rentabilidade do serviço, seja pelo curtíssimo prazo em que se realizaria a satisfação econômica almejada".[11]

Como até o ano de 1995 não havia norma geral sobre o tema, o entendimento doutrinário acima descrito firmou-se, até que, com a edição da Lei 8.987/1995, com algum consenso, reconheceu-se que – à luz

---

10. Maria Sylvia Zanella Di Pietro, *Direito Administrativo*, 19ª ed., São Paulo, Atlas, 2006, p. 303.
11. Celso Antônio Bandeira de Mello, *Curso de Direito Administrativo*, 27ª ed., São Paulo, Malheiros Editores, 2010, p. 759.

do texto normativo – praticamente desapareceram as diferenças entre a concessão e a permissão.[12]

Mas a crítica à nova lei não demorou a surgir, e parcela relevante da doutrina acompanhou o pensamento de Celso Antônio Bandeira de Mello, para quem o uso da permissão teria se desnaturado e o conceito teria se esgarçado e perdido os contornos que tradicionalmente se lhe reconheciam. Na sua visão, seu uso deveria ser restrito para "situações efêmeras, transitórias ou enfrentáveis a título precário para acudir eventualidades contingentes, até regular solução delas", não devendo ser outorgada em hipóteses nas quais haja necessidade de "investimentos de monta e em que o adequado cumprimento do serviço demanda estabilidade, requerida para que o empreendedor possa organizar-se e instrumentar-se satisfatoriamente, com os correlatos dispêndios", próprias para a hipótese da concessão. Por isso a crítica do autor às permissões outorgadas a prazo certo e para serviços cujo desempenho depende de altos investimentos.[13]

O mencionado descontentamento com os termos da Lei de Concessões – Lei 8.987/1995 – está diretamente relacionado aos seus arts. 2º, IV,[14] e 40, nos quais a permissão é definida como um contrato de adesão, precário, outorgada mediante licitação e revogável unilateralmente pelo Poder Público.

De fato, a dúvida está na conciliação entre a natureza contratual que foi dada à permissão[15] e o traço da precariedade: seria um contrato que não gera direito a indenização na hipótese de alteração ou rescisão unilateral?

12. É o caso de Maria Sylvia Zanella Di Pietro, *Direito Administrativo*, cit., 19ª ed., p. 304, para quem, "em muitos casos, nota-se que a Administração celebra verdadeiros contratos de concessão sob o nome de permissão". No mesmo sentido Odete Medauar (*Direito Administrativo Moderno*, 12ª ed., São Paulo, Ed. RT, 2008, pp. 397-398), ao apontar que as diferenças eram muito mais acentuadas antes da Lei 8.987/1995.
13. Para tais situações, e sem prejuízo da responsabilidade dos agentes públicos que deram causa, o autor reconhece o direito à indenização quando houver extinção unilateral antecipada da permissão (Celso Antônio Bandeira de Mello, *Curso de Direito Administrativo*, cit., 27ª ed., pp. 758-769).
14. Lei 8.987/1995: "Art. 2º. Para fins do disposto nesta Lei, considera-se: (...) IV – permissão de serviço público: a delegação, a título precário, mediante licitação, da prestação de serviços públicos, feita pelo poder concedente à pessoa física ou jurídica que demonstre capacidade para seu desempenho, por sua conta e risco".
15. É possível dizer que a própria CF de 1988, no inciso I do parágrafo único de seu art. 175, já teria estabelecido a natureza contratual da permissão, ao dizer que a lei disporá sobre "o regime das empresas concessionárias e permissionárias de serviços públicos, o caráter especial de seu contrato e de sua prorrogação, bem como as condições de caducidade, fiscalização e rescisão da concessão ou permissão".

Veja-se o que especificamente diz a lei a respeito – adiantando-se, desde logo, que ela trata da permissão em termos bastante abertos:

"Art. 40. A permissão de serviço público será formalizada mediante contrato de adesão, que observará os termos desta Lei, das demais normas pertinentes e do edital de licitação, inclusive quanto à precariedade e à revogabilidade unilateral do contrato pelo poder concedente.

"Parágrafo único. Aplica-se às permissões o disposto nesta Lei."

A referência às "demais normas pertinentes" e ao "edital de licitação" determina que os casos sejam analisados à luz da normativa setorial própria, o que inclui as leis que delegam e organizam o serviço, além dos próprios termos do documento que outorga a permissão. É preciso lembrar que as esferas federativas, no exercício de competência administrativa própria para organizar serviço público de sua responsabilidade, têm um vasto campo para disciplinar como se darão a tal *precariedade* e a *revogação unilateral* da relação no caso concreto. Enquanto a nota da precariedade se opõe à ideia de prazo contratualmente estabelecido, porque remete à ideia de outorga de um contrato por prazo indeterminado ou, quando muito, de um contrato em que o prazo significa apenas um limite para a duração da outorga, sem qualquer relação com o prazo mínimo necessário para a amortização de eventual dever de investimento, a nota da revogação unilateral opõe-se à ideia da encampação na concessão, porque a extinção antecipada por motivo de interesse público na permissão não depende de lei autorizativa, nem de prévio pagamento de indenização por investimento não amortizado.

Por isso, a mera leitura da Lei 8.987/1995 e da Constituição Federal não esclarece, tampouco dita o regime da permissão de serviço público no Direito Brasileiro. É preciso analisar o tema a partir das leis setoriais e dos casos concretos.

Para ilustrar o que se disse, veja-se o setor de telecomunicações, em relação ao qual o parágrafo único do art. 118 da Lei 9.472/1997 (Lei Geral de Telecomunicações) estabelece que "permissão de serviço de telecomunicações é o ato administrativo pelo qual se atribui a alguém o dever de prestar serviço de telecomunicações no regime público e em caráter transitório, até que seja normalizada a situação excepcional que a tenha ensejado". Trata-se de um instrumento para prestação emergencial e transitória de um serviço em regime público, ao qual a lei dá características contratuais (art. 120)[16] e estabelece que a revogação,

---

16. Lei Geral de Telecomunicações – Lei 9.472/1995: "Art. 120. A permissão será formalizada mediante assinatura de termo, que indicará: I – o objeto e a área da permissão, bem como os prazos mínimo e máximo de vigência estimados; II – modo, forma e

que poderá ser feita a qualquer momento, não dá direito a indenização (art. 123).[17-18]

O cabimento da permissão no setor de telecomunicações, portanto, é bastante específico e não se confunde com o uso da permissão em outros setores, como é o caso do transporte coletivo urbano municipal, por exemplo, cuja competência para organizar e prestar o serviço é local. Por razões históricas, a outorga desse serviço deu-se, na maioria dos casos, por meio de permissão, fazendo surgir um amplo debate no Judiciário, no qual até hoje se discute acerca da aplicabilidade do conceito de *precariedade* do instrumento no setor, especialmente por conta de altos investimentos realizados pelo permissionário e da necessidade de estabilidade na relação, para amortizar o capital investido na prestação do serviço.

Outro exemplo está no setor elétrico, no qual foi criada uma (única) hipótese para o cabimento da permissão. A Lei 9.074/1995 prevê o uso da permissão apenas para o caso da distribuição de energia elétrica por cooperativas de eletrificação rural que atendam a consumidores não-cooperados. Trata-se do art. 23, *caput*, da referida lei, segundo o qual, "na prorrogação das atuais concessões para distribuição de energia elétrica, o poder concedente diligenciará no sentido de compatibilizar as áreas concedidas às empresas distribuidoras com as áreas de atuação de cooperativas de eletrificação rural, examinando suas situações de fato como prestadoras de serviço público, visando enquadrar as cooperativas como permissionárias de serviço público de energia elétrica". O caso envolve cooperativas que desenvolveram suas atividades, em geral em

---

condições da prestação do serviço; III – as tarifas a serem cobradas dos usuários, critérios para seu reajuste e revisão e as possíveis fontes de receitas alternativas; IV – os direitos, as garantias e as obrigações dos usuários, do permitente e do permissionário; V – as condições gerais de interconexão; VI – a forma da prestação de contas e da fiscalização; VII – os bens entregues pelo permitente à administração do permissionário; VIII – as sanções; IX – os bens reversíveis, se houver; X – o foro e o modo para solução extrajudicial das divergências".
17. Lei Geral de Telecomunicações – Lei 9.472/1995:
"Art. 123. A revogação deverá basear-se em razões de conveniência e oportunidade relevantes e supervenientes à permissão.
"§ 1º. A revogação, que poderá ser feita as qualquer momento, não dará direito à indenização.
"§2º. O ato revocatório fixará o prazo para a o permissionário devolver o serviço, que não será inferior a 60 (sessenta) dias."
18. Sobre o tema, v. Floriano de Azevedo Marques Neto, "Direito das telecomunicações e ANATEL", in Carlos Ari Sundfeld (org.), *Direito Administrativo Econômico*, 1ª ed., 3ª tir., São Paulo, Malheiros Editores, 2006, p. 314.

áreas remotas, e passaram a fornecer energia elétrica para consumidores localizados em núcleos urbanos e não ligados à cooperativa.[19] A regulação do setor define a permissão como um contrato celebrado entre o poder concedente e a permissionária para a exploração do serviço público de distribuição de energia elétrica no qual estão formalizados as obrigações e os direitos das partes envolvidas.[20]

Já, no setor de petróleo e gás não se fala em permissão. A Lei do Petróleo não cogita da permissão como instrumento apto a outorgar a terceiros atividades do setor.

Não é objeto deste trabalho abordar e tratar as peculiaridades dos instrumentos jurídicos estabelecidos na legislação setorial para a prestação de serviços públicos; tampouco confirmar ou afastar o traço da precariedade nos vários casos de permissão de serviços públicos. O propósito é bem outro. Ao mencionar alguns setores e suas opções regulatórias pode-se visualizar o quanto a legislação é nada uniforme e como é baixo seu apego à tradicional doutrina que os define. Trata-se de constatação decorrente, sobretudo, de uma nova forma de exploração de serviços públicos. A ideia de exploração monopolista do serviço, em regime não-concorrencial e, fundamentalmente, por meio de empresas estatais, tem-se adaptado a um novo modelo, atento às evoluções tecnológicas e a uma nova organização econômica da prestação.[21]

A ampliação da participação privada em um campo que antes era restrito a poucos operadores fez com que se multiplicassem normas regulatórias admitindo a prestação de serviços públicos por outros mecanismos que não as tradicionais concessão e permissão. É o caso da *autorização* de serviço público, responsável por fazer surgir novo conflito entre a doutrina e as opções normativas: é possível o uso da autorização para a prestação de serviço público?[22] Pela letra dos arts. 25, § 2º, 30, V,

---

19. David Waltenberg, "O direito da energia elétrica e a ANEEL", in Carlos Ari Sundfeld (org.), *Direito Administrativo Econômico*, 1ª ed., 3ª tir., São Paulo, Malheiros Editores, 2006, pp. 366-368.

20. Resolução Normativa ANEEL-205, de 22.12.2005.

21. Sobre a mudança do papel do Estado e o tema da regulação estatal, v.: Floriano de Azevedo Marques Neto, "A nova regulamentação dos serviços públicos", *Revista Eletrônica de Direito Administrativo Econômico* 1, Salvador, Instituto de Direito Público da Bahia, fevereiro/2005, disponível na Internet in *www.direitodoestado.com.br*, acesso em 19.8.2008; e Vital Moreira, "Serviços públicos tradicionais sob o impacto da União Europeia", *Revista de Direito Público da Economia* 1/227, Belo Horizonte, Fórum, janeiro-março/2003.

22. Para uma ampla visão da doutrina brasileira sobre a autorização de serviço público, v.: Dinorá Adelaide Musetti Grotti, *O Serviço Público e a Constituição Brasileira de 1988*, cit., pp. 162-168. Cármen Lúcia Antunes Rocha (*Estudo sobre Concessão*

e 175 da CF, não. Mas pelos incisos XI e XII do art. 21 e pelo art. 223, sim. E, tal como relatado no caso da permissão, a polêmica também está na escolha feita pelo legislador em alguns setores regulados ao atribuir segurança e estabilidade jurídica a esse instrumento de outorga em determinadas situações.

Como uma forma de conciliar o art. 175 com os arts. 21, XI e XII, e 223 da CF, alguns autores entendem que a concessão e a permissão seriam contratos por meio dos quais seria possível a delegação da execução de serviços públicos, enquanto a autorização seria ato de polícia administrativa por meio do qual se disciplinaria o exercício de direitos ou liberdades próprios dos particulares – e, por isso mesmo, comparável à licença.[23] Por trás dessa visão está a classificação que opõe serviços públicos, de um lado, e, de outro, atividade econômica em sentido estrito.

Faz sentido a mencionada leitura da Constituição quando se assume que serviço público é atividade de titularidade do Estado cujo regime de prestação por terceiros é sempre público, no sentido de envolver o controle tarifário do serviço prestado, prever a reversibilidade de bens, garantir o equilíbrio econômico-financeiro, fixar direito à indenização na hipótese de extinção antecipada ou, ainda, fixar obrigações de universalização, ou de dar em compartilhamento a infraestrutura usada para a prestação do serviço. Em consequência, os serviços nos quais não se justifica o regime público na sua prestação seriam atividades livres aos particulares, e algumas, por suas próprias características, estariam sujeitas à autorização como ato de polícia administrativa. A autorização

e Permissão de Serviço Público no Direito Brasileiro, São Paulo, Saraiva, 1996, p. 175) e Odete Medauar ("A figura da concessão", in Odete Medauar (coord.), *Concessão de Serviço Público*, São Paulo, Ed. RT, 1995, p. 15) aceitam que a autorização seja instrumento apto a transferir a execução de serviços públicos pela Administração a particulares.

23. Neste sentido, ao comentar a autorização para a prestação de serviços de telecomunicações, Maria Sylvia Zanella Di Pietro, *Parcerias na Administração Pública (Concessão, Permissão, Franquia, Terceirização, Parceria Público-Privada e Outras Formas)*, 6ª ed., São Paulo, Atlas, 2008, p. 139. Ao tratar da autorização na Lei 9.472/1997 (Lei Geral de Telecomunicações), escreveu a autora: "Na realidade, a doutrina do direito administrativo brasileiro é praticamente unânime em distinguir autorização e licença pela discricionariedade da primeira e pela vinculação da segunda. No caso de que se trata, tem-se que entender que o vocábulo 'autorização', na Lei 9.472/1997, foi utilizado indevidamente, no lugar de 'licença'. Fácil intuir a razão dessa confusão terminológica, em nada benéfica para os estudiosos do direito administrativo e constitucional. O legislador precisava dar uma aparência de constitucionalidade ao tratamento imprimido à matéria de serviço de telecomunicações. Como a Constituição fala em autorização, permissão e concessão, era necessário manter essa terminologia, ainda que de autorização não se trate".

seria, então, um mecanismo de intervenção do Poder Público em setores regulados da economia.

A par dessa leitura, outros autores entendem que a legislação poderia prever a prestação de serviços públicos em regime privado, isto é, sem as obrigações típicas do regime público.[24] Nesse caso, têm-se por serviço público atividades relevantes e de interesse público, independentemente do regime por meio do qual ele é prestado.

A consequência de se adotar essa última visão está em aceitar que a autorização também pode ser instrumento para a transferência a particulares de atividades públicas, legitimando o desenvolvimento de atividades tradicionalmente tidas como serviço público, como é o caso dos serviços de telecomunicações.[25]

24. É o caso de Floriano de Azevedo Marques Neto ("Direito das telecomunicações e ANATEL", cit., in Carlos Ari Sundfeld (org.), *Direito Administrativo Econômico*, cit., 1ª ed., 3ª tir., pp. 310-311) e Carlos Ari Sundfeld (em seu "Introdução às agências reguladoras", in Carlos Ari Sundfeld (org.), *Direito Administrativo Econômico*, cit., 1ª ed., 3ª tir., pp. 32-33). Eis as palavras deste último autor:

"A propósito, está em curso no Brasil um debate, um tanto surdo, quanto à possibilidade de a exploração de serviço de titularidade estatal, como os de telecomunicações e energia elétrica, ser feita em *regime privado*, o que foi previsto nas leis de reestruturação, com o intuito de introduzir a desregulação parcial desses setores (por meio de mecanismos como a liberalização do acesso dos exploradores ao mercado, a flexibilização dos preços, a ausência de garantia de rentabilidade etc.).

"Alguns de meus colegas consideram que isso seria contrário à Constituição, pois dela decorreria o caráter necessariamente público da exploração, por particulares, das atividades reservadas ao Estado. Esse argumento baseia-se na crença de que existiria, implícito nas dobras constitucionais, um regime jurídico único para a exploração de serviços estatais (que mereceria o qualificativo de 'público').

"Quanto a mim, não consigo, ao examinar a Constituição, localizar onde estaria a definição desse regime único; o que encontro, em sucessivas passagens, é a previsão de que cabe às *leis* disciplinar os direitos e deveres de prestadores, de usuários e do Poder Público."

25. É a posição de Jacintho Arruda Câmara ("As autorizações da Lei Geral de Telecomunicações e a teoria geral do direito administrativo", *Revista de Direito de Informática e Telecomunicações* 2/58, Belo Horizonte, Fórum, julho-dezembro/2007) e de Floriano de Azevedo Marques Neto ("Direito das telecomunicações e ANATEL", cit., in Carlos Ari Sundfeld (org.), *Direito Administrativo Econômico*, cit., 1ª ed., 3ª tir., p. 315), para quem: "Além disso, como mencionamos, a Emenda Constitucional 8/1995 introduziu no art. 21, XI, da CF a perspectiva de que o serviço de telecomunicações será objeto de autorização, concessão ou permissão. Neste sentido, o art. 175 da CF dispõe que a prestação de serviços públicos incumbe ao Poder Público diretamente ou sob regime de permissão ou concessão. Ou seja, os serviços que não são prestados em regime público, mas sim em regime privado, devem ser objeto de autorização, por força do art. 21, XI, combinado com o art. 175, ambos das CF. Só assim se consegue a necessária integração sistêmica do texto constitucional".

Em suma, a depender do que se entende por "serviço público", é possível aceitar que a autorização seja instrumento para a transferência de serviço público a particulares.

Mas esse não é o único debate constitucional envolvendo a autorização. Teria a Constituição tomado partido a respeito da natureza jurídica da autorização? Seria ela ato ou contrato? Sendo ato, seria sempre unilateral, discricionário e precário?

A Constituição não responde a tais dúvidas. Ela tratou da autorização como sendo um ato jurídico, mas não diz se do tipo unilateral, negocial ou bilateral.[26]

Ao se referirem aos países europeus, Eduardo García de Enterría e Tomás-Ramón Fernández demonstraram que autores como Otto Mayer (na Alemanha) e Ranelleti (na Itália) divergiram completamente ao fixarem conceitos de autorização, no final do século XIX, e concluíram que "a realidade tem se mostrado ser muito mais complexa que ambas as construções". Eles assumiram que é preciso estabelecer diversas classificações, envolvendo diferentes espécies de autorizações.[27]

Juan Alfonso Santamaría Pastor, ao tratar da evolução legislativa na Espanha, constatou que, por necessidades estritamente políticas, não há mais como separar os limites entre a autorização e a concessão. Sua conclusão foi no sentido de que as diferenças entre uma e outra são "meramente convencionais", pois o legislador usa uma ou outra técnica conforme "pretenda aparentar" um nível de intervenção maior ou menor na atividade controlada. Mas a preexistência de um direito no patrimônio do particular, o caráter declaratório ou constitutivo de uma ou outra e o caráter mais ou menos enérgico dos poderes de intervenção são extremos que o legislador desenha "a seu capricho". Vejam-se as palavras do autor espanhol:

26. Carlos Ari Sundfeld explica a diferença entre os três tipos de atos jurídicos. A característica do ato unilateral é a posição de autoridade desfrutada pelo Estado, que impõe deveres aos sujeitos que com ele se relacionam. Quando, ao contrário, a Administração busca uma adesão voluntária, ela lança mão de atos negociais e de atos bilaterais. Em quaisquer desses últimos casos a relação jurídica nasce com a aquiescência das partes. Mas nos atos negociais, ainda que a concorrência de vontades seja essencial para a formação do vínculo, nenhum papel ela desempenha na determinação de seu conteúdo (exemplo: licença para dirigir veículo). Nos atos bilaterais não só a formação do vínculo mas também o conteúdo dele dependem do entrelaçamento da vontade das partes (exemplo: contratos) (Carlos Ari Sundfeld, *Licitação e Contrato Administrativo*, 2ª ed., São Paulo, Malheiros Editores, 1995, pp. 197-198).
27. Eduardo García de Enterría e Tomás-Ramón Fernández, *Curso de Derecho Administrativo*, 4ª ed., vol. 2, Madri, Civitas, 1993, pp. 137-147.

"(ii) Sin embargo, la evolución legislativa ha terminado por *difuminar por completo los límites entre la autorización y la concesión*; no por falta de rigor técnico de las normas, sino por necesidades estrictamente políticas:

"– hay, como hemos visto, múltiples supuestos de autorización que operan en supuestos en los que no preexiste derecho alguno del particular autorizado (por ejemplo, a importar un producto determinado); pero también existen supuestos de concesiones que operan sobre actividades que no han sido objeto de *publicatio*, esto es, asumidas como propias por la Administración (por ejemplo, las viejas concesiones para cultivo de arroz); y actividades declaradas servicios públicos que, sin embargo, reejercen por los particulares mediante autorizaciones, no mediante concesiones (por ejemplo, la enseñanza privada, o la distribución de electricidad);

"– la distinción entre ambas figuras en base del carácter más enérgico y continuado de los poderes de intervención que la concesión atribuiría a la Administración se ha borrado desde el momento en que la ley ha creado múltiples supuestos de autorización de actividades que habilitan a la Administración para un seguimiento y vigilancia permanentes de sua desarrollo, y que otorgan a ésta poderes de intervención más severos y constrictivos que los que se prevén en la generalidad de las concesiones (por ejemplo, las autorizaciones de entidades de crédito, o de establecimientos de juego).

"(iii) Por todo ello, *las diferencias entre autorización y concesión son, hoy, meramente convencionales.* El legislador utiliza una u otra técnica según que pretenda aparentar (meramente aparentar) un nivel de intervención menor o mayor en la actividad controlada; pero la preexistencia o no de un derecho en el patrimonio del particular, el carácter más o menos enérgico de las potestades de intervención, son extremos que el legislador diseña, después, a su capricho."[28]

Ainda que não haja referência na literatura estrangeira – e mesmo na legislação brasileira – de uma autorização do tipo contratual, em tese, e a partir de uma análise estritamente constitucional, não haveria impedimento para que lei atribuísse à autorização a natureza de contrato administrativo, e não de ato administrativo. Possivelmente isso não ocorreu porque a concessão e a permissão já suprem essa função, razão pela qual a utilidade de uma "autorização contratual" seria muito baixa ou nenhuma. O reconhecimento dessa categoria tem a função de ajudar o

---

28. Juan Alfonso Santamaría Pastor, *Principios de Derecho Administrativo*, 2ª ed., vol. 2, Madri, Centro de Estudios Ramón Areces, 2000, pp. 271-272.

intérprete a entender que a palavra "autorização", por si só, não implica, necessariamente, a adoção de um regime jurídico típico dos atos de polícia administrativa. Se esse instrumento estiver vinculado à prestação de serviço público, então, deve-se reconhecer sua natureza contratual.[29]

Não se pode omitir, no entanto, que, segundo a doutrina mais tradicional, a autorização é sempre tida como um ato administrativo discricionário, unilateral, de natureza precária. Serve como exemplo a já mencionada Medida Provisória 2.220/2001, que normatizou a concessão de uso especial de que trata o § 1º do art. 183 da CF. Ela trouxe, no seu art. 9º, a figura da *autorização de uso*, facultando ao Poder Público autorizar o uso, de forma gratuita, àquele que, até 30.6.2001, possuiu como seu, por cinco anos, ininterruptamente e sem oposição, até 250m² de imóvel público situado em área urbana, utilizando-o para fins comerciais. Maria Sylvia Zanella Di Pietro define tal autorização de uso de bem como sendo "ato administrativo unilateral e discricionário pelo qual a Administração consente, a título precário, que o particular se utilize de bem público com exclusividade".[30]

Mas um olhar cuidadoso na legislação brasileira revela que nem sempre a autorização vem revestida com tais características.

29. Alexandre Santos de Aragão chega a se referir à figura da "autorização contratual" para dizer que:
"Quando leis que regulam setores de serviços públicos referem a autorização administrativa pode haver duas circunstâncias: ou a atividade em questão integra o setor, mas não é serviço público (exemplo: serviços de telefonia móvel, autogeração de energia), e a autorização será então um ato de poder de polícia; ou, caso verse realmente sobre serviço público, recebendo inclusive uma estrutura contratual em razão da titularidade estatal da atividade, estaremos materialmente diante não de uma autorização, mas sim de uma delegação de serviço público (concessão caso haja bens reversíveis, e, caso não os haja, em princípio permissão – conforme tópico anterior). Teremos, portanto, uma autorização em sentido apenas nominal, uma autorização contratual.
"Em outras palavras, o importante é identificar a atividade regulada: se serviço público, o consentimento da Administração Pública será concessão ou permissão; se atividade privada, será autorização. Não é pelo fato de a lei ou regulamento se referir nominalmente à autorização que, como em um passe de mágica, a atividade deixa de ser serviço público (ou monopólio público) para ser uma atividade privada. Se o regime jurídico da atividade indicar os traços da titularidade estatal, o instrumento que legitima a sua prestação por particulares terá necessariamente natureza contratual. É a natureza estatal ou privada do serviço que determina a forma, e não vice-versa" ("Delegações de serviço público", *Revista Zênite de Direito Administrativo – IDAF* 82/966-967, Curitiba, Zênite, maio/2008).
30. Maria Sylvia Zanella Di Pietro, "Concessão de uso especial para fins de moradia (Medida Provisória 2.220, de 4.9.2001)", cit., in Adilson Abreu Dallari e Sérgio Ferraz (orgs.), *Estatuto da Cidade*, 3ª ed., p. 171).

Novamente o setor de telecomunicações serve de exemplo. A já mencionada Lei 9.472/1997 não revestiu a autorização de precariedade, livrando-a de seu tradicional caráter discricionário. Vejam-se alguns dos seguintes dispositivos da lei, que tratam da autorização no setor:

"Art. 131. A exploração de serviço no regime privado dependerá de prévia autorização da Agência, que acarretará direito de uso das radiofrequências necessárias.

"§ 1º. Autorização de serviço de telecomunicações é o ato administrativo vinculado que faculta a exploração, no regime privado, de modalidade de serviço de telecomunicações, quando preenchidas as condições objetivas e subjetivas necessárias."

"Art. 132. São condições objetivas para obtenção de autorização de serviço: I – disponibilidade de radiofrequência necessária, no caso de serviços que a utilizem; II – apresentação de projeto viável tecnicamente e compatível com as normas aplicáveis."

"Art. 133. São condições subjetivas para a obtenção de autorização de serviço de interesse coletivo a empresa: I – estar constituída segundo as leis brasileiras, com sede e administração no país; II – não estar proibida de licitar ou contratar com o Poder Público, não ter sido declarada inidônea ou não ter sido punida, nos 2 (dois) anos anteriores, com a decretação da caducidade de concessão, permissão ou autorização de serviço de telecomunicações, ou da caducidade de direito de uso de radiofrequência; III – dispor de qualificação técnica para bem prestar o serviço, capacidade econômico-financeira, regularidade fiscal e estar em situação regular com a Seguridade Social; IV – não ser, na mesma região, localidade ou área, encarregada de prestar a mesma modalidade de serviço."

"Art. 141. O decaimento será decretado pela Agência, por ato administrativo, se, em face de razões de excepcional relevância pública, as normas vierem a vedar o tipo de atividade objeto da autorização ou a suprimir a exploração no regime privado.

"§ 1º. A edição das normas de que trata o *caput* não justificará o decaimento senão quando a preservação das autorizações já expedidas for efetivamente incompatível com o interesse público.

"§ 2º. Decretado o decaimento, a prestadora terá o direito de manter suas próprias atividades regulares por prazo mínimo de 5 (cinco) anos, salvo desapropriação."

A lei definiu a autorização no setor de telecomunicações como ato vinculado. Fixou condições objetivas e subjetivas para sua outorga. Além disso, assegurou um prazo mínimo para o autorizatário explorar o serviço e estabeleceu o direito à indenização prévia na hipótese de paralisação e extinção da autorização por razões de interesse público.[31]

Jacintho Arruda Câmara escreveu especificamente sobre a autorização no setor de telecomunicações e relatou o conflito entre o conceito de autorização "arraigado na teoria geral do direito administrativo" e a opção seguida pelo legislador. Sua crítica é que, "ao invés de se interpretar o Direito posto e, a partir dele, revelar-se o significado dos institutos, toma-se como fonte conceitual a própria doutrina, pondo-a como paradigma a ser observado pelo legislador (mesmo que seja o constituinte originário)".[32]

O conceito clássico segundo o qual a autorização é ato administrativo discricionário, unilateral, pelo qual se faculta, a título precário, o exercício de determinada atividade material, que sem ela seria vedado,[33] seria, na

---

31. Celso Antônio Bandeira de Mello, ao se referir à figura da autorização na Constituição, aceita que ela possa ser instrumento apto a conferir direito a explorar atividade de titularidade estatal, quando esta não for de interesse público (é o assim chamado poder de polícia). Também é possível, segundo sua visão, autorizar certas empresas a funcionar por prazo indeterminado, pelo período que se configurar como uma situação de emergência (serve como exemplo a greve de ônibus na Lei federal 10.233/2001). O autor apenas não menciona a hipótese de a autorização servir para instituir a competição em serviço público, como é o caso do setor de telecomunicações. V. suas palavras: "Revisando ponto de vista anterior, entendemos, hoje, que a resposta [a pergunta era como conciliar os arts. 21 e 175 da CF] se encontra no art. 175, que é aquele que cogita da normalidade da prestação de serviços públicos por sujeitos titulados pelo Estado. Já a expressão 'autorização', que aparece no art. 21, XI e XII, tem em mira duas espécies de situação: (a) uma, que corresponde a hipóteses em que efetivamente há serviço de telecomunicação, como o de radioamador ou de interligação de empresas por cabos de fibras óticas, mas não propriamente serviço público, mas serviço de interesse privado delas próprias, tal como anotamos no n. 4 e nota de rodapé 7. Aí, então, a palavra 'autorização' foi usada no sentido corrente em direito administrativo para exprimir o ato de 'polícia administrativa', que libera alguma conduta privada propriamente dita, mas cujo exercício depende de manifestação administrativa aquiescente para verificação se com ela não haverá gravames ao interesse público; (b) outra, a de abranger casos em que efetivamente está em pauta um serviço público, mas se trata de resolver emergencialmente uma dada situação, até à adoção dos convenientes procedimentos por força dos quais se outorga permissão ou concessão. Por isso mesmo, a palavra 'autorização' está utilizada também no art. 223 da CF" (Curso de Direito Administrativo, cit., 27ª ed., pp. 690-691).

32. Jacintho Arruda Câmara, "As autorizações da Lei Geral de Telecomunicações e a teoria geral do direito administrativo", cit., *Revista de Direito de Informática e Telecomunicações* 2/58.

33. Este conceito é de Oswaldo Aranha Bandeira de Mello, *Princípios Gerais de Direito Administrativo*, 3ª ed., vol. I, São Paulo, Malheiros Editores, 2007, pp. 560-561. O autor lembra que ele se encaixa perfeitamente no exemplo do porte de armas: "Salvo os agentes encarregados da segurança pública, ninguém mais pode trazer consigo armas

visão tradicional, impróprio para legitimar a prestação de serviço público por privados. Ela só serviria para disciplinar atividades realizadas por particulares que dependam de análise discricionária da Administração. Daí a conclusão de Jacintho de Arruda Câmara – que, apesar de longa, merece ser transcrita:

"Quando se pensa numa teoria geral que tenha por base um determinado ramo do Direito, espera-se que essa teoria reflita o que se encontra de comum sobre o objeto estudado. A teoria busca (ou deveria buscar) extrair aquilo que se constata a partir da análise de seu objeto de estudo. Não tem por propósito negar, omitir ou mesmo lutar contra uma dada realidade (normativa). O papel do jurista é explicá-la.

"A crítica doutrinária feita ao regime jurídico atribuído à autorização para prestar o serviço de telecomunicações contraria esse senso comum. Constatada a discrepância entre a teoria e seu objeto (texto de lei definidor de um dado instituto jurídico), ao invés de se reformular a teoria, busca-se rejeitar e negar a realidade pesquisada.

"A doutrina se autoproclama fonte normativa superior ao próprio texto constitucional, como se não fosse dado ao legislador mudar ou construir conceitos jurídicos. No caso em exame o que mais surpreende é a falta de conexão entre o que se apresenta como consenso doutrinário e a realidade normativa (e até mesmo ao que se diz nos meios acadêmicos de outros países). Construiu-se uma realidade virtual, sem comprovação empírica (extraível de normas jurídicas ou do Direito Comparado) e, a partir dela, passou-se a refutar a validade de normas postas no país.

"A análise do Direito posto (e também do Direito Comparado contemporâneo) revela que não se pode advogar a existência de um concei-

sem prévia autorização da repartição policial competente. O atendimento ao pedido do interessado, entretanto, fica a critério da Administração Pública, tendo em vista considerações de conveniência e oportunidades públicas".
    Maria Sylvia Zanella Di Pietro aplica o mesmo conceito à chamada *autorização de serviço público*, escrevendo que: "Com relação à autorização de serviço público, constitui ato unilateral, discricionário e precário pelo qual o Poder Público delega a execução de um serviço público de sua titularidade, para que o particular o execute em seu próprio benefício. Exemplo típico é o da autorização dos serviços de energia elétrica previstos no art. 7º da Lei 9.074, de 7.7.1995. Não depende de licitação, porque, sendo o serviço prestado no interesse exclusivo ou predominante do beneficiário, não há viabilidade de competição. O serviço é executado em nome do autorizatário, por sua conta e risco, sujeitando-se à fiscalização pelo Poder Público. Sendo ato precário, pode ser revogado a qualquer momento, por motivo de interesse público, sem dar direito a indenização. Quanto ao estabelecimento de prazo, aplica-se o quanto foi dito em relação às permissões com prazo" (*Direito Administrativo*, cit., 19ª ed., p. 305).

to único de autorização (algo que acredito jamais ter existido fora dos manuais...). "A realidade jurídica revela a convivência de diversas acepções do termo 'autorização'. O conceito de autorização nos serviços de radiodifusão não é o mesmo empregado nos de telecomunicações. O setor elétrico possui a sua concepção, o de serviços de transporte de passageiros já emprega outra. A mesma expressão ('autorização') que serve para legitimar a instalação de uma banca de jornal também é empregada pelo legislador como instrumento de regularização do funcionamento de bancos (instituições financeiras). E nessa linha pode se seguir com infindáveis exemplos de aplicações próprias do termo.

"A ausência de um modelo pode ser frustrante ou angustiante para quem se acostumou com fórmulas preconcebidas (mesmo que artificiais). No entanto, esta é a situação presente no ordenamento jurídico brasileiro de há muito. A utilização dada ao termo na Lei Geral de Telecomunicações, certamente por sua notoriedade e repercussão, chamou a atenção da doutrina para o descompasso entre suas lições e a prática. Seria importante que, ao invés de tratar esse eloquente exemplo de defasagem como um 'equívoco' do legislador, a doutrina aproveitasse a oportunidade para reformular suas afirmações em torno do instituto.

"Para tanto, acredito que o caminho básico é abandonar a pretensão de se cunhar um conceito único do instituto. Na verdade, é impossível adotar, com base num exame fiel do direito positivo, um conceito geral que envolva todas as aplicações do instrumento *autorização*. É o que se extrai do ordenamento jurídico brasileiro, com respaldo na experiência internacional."[34]

A conclusão do autor vale para o conceito de "autorização" e também para os de "permissão" e "concessão", de modo que a dúvida inicial pode ser refeita a partir da seguinte pergunta: por que buscar conceitos universais se esta não foi a opção do direito positivo? Uma resposta possível à dúvida decorre da assunção de que é tarefa do intérprete organizar a desordem normativa, de modo a parecer normal que a doutrina classifique, conceitue e ordene as categorias jurídicas. Mas – e usando as palavras de Jacintho Arruda Câmara, no trecho acima reproduzido – por que lutar contra uma dada realidade normativa? Por que supor que a atividade normativa é perniciosa, enquanto a da doutrina é digna de crédito?

34. Jacintho Arruda Câmara, "As autorizações da Lei Geral de Telecomunicações e a teoria geral do direito administrativo", cit., *Revista de Direito de Informática e Telecomunicações* 2/67-68.

O melhor enfrentamento do problema não está em decidir entre o bom e o mau, mas em aceitar que a concessão, a permissão e a autorização são *instrumentos de regulação*, os quais podem assumir múltiplos formatos,[35] conforme a conveniência e as peculiaridades de um dado setor econômico e das partes envolvidas. Conceitos arbitrados são de pouca (ou nenhuma) utilidade. Com a passagem do tempo eles se tornam obsoletos e deixam de explicar a realidade. É por essa razão que faz sentido aceitar que a Constituição Federal não tenha feito a distinção entre concessão, permissão e autorização, e também não tenha feito entre eles e o contrato previsto no seu art. 37, XXII. Do ponto de vista constitucional, todos são instrumentos para regular relações, cabendo à legislação setorial, a partir de suas peculiaridades, definir suas específicas funções e regime jurídico. Essa é melhor maneira de evitar o subjetivismo e fazer valer as regras de competência estabelecidas no próprio texto constitucional. Noutras palavras – e ao contrário de um sentimento comum na doutrina –, a Constituição não restringiu as opções do legislador nem do administrador titular do serviço (ou bem) objeto da parceria, garantindo-lhes o direito de escolher o melhor modelo contratual para o caso concreto.

Em matéria de uso de bens públicos a afirmação acima é ainda mais fácil de ser visualizada, pois comumente se aceita a competência do titular do patrimônio público para legislar sobre os instrumentos aptos a viabilizar seu uso por terceiros (públicos ou particulares).[36] Assim, ainda que os manuais também forneçam conceitos gerais de "concessão", "permissão" e "autorização de uso",[37] leis federais, estaduais e municipais podem fixar requisitos na sua própria esfera de competência que nem sempre coincidem com os conceitos doutrinários. É o caso de muitas leis orgânicas municipais, que, ao fixarem prazo para a autorização de uso de

---

35. Inclusive atribuindo à autorização caráter contratual quando seu objeto envolver a prestação de serviço público.
36. É o caso de Maria Sylvia Zanella Di Pietro, ao comentar a Medida Provisória 2.220/2001, que trata da concessão de uso de imóveis públicos. A autora conclui ser inconstitucional referida norma na parte que impõe aos Estados e Municípios a outorga de título de concessão de uso, transformando-a em direito subjetivo do possuidor de imóveis públicos estaduais ou municipais, sob o argumento de que cada ente da Federação tem competência própria para legislar privativamente sobre o uso de seus próprios bens públicos. Trata-se de matéria de apreciação discricionária própria do Poder Público titular do bem (Maria Sylvia Zanella Di Pietro, "Concessão de uso especial para fins de moradia (Medida Provisória 2.220, de 4.9.2001)", cit., in Adilson Abreu Dallari e Sérgio Ferraz (orgs.), *Estatuto da Cidade*, 3ª ed., p. 160).
37. Exemplificativamente, v. Odete Medauar, *Direito Administrativo Moderno*, cit., 12ª ed., pp. 303-307.

bens municipais, suprimiram a característica clássica da precariedade, conferindo certo grau de estabilidade ao instrumento.[38]

Assim, a par da autorização, permissão e concessão de uso, a doutrina ainda menciona, dentre os instrumentos mais comuns pelos quais é consentido o uso privativo de bem público, a concessão de direito real de uso, a concessão de uso especial para fins de moradia, a locação, o arrendamento, o comodato, o aforamento ou enfiteuse e a cessão de uso. Alguns desses instrumentos, tipicamente de direito privado (locação, arrendamento e comodato), são objeto de norma própria na esfera pública, servindo como exemplo o Decreto-lei 9.760/1946, que dispõe sobre bens imóveis da União, o qual traz um regramento especial para a locação naquela esfera federativa. O mesmo acontece com o arrendamento, que no setor portuário conjuga aspectos da concessão de uso de bem público e da concessão de serviços públicos (Lei de Portos – Lei 8.630/1993).[39]

Os bens públicos (e também os serviços, evidentemente) pertencem aos seus titulares – Municípios, Estados e União Federal –, cabendo a cada uma dessas esferas sua administração. Deveras, não há uma regra expressa na Constituição Federal que estabelece a competência para tratar da administração dos bens públicos, mas ela é possível de ser retirada do art. 18, segundo o qual a organização político-administrativa compete a cada uma das esferas federativas, que a exerce com autonomia. Questão interessante é saber se a União teria competência para expedir "normas gerais" sobre o assunto, fazendo-o a partir do art. 22, XXVII, que lhe garante competência legislativa privativa para editar normas gerais em matéria de "licitação e contratação". Na prática, o que vem ocorrendo é que cada esfera federativa vem tratando com autonomia sobre o assunto, servindo como exemplo a Lei federal 9.636/1998, que dispõe exclusivamente sobre o uso de bens imóveis da União, bem como as diversas Constituições Estaduais e Leis Orgânicas Municipais, cada uma referindo-se à sua própria esfera administrativa. O tema das normas gerais será tratado com vagar no próximo item.

Em suma, dado o cenário acima exposto sobre os instrumentos para exploração de serviços públicos, serviços monopolizados, ativi-

---

38. Maria Sylvia Zanella Di Pietro faz essa observação referindo-se à Lei Orgânica do Município de São Paulo (*Direito Administrativo*, cit., 19ª ed., p. 652). Para um estudo aprofundado sobre o tema, v. trabalho monográfico da autora: *Uso Privativo de Bem Público por Particular*, São Paulo, Ed. RT, 1983.
39. Sobre o arrendamento na Lei de Portos, v. Floriano de Azevedo Marques Neto e Fábio Barbalho Leite, "Peculiaridades do contrato de arrendamento portuário", *RDA* 231/269-295, Rio de Janeiro, Renovar, janeiro-março/2003.

dades administrativas e uso de bens públicos, e se não há um conceito constitucional fechado para eles, cabe a pergunta: "contrato administrativo", "concessão", "permissão" e "autorização" são palavras vazias na Constituição? Não. O fato de a Constituição não trazer elementos para uma distinção clara entre os instrumentos não significa que elas não tenham uma função no texto constitucional. Sua função é justamente remeter o intérprete a experiências passadas, históricas mesmo, em que esses vocábulos foram usados para representar certas práticas que a Constituição quis integrar à sociedade brasileira pós-1988. E a Constituição, ao usá-los, não eternizou um sentido histórico em detrimento de outro mais atual. Permitiu que as experiências do direito administrativo em matéria de concessão do século XIX fossem trazidas para as circunstâncias do século XXI, impondo sua adaptação às novas particularidades sociais e econômicas.

Carlos Ari Sundfeld, referindo-se à autorização no setor do petróleo, escreve que não é contrário à Constituição Federal de 1988 atribuir à lei as notas caracterizadoras da autorização, concessão e permissão, e o faz nos seguintes termos:

"(...) a autorização jamais esteve ligada, na Constituição, à ideia de instrumento necessariamente precário. As referências constitucionais a ela sempre foram neutras, não contendo a indicação de seu regime jurídico quanto ao ponto. A ideia de precariedade como sinônimo de autorização também não tem fundamento no Direito Comparado, no qual se registra um histórico multifacético em torno dessa expressão. Mesmo o direito positivo legislado é rico e complexo. Desde tempos imemoriais, na legislação, há autorização precária para uma série de atividades, especialmente no âmbito municipal. Mas também há autorização com o significado de ato de outorga estável.

"Em suma, a autorização terá ou não a nota de precariedade segundo o que houver disposto a lei. Doutrina não é lei, como se sabe."[40]

---

40. Carlos Ari Sundfeld, "Regime jurídico do setor petrolífero", cit., in Carlos Ari Sundfeld (org.), *Direito Administrativo Econômico*, 1ª ed., e 3ª tir., p. 394. Referindo-se à Lei do Petróleo (Lei 9.478/1998), conclui que ela não pretendeu submeter os autorizatários ao regime da instabilidade, "que se afigura incompatível com a política regulatória nela expressa. Na base dessa conclusão está o raciocínio de que, se não há garantia de estabilidade e permanência, não poderá, por via de consequência, existir liberdade de iniciativa e livre competição. É certo que a Lei do Petróleo usa a expressão 'revogação' para mencionar hipótese de perda da autorização. Mas está claro o seu sentido, que não é o tradicional. Trata-se de um ato sancionatório, não de uma retirada discricionária. Portanto, isso parece confirmar a visão de que se trata de uma outorga estável".

O que se quer deixar registrado neste ponto do trabalho é que não há um conceito constitucional fechado para autorização, permissão e concessão; até mesmo o contrato administrativo do art. 37, XXI, da CF admite variadas leituras pela legislação infraconstitucional. A Constituição apenas se refere a alguns traços de seu regime jurídico – como, por exemplo, ao dever de licitar e ao dever de se submeter a controles na sua execução. A referida ausência conceitual não gera insegurança jurídica ao aplicador da norma. Remeter à lei a definição de suas funções e âmbito de aplicação é permitir que os instrumentos sirvam verdadeiramente ao seu objeto. E como seria essa lei? Quem pode editá-la? Esses são os temas aos quais os próximos itens serão dedicados.

3. Competência legislativa da União em matéria de licitação e contratação: o problema da "norma geral"

O entendimento sobre a competência legislativa em matéria de concessão depende da interpretação do art. 22, XXVII, da CF. A redação da norma á a seguinte: "Art. 22. Compete privativamente à União legislar sobre: (...) XXVII – normas gerais de licitação e contratação, em todas as modalidades, para as Administrações Públicas diretas, autárquicas e fundacionais da União, Estados, Distrito Federal e Municípios, obedecido o disposto no art. 37, XXI, e para as empresas públicas e sociedades de economia mista, nos termos do art. 173, § 1º, III; (...)".

Teria a União Federal competência para editar normas gerais em matéria de concessão? Saber o que está inserido no conceito de "normas gerais de licitação e contratação" é tarefa das mais árduas. O STF teve oportunidade de tratar do tema ao julgar o pedido de medida cautelar na ADI 927-3-RS, em novembro/1993. Questionou-se a constitucionalidade de alguns dispositivos da Lei de Licitações e Contratos brasileira – Lei 8.666/1993 –, que, segundo o argumento da petição inicial, violava o conceito de "norma geral", tendo o legislador federal determinado além do que lhe era permitido fazer para Estados e Municípios. Em linhas gerais, a específica questão lá envolvida dizia respeito à hipótese de cabimento da doação e permuta de bens móveis e imóveis pela Administração Pública. Alegava-se que os requisitos fixados na lei deveriam ter aplicabilidade restrita à esfera federal, e não aos Estados e Municípios, que teriam liberdade para tratar da matéria.

Ainda que a ação se refira a tema próprio da Lei de Licitações e Contratos, e não à Lei de Concessões, é útil conhecer os argumentos, para melhor compreensão dos limites à competência privativa da União para legislar sobre "normas gerais em matéria de licitação e contratação".

98 CONCESSÃO

Colhe-se do voto-condutor do acórdão, proferido pelo Relator, Min. Celso de Mello, a seguinte interpretação para o art. 22, XXVII, da CF: "A Constituição de 1988, ao inscrever, no inciso XXVII do art. 22, a disposição acima indicada, pôs fim à discussão a respeito de ser possível, ou não, à União legislar a respeito do tema, dado que corrente da doutrina sustentava que 'nenhum dispositivo constitucional autorizava a União a impor normas de licitação a sujeitos alheios a sua órbita' (Celso Antônio Bandeira de Mello, *Elementos de Direito Administrativo*, Malheiros, 4ª ed., 1992, p. 177, nota 1). A Constituição Federal/1988, repito, pôs fim à discussão, ao estabelecer a competência da União para expedir normas gerais de licitação e contratação (art. 22, XXVII).

"Registre-se, entretanto, que a competência da União é restrita a normas gerais de licitação e contratação. Isto quer dizer que os Estados e os Municípios também têm competência para legislar a respeito do tema: a União expedirá as normas gerais e os Estados e Municípios expedirão as normas específicas. Leciona, a propósito, Marçal Justen Filho: 'Como dito, apenas as normas 'gerais' são de obrigatória observância pra as demais esferas de governo, que ficam liberadas para regular diversamente o restante' (*Comentários à Lei de Licitações e Contratos Administrativos*, ed. AIDE, Rio, 1993, p. 13).

"A formulação do conceito de 'normas gerais' é tarefa tormentosa, registra Marçal Justen Filho, ao dizer que 'o conceito de 'normas gerais' tem sido objeto das maiores disputas. No campo tributário (mais que em qualquer outro) a questão foi longamente debatida e objeto de controvérsias judiciárias, sem que resultasse uma posição pacífica na doutrina e na jurisprudência. Inexistindo um conceito normativo preciso para a expressão, ela se presta às mais diversas interpretações' (ob. e loc. cits.). A formulação do conceito de 'normas gerais' é tanto mais complexa quando se tem presente o conceito de 'lei' em sentido material – norma geral, abstrata. Ora, se a lei, em sentido material, é norma geral, como seria a lei de "normas gerais" referida na Constituição? Penso que essas 'normas gerais' devem apresentar generalidade maior do que apresentam, de regra, as leis. Penso que 'norma geral', tal como posta na Constituição, tem o sentido de diretriz, de princípio geral. A norma geral federal, melhor será dizer nacional, seria a moldura do quadro a ser pintado pelos Estados e Municípios no âmbito de suas competências. Com propriedade, registra a professora Alice González Borges que as 'normas gerais', leis nacionais, 'são necessariamente de caráter mais genérico e abstrato que as normas locais. Constituem normas de leis, direito sobre direito, determinam parâmetros, com maior nível de generalidade e abstração, estabelecidos para que sejam desenvolvidos pela ação normativa subsequente das ordens federadas', pelo quê 'não são normas gerais as que se ocupem de detalhamentos, pormenores, minúcias, de modo que nada deixam à criação própria do legislador, a quem se destinam, exaurindo o assunto de que tratam'. Depois de considerações outras no sentido da caracterização de 'norma geral', conclui: 'São normas gerais as que se contenham no mínimo indispensável ao cumprimento dos preceitos fundamentais, abrindo espaço para que o legislador possa abordar aspectos diferentes, diversificados, sem desrespeito a seus comandos genéricos, básicos' (Alice González Borges, 'Normas gerais nas licitações e contratos administrativos', *RDP* 96/81).

"Cuidando especificamente do tema, em trabalho que escreveu a respeito do Decreto-lei n. 2.300/1986, Celso Antônio Bandeira de Mello esclareceu que 'normas que estabelecem particularizadas definições, que minudenciam condições específicas para licitar ou para contratar, que definem valores, prazos e requisitos de publicidade, que arrolam exaustivamente modalidades licitatórias e casos de dispensa, que regulam registros cadastrais, que assinalam com minúcia o *iter* e o regime procedimental, os recursos cabíveis, os prazos de interposição, que arrolam documentos exigíveis de licitantes, que preestabelecem cláusulas obrigatórias de contratos, que dispõem até sobre encargos administrativos da Administração contratante no acompanhamento da execução da avença, que regulam penalidades administrativas, inclusive quanto aos tipos e casos em que cabem, evidentissimamente, sobre não serem de direito financeiro, menos ainda serão normas gerais, salvo no sentido de que toda norma – por sê-lo – é geral'. E acrescenta o ilustre administrativista: 'Se isto fosse norma geral, estaria apagada a distinção constitucional entre norma, simplesmente, e norma geral (...)' ('Licitações', *RDP* 83/16)."

Deveras, não é recente o debate acadêmico envolvendo *normas gerais* em matéria de licitação e contratos,[41] sua importância e limites. Antes mesmo da edição do Decreto-lei 2.300/1986, que foi sucedido pela Lei 8.666/1993, o tema já era objeto de discussão, tendo tomado maior corpo com a sobrevinda do referido diploma legislativo.[42]

---

41. A palavra "contratos" é empregada propositadamente aqui, e ela não se confunde com "contratação". O fato é que até a Constituição Federal de 1988 (art. 22, XXVII) os autores invariavelmente referiam-se à competência da União para editar normas gerais sobre *licitação e contratos*. A observação é importante, porque "contrato" não é sinônimo de "contratação", e essa sutileza semântica tem consequências importantes. Voltaremos ao tema oportunamente, neste mesmo item.

42. O estudo das *normas gerais* nas mais diversas áreas jurídicas tem sido objeto de importantes trabalhos, os quais se tornaram fonte de pesquisa para aqueles que se

Conforme relata Adilson Abreu Dallari, havia uma corrente doutrinária que defendia a competência da União para a edição de normas gerais em matéria de licitação e contratos. Nela incluía-se Hely Lopes Meirelles, que, apesar da ausência de expressa menção constitucional à competência legislativa geral da União, considerava o tema incluído no campo do direito financeiro para o fim de afirmar tal competência para a edição de normas gerais em matéria de licitação e contratos. Em sentido contrário estava Geraldo Ataliba, que afirmava que no conteúdo do direito financeiro se incluíam tão-somente a contabilidade pública, o orçamento, a fiscalização financeira e orçamentária, o crédito público, as receitas não tributárias do Poder Público, e nada mais.[43]

Como mencionado no voto do Min. Celso de Mello na ADI/MC 927-3, Celso Antônio Bandeira de Mello, ao escrever sobre o tema à época da Carta de 1969, também foi enfático na sua discordância com a tese da ligação entre licitação e contratação e direito financeiro. Escreveu o autor que "o art. 85 e parágrafo único do Decreto-lei 2.300/1986[44] se constituem em desabrida violação à repartição constitucional de competências entre União, Estados e Municípios". Afirmou que "não é interesse do Poder Central, nem está arrolado entre as competências da União, legislar sobre direito administrativo, nem especificamente sobre licitações e contratos efetuados pela Administração própria dos Estados e dos Municípios". E ao final concluiu que as normas do Decreto-lei 2.300/1986 não poderiam ser consideradas normas de direito financeiro, tampouco normas gerais; as raríssimas disposições gerais existentes no diploma teriam o condão

---

debruçaram sobre o tema no campo das licitações e contratos. Entre eles, podem ser citados os seguintes: Geraldo Ataliba, "Normas gerais de direito financeiro e tributário e autonomia dos Estados e Municípios", *RDP* 10/49, São Paulo, Ed. RT, 1969; e Diogo de Figueiredo Moreira Neto, "Competência concorrente limitada – O problema da conceituação das normas gerais", "Separata" da *Revista de Informação Legislativa* (25) 100/155, Brasília, outubro-dezembro/1988. Marçal Justen Filho explica que foi no campo tributário que o conceito de "normas gerais" foi mais longamente debatido, sem que resultasse uma posição pacífica na doutrina e na jurisprudência (*Comentários à Lei de Licitação e Contratos Administrativos*, 9ª ed., São Paulo, Dialética, 2002, p. 15).
43. Adilson Abreu Dallari, *Aspectos Jurídicos da Licitação*, 6ª ed., São Paulo, Saraiva, 2003, pp. 18-19.
44. A redação do art. 85 do Decreto-lei 2.300/1986 era a seguinte:
"Art. 85. Aplicam-se aos Estados, Municípios, Distrito Federal e Territórios as normas gerais estabelecidas neste Decreto-lei.
"Parágrafo único. As entidades mencionadas neste artigo não poderão: a) ampliar os casos de dispensa, de inexigibilidade e de vedação de licitação, nem os limites máximos de valor fixados para as diversas modalidades de licitação; b) reduzir os prazos de publicidade do edital ou do convite, nem os estabelecidos para a interposição e decisão de recursos."

de obrigar Estados e Municípios por força de princípios constitucionais, e não por aplicação do decreto-lei.[45]

O que estava por trás das afirmações de Celso Antônio Bandeira de Mello, Adilson Abreu Dallari e Geraldo Ataliba era o reconhecimento de que normas sobre licitação e contratos não comportavam regramento por decreto-lei, pois na vigência da Constituição de 1969 (art. 55) apenas aspectos relacionados a servidores públicos, segurança nacional e finanças públicas é que poderiam ser objeto da via excepcional do decreto-lei, não sendo adequada a inclusão da licitação e dos contratos no campo próprio do direito financeiro. Mas, além disso – e principalmente –, os autores também afirmavam ser indevida qualquer uniformização em matéria de licitação e contratos, pois não seria possível o tratamento igualitário das diversas entidades federativas por uma única lei de cunho vinculante, ainda que federal.

Antes de o debate ter chegado a um consenso, sobreveio a Constituição de 1988 e, em seguida, o Decreto-lei 2.300/1986 foi substituído integralmente pela Lei federal 8.666, de 21.6.1993. Ao contrário do que se poderia pensar, o tema dos limites federais para a edição de *norma geral* em matéria de licitação e contratos não se pacificou; apenas seu enfoque que mudou.

Diferentemente da Constituição de 1969, que não tinha previsão específica sobre o assunto, o inciso XXVII do art. 22 da CF de 1988 fixou expressamente a competência privativa da União para a edição de *normas gerais em matéria de licitações e contratações*. Além disso, também fixou a competência da União para expedir *normas gerais de direito financeiro* (art. 24, I), deixando claro que são competências distintas. E em 21.6.1993 foi editada a Lei federal 8.666, que logo no seu art. 1º dispôs: "*Esta Lei estabelece normas gerais* sobre *licitações* e *contratos* administrativos pertinentes a obras, serviços, inclusive de publicidade, compras, alienações e locações no âmbito dos Poderes da União, dos Estados, do Distrito Federal e dos Municípios".

Constata-se, desde logo, que apesar de a Constituição de 1988 não ter fixado competência para a União editar normas gerais sobre *contratos administrativos* (o dispositivo constitucional referiu-se a "contratações"), a Lei 8.666/1993 tratou do tema como se assim fosse, reproduzindo a

---

45. Celso Antônio Bandeira de Mello, "Inaplicabilidade da nova regulamentação sobre licitações a Estados e Municípios e inconstitucionalidade radical do Decreto-lei 2.300/1986", *RDP* 83/27, São Paulo, Ed. RT, julho/1987. No mesmo sentido, v. também: Weida Zancaner, "Inaplicabilidade do Decreto-lei 2.300/1986 a Estados e Municípios", *RDP* 82/167, São Paulo, Ed. RT, abril-junho/1987.

prática vigente à época do Decreto-lei 2.300/1986. Parcela significativa da doutrina fez o mesmo; ou seja, permaneceram as críticas ao projeto uniformizador da legislação, sem atentar para a sutileza apontada com relação ao vocábulo utilizado pela Constituição.

Assim – e reafirmando seu descontentamento anterior –, Adilson Abreu Dallari foi enfático ao criticar a Constituição de 1988 e também a Lei 8.666/1993. No seu pensamento, não há lógica na Constituição em outorgar competência privativa à União para a edição de normas gerais (o tema deveria ter sido tratado no art. 24, que dispõe sobre competência concorrente das esferas federativas).[46] E depois, porque, ao contrário do que pretende a Lei 8.666/1993, ela não contém apenas normas gerais, pois desce a minúcias e detalhamentos que não podem se enquadrar em tal conceito.[47]

Não foram poucos os que criticaram o referido art. 1º da Lei 8.666/1993. A opinião corrente foi no sentido de que a lei precisava ser interpretada para que fossem separadas as *normas gerais* em matéria de licitações e contratos, aplicáveis a todas as pessoas políticas, das normas federais, de aplicabilidade restrita. Não seria correto concluir que a Lei

---

46. Este também é o pensamento de Fernanda Dias Menezes de Almeida, *Competências na Constituição de 1988*, 3ª ed., São Paulo, Atlas, 1991, pp. 111-114. A autora ressalta não ser possível confundir a competência da União para editar normas gerais (art. 24) com sua competência legislativa plena para certas matérias indicadas na Constituição (art. 22), e atribui a uma "falha técnica" a localização da matéria "licitação e contratação" no rol da competência legislativa privativa da União. Isso porque – esclarece –, constando no art. 22, não seria possível que Estados e Municípios legislassem sobre a matéria sem a lei prevista no parágrafo único do mencionado dispositivo ("Art. 22. Compete à União legislar privativamente sobre: (...) Parágrafo único. Lei complementar poderá autorizar os Estados a legislar sobre questões específicas das matérias relacionadas neste artigo"). Nas palavras da autora: "Ora, é óbvio que não se pode delegar o que não se tem. Assim, se o dispositivo em apreço faculta que se delegue aos Estados competência para legislarem sobre questões específicas de matérias incluídas nas esferas privativa da União, só pode estar se referindo a matérias em relação às quais a União possa legislar em toda a linha, também na das especificidades (como supostamente deveria ocorrer em todos os casos arrolados em dispositivo relativo à competência legislativa privativa). Se a União não puder descer a esse nível, vale dizer, se não for competente para disciplinar questões específicas de certas matérias, é claro que não poderá transferir essa competência. E este é exatamente o caso da licitação e da contratação, matérias a respeito das quais só lhe é dado ficar no campo das normas gerais. Na verdade, é dos Estados, por direito próprio, a competência legislativa suplementar, quando à União competir a normatividade geral". É também o entendimento de Fernando Dias Menezes de Almeida, "Aspectos constitucionais da concessão de serviços públicos", in Odete Medauar (coord.), *Concessão de Serviço Público*, São Paulo, Ed. RT, 1995, p. 27.

47. Adilson Abreu Dallari, *Aspectos Jurídicos da Licitação*, cit., 6ª ed., p. 23.

8.666/1993 tivesse vedado o exercício das competências locais em matéria de licitação e contratos, tão enaltecidas até então.[48]

Foi nesse contexto que o debate sobre *normas gerais* em *matéria de licitação e contratos* seguiu. Longe de se ter pacificado, os comentadores da Lei 8.666/1993 passaram a interpretar o novo diploma e a traçar os limites da competência legislativa da União na expedição de *normas gerais* no referido campo. Em outras palavras, queria-se identificar o *critério* que deveria ser levado em conta para apartar as matérias que poderiam ser objeto de detalhamento pelo legislador local (normas específicas) daquelas outras que, por serem gerais, poderiam ser definidas pela União no exercício de sua competência uniformizante.

Mas, afinal, quais normas poderiam receber o qualificativo de "gerais"? Qual seria o conteúdo próprio de normas dessa natureza? "Normas gerais" equivaleriam a princípios?

Diogo de Figueiredo Moreira Neto, em estudo sobre a distribuição constitucional de competências legislativas, refletiu sobre a capacidade da União para a expedição de *normas gerais* como exercício da competência concorrente limitada (atual art. 24, § 1º, da CF). Ainda que o trabalho não se refira expressamente ao campo das licitações e contratos, ele procura apontar a distinção entre *normas gerais* e *princípios*, diante da evidente proximidade conceitual entre os dois. E afirma que, *semelhantemente*, *normas gerais* e *princípios* estabelecem diretrizes, orientações, linhas mestras, situando-se no plano das questões fundamentais, não admitindo particularizações. Ambos desempenham as seguintes funções no ordenamento: (a) declaram um valor juridicamente protegido; (b) conformam um padrão vinculatório para a norma particularizante; e (c) vedam ao legislador e ao aplicador agir em contrariedade ao valor neles declarado. O autor afirmou, ainda, que, distintamente dos princípios, as *normas gerais* desempenham funções normativas bem mais extensas que os princípios, estremando-os não tanto pelo conteúdo, mas pelos resultados que delas decorrem, pois: (a) aplicam-se concreta e diretamente às relações e situações específicas no âmbito de competência administrativa federal; (b) aplicam-se concreta e diretamente às relações e situações específi-

---

48. Lúcia Valle Figueiredo, por exemplo, afirmou que "é claro que *a lei não contém tão-somente normas gerais*. Entretanto, só por só, não se poderia entendê-la inconstitucional sem antes se tentar proceder à interpretação conforme a Constituição (Canotilho)". E conclui: "Portanto, no que a lei contiver disciplina que guarde características de normas gerais será constitucional. *No que não contiver, não se aplicará aos Estados e Municípios por inconstitucionalidade*" ("Competências administrativas dos Estados e Municípios – Licitações", *RTDP* 8/34, São Paulo, Malheiros Editores, 1994).

cas no âmbito de competência administrativa estadual (ou municipal) sempre que o Estado-membro (ou o Município) não haja exercido sua competência concorrente particularizante; e (c) aplicam-se concreta e diretamente às relações e situações específicas no âmbito de competência administrativa estadual (ou municipal) sempre que o Estado-membro (ou o Município) haja exercido sua competência concorrente particularizante em contrariedade ao valor nelas declarado.[49]

Ainda que a distinção não tenha ficado muito clara, pois os princípios também desempenham as funções normativas atribuídas às normas gerais, a conclusão apresentada pelo citado autor serve como uma síntese da doutrina que se dedicou ao assunto: "Normas gerais são declarações principiológicas que cabe à União editar, no uso de sua competência concorrente limitada, restrita ao estabelecimento de diretrizes nacionais sobre certos assuntos, que deverão ser respeitados pelos Estados-membros na feitura de suas respectivas legislações, através de normas específicas e particularizantes que as detalharão, de modo que possam ser aplicadas, direta e imediatamente, a relações e situações concretas a que se destinam, em seus respectivos âmbitos políticos".[50]

O tema é mesmo extremamente complexo, razão pela qual não se conseguiu até hoje encontrar um critério diferenciador determinante e, por isso, objetivo. A afirmação de que normas gerais são aquelas que estruturam um dado assunto, formando suas bases fundamentais, permite a teorização a respeito do regime a ser dado às normas a final qualificadas como *gerais*. Mas esse esforço teórico ajuda muito pouco na identificação concreta das normas que se pretendem gerais e que devem receber o *regime* próprio das *normas gerais*.

Não é pelo mero fato de uma norma ter sido expedida com base em competência legislativa para a edição de norma geral que todo o seu conteúdo pode ser qualificado como norma geral. O qualificativo "norma geral" determina a aplicação de um regime jurídico próprio e só pode ser dado àquilo que estiver contido em lei editada por ente competente para a edição de *norma geral* (conforme a divisão constitucional de competências legislativas), e desde que seja *estruturante* para o tema objeto de tratamento legislativo.

Vários autores dedicaram-se a estudar o tema das *normas gerais* em matéria de licitações e contratos e procuraram traduzir essa noção

---

49. Diogo de Figueiredo Moreira Neto, "Competência concorrente limitada. O problema da conceituação das normas gerais", cit., "Separata" da *Revista de Informação Legislativa* (25) 100/155-156.
50. Idem, pp. 158-159.

de "norma estruturante". Alice González Borges foi uma das primeiras, e em trabalho especificamente dedicado às normas gerais em matéria de licitação e contratos concluiu estarem incluídas nessa categoria apenas as normas pertinentes ao Estado Federal total, global, nela não se incluindo as que possam excluir, embaraçar ou dificultar o exercício da competência suplementar das ordens federadas, com quebra de suas autonomias constitucionalmente asseguradas. Para a autora, a Constituição preservou a competência residual dos Estados e Municípios para legislar sobre assuntos de seu peculiar interesse.[51]

Adilson Abreu Dallari de pronto reconheceu a dificuldade da conceituação da norma geral. Afirmou ser mais fácil chegar à norma geral pelo caminho inverso, dizendo o que não é norma geral, incluindo nessa categoria aquelas que correspondem a uma especificação, a um detalhamento. Assim, é norma geral, para o autor, (a) aquela que cuida de determinada matéria de maneira ampla; (b) aquela que comporta uma aplicação uniforme pela União, Estado e Município; (c) aquela que não é completa em si mesma, mas exige uma complementação.[52]

Celso Antônio Bandeira de Mello, no mesmo sentido, afirmou serem categorizáveis como *normas gerais* em matéria de licitação (a) as que estabelecem princípios, fundamentos, diretrizes, os critérios básicos para servir de inspiração das leis que as complementarão na normatização da matéria, e (b) as que possam ser aplicadas uniformemente em todo o país, sendo indiferentes suas regiões ou localidades. Estas são suas palavras:

"7. É próprio de quaisquer leis serem gerais. Assim, quando o texto constitucional reporta-se a 'normas gerais', está, por certo, reportando-se a normas cujo 'nível de generalidade' é peculiar em seu confronto com as demais leis. Normas, portanto, que, ao contrário das outras, veiculam *apenas*:

"(a) Preceitos que estabelecem os princípios, os fundamentos, as diretrizes, os critérios básicos, conformadores das leis que necessariamente terão de sucedê-las para completar a regência da matéria. Isto é: daqueloutras que produzirão a ulterior disciplina específica e suficiente, ou seja, indispensável, para regular o assunto que foi objeto de normas apenas 'gerais'.

"*Segue-se que não serão categorizáveis como disposições veiculadoras de normas gerais as que exaurem o assunto nelas versado, dispensando regramento sucessivo. É claro, entretanto, que o disposi-*

---

51. Alice González Borges, *Normas Gerais no Estatuto de Licitações e Contratos Administrativos*, São Paulo, Ed. RT, 1991, pp. 93 e 55.
52. Adilson Abreu Dallari, *Aspectos Jurídicos da Licitação*, cit., 6ª ed., p. 21.

tivo que formula princípios ou simples critérios não perde o caráter de norma geral pelo fato de esgotar os princípios ou critérios aplicáveis, visto que nem uns, nem outros, trazem consigo exaustão da disciplina da matéria à qual se aplicam.

"(b) Preceitos que podem ser aplicados uniformemente em todo o país, por se adscreverem a aspectos nacionalmente indiferençados, de tal sorte que repercutem com neutralidade, *indiferentemente*, em quaisquer de suas regiões ou localidades.

"*Segue-se que não serão normas gerais aquelas que produzem consequências díspares nas diversas áreas sobre as quais se aplicam, acarretando, em certas áreas, por força de condições, peculiaridades ou características próprias da região ou do local, repercussão gravosa sobre outros bens jurídicos igualmente confortados pelo Direito.*"[53]

Lúcia Valle Figueiredo, sem discordar dos autores já mencionados, afirmou que só podem ser chamadas de *normas gerais* as que têm o poder de inibir o legislador estadual e municipal de dispor de forma diferente quando do exercício da competência legislativa local de suplementação (art. 24, § 2º, da CF). E propôs a seguinte sistematização:

"Assim, podemos chegar à seguinte sistematização no que tange às normas gerais, e, em especial, as que resultam de competências administrativas: (a) disciplinam, de forma homogênea, para as pessoas políticas federativas, nas matérias constitucionalmente permitidas, para garantia da segurança e certeza jurídicas; (b) não podem ter conteúdo particularizante que afete a autonomia dos entes federados, assim não podem dispor de maneira a ofender o conteúdo da Federação, tal seja, não podem se imiscuir em assuntos que devam ser tratados exclusivamente pelos Estados e Municípios; (c) estabelecem diretrizes sobre o cumprimento dos princípios constitucionais expressos e implícitos.

"Sintetizando, podemos afirmar: normas gerais, no ordenamento brasileiro, têm características diferenciadas das normas (classicamente também denominadas de gerais), dispõem de forma homogênea para determinadas situações para garantia da segurança e certeza jurídicas, estabelecem diretrizes para o cumprimento dos princípios constitucionais expressos e implícitos, sem se imiscuírem no âmbito de competências específicas dos outros entes federativos."[54]

---

53. Celso Antônio Bandeira de Mello, *Curso de Direito Administrativo*, cit., 27ª ed., p. 531.Este trecho, aliás, foi utilizado pelo Min. Celso de Mello em seu voto na já mencionada ADI/MC 927-3.

54. Lúcia Valle Figueiredo, "Competências administrativas dos Estados e Municípios – Licitações", cit., *RTDP* 8/31-32.

A doutrina reconhece, portanto, um restrito campo de competência federal em matéria de licitação e contratos para a edição de *normas gerais*, com o enaltecimento das competências legislativas estaduais e municipais, como decorrência do princípio federativo, uma vez que licitação e contratos administrativos são matérias relativas à organização da Administração Pública e, por isso, próprias de cada pessoa política (o art. 18 da CF consagra a autonomia administrativa de cada uma das pessoas constitucionais). Neste sentido, a regra do art. 22, XXVII, da CF deve ser considerada verdadeira exceção à competência legislativa própria de cada ente federativo em matéria de direito administrativo.[55]

55. Esta afirmação é de Fernando Dias Menezes de Almeida, "Contratos administrativos", in Antônio Jorge Pereira Jr. e Gilberto Haddad Jabur (coords.), *Direito dos Contratos II*, São Paulo, Quartier Latin, 2008, p. 200. Carlos Ayres Britto tem o mesmo entendimento, como se vê em suas palavras sobre o perfil constitucional da licitação:

"9.2 Tão ínsito à autonomia política dos entes periféricos é o direito administrativo, tão enraizadamente federativo ele é, que a Lei Maior nem se deu ao trabalho de mencioná-lo às expressas. Ele faz parte da natureza das coisas, federativamente falando, pois o certo é que, por ele, as pessoas federadas distintas da União podem exercitar uma competência legislativa plena naqueles assuntos de exclusivo senhorio de cada uma delas.

"9.3 Realmente, se atentarmos bem para os arts. 22 e 24 da Constituição, iremos perceber que todas as províncias autônomas do direito positivo (por ela, Constituição, literalmente citadas) já se discriminam entre as que se incluem na competência privativa da União ('direito civil, comercial, penal, processual, eleitoral, agrário, marítimo, aeronáutico, especial e do trabalho') e as que se integram na competência legislativa concorrente da União, dos Estados e do Distrito Federal ('direito tributário, financeiro, penitenciário, econômico e urbanístico'). O que sobra é quase tudo matéria de direito administrativo, ramo jurídico-positivo que tem por objeto a montagem e o funcionamento da máquina administrativa de cada qual das pessoas federadas, na perspectiva (já o dissemos) do exercício das competências materiais e do cumprimento de deveres instrumentais que assistem a tais pessoas.

"9.4 O silêncio da Constituição quanto ao ramo administrativo do Direito significa, logicamente, que essa província jurídica, na sua inteireza, nem faz parte da competência privativa da União, nem da competência legislativa concomitante da União, dos Estados e do Distrito Federal. Esta última competência a comportar discriminação entre a que pertence às demais pessoas políticas para a produção de normas suplementares (§ 2º do art. 24). Aqueloutra (competência privativa da União), a comportar divisão entre normas gerais e normas específicas, em alguns temas (como é o caso da licitação), sem embargo de lei complementar federal poder transferir para a competência legislativa dos Estados a disciplina de 'questões específicas' das matérias relacionadas no art. 22.

"9.5 A que efeito prático, porém, leva este nosso interesse pela discriminação entre o ramo administrativo do Direito e os demais setores jurídico-positivos de natureza infraconstitucional? Muito simples! Para os outros ramos jurídicos basta a nominação de cada um deles para que já se tenha a competência legislativa sobre todas as respectivas matérias, que, de tão teoricamente numerosas, nem citadas pela Constituição o foram. O tipo de direito positivo é citado (penal, civil, comercial etc.), conjuntamente com a pessoa

Com base em tais afirmações teóricas, diversos autores buscaram identificar nas leis próprias sobre o tema (primeiro no Decreto-lei 2.300/1986 e depois na Lei 8.666/1993) o que seria categorizável como *norma geral*, fazendo-o fundamentalmente com relação às normas sobre licitação.[56] Não há debate doutrinário significativo envolvendo os limites da competência suplementar de Estados e Municípios em matéria de contratos administrativos.

É o que fez Celso Antônio Bandeira de Mello à época do Decreto-lei 2.300/1986. Conforme foi lembrado no voto do Min. Celso de Mello na ADI 927-RS/MC, acima citado, o autor afirmou que: "(...) normas que estabelecem particularizadas definições, que minudenciam condições específicas para licitar ou para contratar, que definem valores, prazos e requisitos de publicidade, que arrolam exaustivamente modalidades licitatórias e casos de dispensa, que regulam registros cadastrais, que assinalam com minúcias o *iter* e o regime procedimental, os recursos cabíveis, os prazos de interposição, que arrolam documentos exigíveis de licitantes, que preestabelecem cláusulas obrigatórias de contratos, que dispõem até sobre encargos da Administração contratante no acompanhamento da execução da avença, que regulam penalidades administrativas, inclusive quanto aos tipos e casos em que cabem, evidentissimamente, sobre não serem de direito financeiro, menos ainda serão normas gerais, salvo no sentido de que toda norma – por sê-lo – é geral".[57]

estatal que o titulariza, mas não as matérias que nele se contêm. E não faria sentido mesmo enumerar tais matérias, porque o Direito a que elas pertencem já foi apanhado na sua inteireza ou globalidade.

"9.6 Para o direito administrativo, no entanto, diametralmente oposto foi o esquema constitucional de partilha de competência legislativa, no âmbito dos mencionados arts. 22 e 24, ambos inseridos na seção constitucional dedicada à pessoa da União. É que ele, direito administrativo, deixou de ser nominado pela Constituição (não consta do vocabulário da Magna Carta fraseado 'direito administrativo', enquanto uma parte expressiva de suas matérias o foi). Somente essa parte nominada é que ficou sob a competência legislativa da pessoa ou das pessoas jurídico-estatais também expressamente referidas. A outra parte, carente de nominação, cai automaticamente sob a competência plena dos Estados, do Distrito Federal e dos Municípios. Sem que a Lei Maior precisasse grafar os nomes de tais pessoas federadas" (Carlos Ayres Brito, *O Perfil Constitucional da Licitação*, Curitiba, ZNT Editora, 1997, pp. 70-72).

56. É o caso de Alice González Borges, no seu *Normas Gerais no Estatuto de Licitações e Contratos Administrativos*, cit., pp. 55-73, e de Toshio Mukai, na obra *Licitações e Contratos Públicos*, 5ª ed., São Paulo, Saraiva, 1999. A autora estuda o assunto à luz do Decreto-lei 2.300/1986; e o autor, à luz da Lei 8.666/1993.

57. Celso Antônio Bandeira de Mello, "Inaplicabilidade da nova regulamentação sobre licitações a Estados e Municípios e inconstitucionalidade radical do Decreto-lei 2.300/1986", cit., *RDP* 83/27.

Adilson Abreu Dallari, já sob a égide da Lei 8.666/1993, identificou como normas gerais apenas os princípios elencados nos arts. 1º a 5º "e mais algumas outras disposições amplas e genéricas que comportam aplicação uniforme em todo o território nacional, assim como também, ao mesmo tempo, uma complementação, um detalhamento, uma integração, pela legislação específica de cada pessoa jurídica de capacidade política". Entre elas estariam as que definem as espécies de licitação.[58]

Carlos Ari Sundfeld, por sua vez, sustentou, semelhantemente, que "a lógica impõe a constatação de que na competência da União não se inclui o tratamento de aspectos particulares, de detalhes de organização, de questões contingentes. As normas gerais contêm apenas os princípios da regulamentação da matéria, os deveres básicos dos indivíduos e do Estado e os instrumentos a serem utilizados pela Administração. São impróprios para as normas gerais problemas como: a fixação de prazos, a definição das autoridades competentes para tal ou qual ato, o estabelecimento de valores exatos de multas, o detalhamento dos procedimentos administrativos, e assim por diante".[59]

E Marçal Justen Filho escreveu que a Lei 8.666/1993 consagra uma *estrutura normativa fundamental* que comportaria complementação por parte das demais entidades políticas, apesar de, na prática, uma pequena parcela ter restado às entidades federativas, tendo em vista que grande parte das regras previstas na Lei 8.666/1993 corresponde à única solução compatível com o texto constitucional. Para o autor, (a) é inquestionável que a Constituição reservou competência legislativa específica para cada esfera política disciplinar licitação e contratação administrativa; (b) por decorrência do próprio princípio federativo, a manutenção das competências locais se impõe, não sendo possível sua restrição por dispositivo incluído em norma geral; e (c) por aplicação direta da Constituição, o conceito de "norma geral" abrange a disciplina dos diferentes procedimentos licitatórios.[60]

Por fim, e após a análise da doutrina, vale um comentário sobre o entendimento do STF sobre a identificação dos limites da competência da União para a edição de normas gerais em matéria de licitação e contratação. Além da já mencionada ADI 927-RS/MC, a Corte Constitucional teve a oportunidade de analisar outros quatro casos relevantes. No pri-

---

58. Adilson Abreu Dallari, *Aspectos Jurídicos da Licitação*, cit., 6ª ed., p. 24.
59. Carlos Ari Sundfeld, *Licitação e Contrato Administrativo*, cit., 2ª ed., pp. 28 e ss.
60. Marçal Justen Filho, *Comentários à Lei de Licitação e Contratos Administrativos*, cit., 9ª ed., pp. 16-18.

meiro (ADI/MC 3.059-1-RS[61]) julgou inconstitucional lei do Estado do Rio Grande do Sul que estabelecia a utilização preferencial de programas abertos nos sistemas de Informática para a Administração Pública Estadual. No segundo (ADI 3.670-0-DF[62]) também julgou inconstitucional lei do Distrito Federal que proibia a contratação, com a Administração Pública, das pessoas jurídicas que discriminavam na contratação de mão-de-obra pessoas que estivessem com o nome incluído em listas de proteção ao crédito. No terceiro (ADI 3.070-1-RN[63]) também julgou in-

61. A ementa da ADI/MC 3.059-1-RS (rel. Min. Carlos Britto, j. 15.4.2004, v.u.) é a que segue: "Medida cautelar em ação direta de inconstitucionalidade – Legitimidade de agremiação partidária com representação no Congresso Nacional para deflagrar o processo de controle de constitucionalidade em tese – Inteligência do art. 103, VIII, da Magna Lei – Requisito da pertinência temática antecipadamente satisfeito pelo requerente – Impugnação da Lei n. 11.871/2002, do Estado do Rio Grande do Sul, que instituiu, no âmbito da Administração Pública sul-riograndense, a preferencial utilização de *softwares* livres ou sem restrições proprietárias – Plausibilidade jurídica da tese do autor que aponta invasão da competência legiferante reservada à União para produzir normas gerais em tema de licitação, bem como usurpação competencial violadora do pétreo princípio constitucional da separação dos Poderes. Reconhece-se, ainda, que o ato normativo impugnado estreita, contra a natureza dos produtos que lhes servem de objeto normativo (bens informáticos), o âmbito de competição dos interessados em se vincular contratualmente ao Estado-Administração – Medida cautelar deferida".

62. A ementa da ADI 3.670-DF (rel. Min. Sepúlveda Pertence, j. 2.4.2007, v.u.) é a que segue: "Ação direta de inconstitucionalidade – Lei Distrital n. 3.705, de 21.11.2005, que cria restrições a empresas que discriminarem na contratação de mão-de-obra – Inconstitucionalidade declarada. 1. Ofensa à competência da privativa da União para legislar sobre normas gerais de licitação e contratação administrativa, em todas as modalidades, para as Administrações Públicas diretas, autárquicas e fundacionais de todos os entes da Federação (CF, art. 22, XXVII) e para dispor sobre direito do trabalho e inspeção do trabalho (CF, arts. 21, XXIV, e 22, I). 2. Afronta ao art. 37, XXI, da Constituição da República – norma de observância compulsória pelas ordens locais –, segundo o qual a disciplina legal das licitações há de assegurar a 'igualdade de condições de todos os concorrentes', o que é incompatível com a proibição de licitar em função de um critério – o da discriminação de empregados inscritos em cadastros restritivos de crédito – que não tem pertinência com a exigência de garantia do cumprimento do contrato objeto do concurso".

63. A ementa da ADI 3.070-1-RN (rel. Min. Nélson Jobim, j. 29.11.2007, v.u.) é a que segue: "Ação direta de inconstitucionalidade – Art. 11, § 4º, da Constituição do Estado do Rio Grande do Norte – Licitação – Análise de proposta mais vantajosa – Consideração dos valores relativos aos impostos pagos à Fazenda Pública daquele Estado – Discriminação arbitrária – Licitação – Isonomia, princípio da igualdade – Distinção entre brasileiros – Afronta ao disposto nos arts. 5º, *caput*, 19, III, 37, XXI, e 175 da Constituição do Brasil. 1. É inconstitucional o preceito segundo o qual na análise de licitações serão considerados, para averiguação da proposta mais vantajosa, entre outros itens, os valores relativos aos impostos pagos à Fazenda Pública daquele Estado-membro – Afronta ao princípio da isonomia, igualdade entre todos quantos pretendam acesso às contra-

constitucional norma da Constituição do Estado do Rio Grande do Norte segundo a qual, na análise de licitações, determinava considerar, para averiguação da proposta mais vantajosa, os valores relativos aos impostos pagos à Fazenda Pública daquele Estado. No quarto (ADI 3.583-PR[64]) também julgou inconstitucional lei do Estado do Paraná que determinava que a aquisição de veículos oficiais se deveria restringir àqueles fabricados no próprio Estado.

Tais decisões não chegaram propriamente a articular um critério claro para identificar o âmbito da competência da União e dos Estados e Municípios em matéria de licitação e contratação (art. 22, XXVII), não tendo, com relação a esse aspecto, ido muito além dos argumentos de natureza principiológica. Deveras, elas se contentaram com a afirma-

---

tações da Administração. 2. A Constituição do Brasil proíbe a distinção entre brasileiros. A concessão de vantagem ao licitante que suporta maior carga tributária no âmbito estadual é incoerente com o preceito constitucional desse inciso III do art. 19. 3. A licitação é um procedimento que visa à satisfação do *interesse público*, pautando-se pelo princípio da *isonomia*. Está voltada a um duplo objetivo: o de proporcionar à Administração a possibilidade de realizar o negócio mais vantajoso – o melhor negócio – e o de assegurar aos administrados a oportunidade de concorrerem, em igualdade de condições, à contratação pretendida pela Administração. Imposição do *interesse público*, seu pressuposto é a *competição*. Procedimento que visa à satisfação do *interesse público*, pautando-se pelo princípio da *isonomia*, a função da licitação é a de viabilizar, através da mais ampla disputa, envolvendo o maior número possível de agentes econômicos capacitados, a satisfação do interesse público. A *competição* visada pela licitação, a instrumentar a seleção da proposta mais vantajosa para a Administração, impõe-se seja desenrolada de modo que reste assegurada a *igualdade* (*isonomia*) de todos quantos pretendam acesso às contratações da Administração. 4. A lei pode, sem violação do princípio da igualdade, distinguir situações, a fim de conferir um tratamento diverso do que atribui a outra. Para que possa fazê-lo, contudo, sem que tal violação se manifeste, é necessário que a discriminação guarde compatibilidade com o conteúdo do princípio. 5. A Constituição do Brasil exclui quaisquer exigências de qualificação técnica e econômica que não sejam indispensáveis à garantia do cumprimento das obrigações. A discriminação, no julgamento da concorrência, que exceda essa limitação é inadmissível. 6. Ação direta julgada procedente para declarar inconstitucional o § 4º do art. 111 da Constituição do Estado do Rio Grande do Norte".
64. A ementa da ADI 3.583-PR (rel. Min. César Peluso, j. 21.2.2008, v.u.) é a que segue: "Licitação pública – Concorrência – Aquisição de bens – Veículos para uso oficial – Exigência de que sejam produzidos no Estado-membro – Condição compulsória de acesso – Art. 1º da Lei n. 12.204/1998, do Estado do Paraná, com a redação da Lei n. 13.571/2002 – Discriminação arbitrária – Violação ao princípio da isonomia ou da igualdade – Ofensa ao art. 19, III, da vigente Constituição da República – Inconstitucionalidade declarada – Ação direta julgada, em parte, procedente – Precedentes do Supremo. É inconstitucional a lei estadual que estabeleça como condição de acesso a licitação pública, para aquisição de bens ou serviços, que a empresa licitante tenha a fábrica ou sede no Estado-membro".

ção segundo a qual regras que afastam a licitação e que restringem os princípios constitucionais são de competência da União, em detrimento da competência suplementar dos Estados. O argumento realmente forte e decisivo que surgiu nos votos para julgar inconstitucionais as normas estaduais acima mencionadas foi o da violação, por elas, da regra constitucional da *igualdade* de participação entre todos os concorrentes (art. 19, III, e art. 37, XXI, ambos da CF).

Denise Cristina Vasques, em trabalho monográfico sobre a jurisprudência do STF quanto à aplicabilidade dos §§ 1º e 2º do art. 24 da CF, mapeou o posicionamento do órgão acerca da extensão da competência da União para a edição de normas gerais em matéria de competência legislativa concorrente. Sua análise, envolvendo outras matérias do art. 24 (e não exclusivamente o tema da licitação e contratação), é no sentido de que a Corte Suprema tem entendido legítimo o fortalecimento da competência da União para a edição de normas gerais, em detrimento da competência dos Estados, que, apesar de terem competência suplementar nas matérias regidas pelo dispositivo citado, têm tido sua ação encolhida pela ampla atuação legislativa da União. Vejam-se as palavras da autora, tiradas da conclusão de seu trabalho:

"Entre as conclusões extraídas do Capítulo V, destacamos, nesta ocasião, as mais importantes. Em primeiro lugar, constatamos a inexistência de evolução jurisprudencial entre o regime constitucional de 1967/1969 e o de 1988. Vale dizer, o STF apresenta atualmente as mesmas razões e raciocínios fixados quando julgava à luz da Constituição federal de 1967/1969. Quanto à concepção do Supremo a respeito das competências legislativas concorrentes da União e dos Estados-membros, mais especificamente, das normas gerais e da competência estadual suplementar, notamos tendência centralizadora em consonância com o entendimento do legislador nacional. Para o Tribunal, normas gerais são aquelas que (i) trazem consigo definições para termos empregados nos textos legislativos; (ii) impõem condições, parâmetros e exigências; (iii) estabelecem proibições; e (iv) excepcionam princípios e regras da Constituição Federal ou que dela decorram. Por seu turno, a competência suplementar estadual destina-se, na visão do Supremo, ao preenchimento de lacunas, vazios e brancos da legislação nacional, o que, para nós, revela-se restritivo. Ainda que realizada interpretação extensiva para abarcar, nessa definição, a tarefa de complementar, desdobrar, detalhar e pormenorizar as leis nacionais, o espaço de atuação do legislador estadual resta bem reduzido.

"A análise dos julgados permitiu também identificar que, para formar seu juízo a respeito da constitucionalidade ou da inconstitucionalidade de leis estaduais, o Supremo busca como respaldo o confronto entre leis infraconstitucionais. Isto é, o Tribunal toma conhecimento, em primeiro lugar, do quanto disposto nas leis nacionais e estaduais para, depois, contestá-las em face da Constituição Federal.

"Por essas razões, concluímos que a atividade do STF quanto à aplicação das regras de repartição vertical de competências legislativas contribui para maior centralização de poderes. Em outras palavras, o Supremo alimenta a tendência centralizadora de nosso federalismo e participa ativamente do recrudescimento dos poderes da União.

"Diante das pesquisas e análises apresentadas nos Capítulos III, IV e V, arriscamos derradeiras conclusões.

"À medida que se fortalece a atuação legislativa da ordem central, os Estados-membros passam a assumir o papel de executores e fiscalizadores das políticas públicas elaboradas pela União. Em outras palavras, a competência legislativa estadual parece esvaecer a ponto de restar espaço apenas para o estabelecimento de normas necessárias à execução de tarefas administrativas, as quais, vale dizer, serão, cada vez mais, prescritas pelo próprio legislador nacional, ao lado das competências materiais dispostas na Constituição Federal. Vislumbramos, portanto, que nosso federalismo irá se resumir à cooperação entre Estados-membros e União; essa, formulando e estabelecendo políticas públicas; aqueles, executando-as.

"Ademais, o aprimoramento da técnica de repartição vertical de competências legislativas na Constituição Federal de 1988 não gerou os efeitos esperados pelo legislador constituinte, qual seja, de promover a descentralização normativa. O estabelecimento de uma esfera mais ampla de atuação para os Estados-membros, com o aumento do número de matérias objeto de legislação concorrente, não foi capaz de reerguer e impulsionar a participação das unidades parciais na ordem federativa, enfraquecida principalmente no regime constitucional anterior. Ao contrário, atribuiu à ordem central parcela maior de poder. Em uma Federação de caráter e tradição centralizadores, a competência para a edição de normas gerais abre caminho para que a União quase esgote a regulação dos assuntos de competência concorrente.

"Tamanha é a uniformização das normas, que não mais se vislumbra a existência de peculiaridades regionais a justificar a manutenção da forma federativa do Estado Brasileiro. Cabe refletir se vale reformulá-la, apresentando alternativas para a descentralização normativa, como, por exemplo, a enumeração e o aumento de competências legislativas privativas estaduais, ou se vale percorrer o caminho de um Estado unitário descentralizado."[65]

Ainda que o STF venha chancelando – como prova a pesquisa feita pela autora transcrita – a ampla atuação legislativa da União na edição de normas gerais, em matéria de licitação e contratação é preciso tomar muito cuidado na análise da jurisprudência. Não apenas porque o tema é ainda muito incipiente na Corte Constitucional, mas porque todos os casos por ela julgados envolveram evidente afronta ao princípio constitucional da igualdade (uma vez que as normas impugnadas restringiam a participação em licitações públicas), restando fortalecida, como consequência, a competência da União para a edição de normas gerais sobre licitação.

Anote-se, finalmente, que nenhuma decisão tratou de temas contratuais propriamente ditos e da correlata competência das esferas federativas para editar leis regulando contratos administrativos (incluídas novas espécies de concessão). Trata-se de tema que ainda não foi objeto de análise pelo STF.

4. Competência legislativa da União em matéria de concessão

Não obstante todo o esforço doutrinário em tentar identificar um critério seguro para separar o que é e o que não é *norma geral*, constata-se que a doutrina sempre esteve muito mais preocupada em fazer reflexões em matéria de licitação que em matéria de contratos. E, apesar do empenho da doutrina em afirmar o restrito campo da competência da União, as Leis federais 8.666/1993 e 8.987/1995 foram praticamente aplicadas de modo uniforme por todas as esferas federativas, tacitamente reconhecendo que a definição dos tipos contratuais e das modalidades de licitação seria assunto de norma geral.

Ainda que seja certo afirmar que essa prática passiva por parte dos Estados e Municípios tenha vigorado nos últimos anos, há um movimento contrário de valorização de sua competência legislativa suplementar. Em matéria de licitação, é o que aconteceu com o pregão, quando ainda vigia a Medida Provisória 2.026/2000, que vedava às esferas federativas fazer uso do novo procedimento licitatório, e muitos Estados e Municípios edi-

---

65. Denise Cristina Vasques, *Competências Legislativas Concorrentes: Prática Legislativa da União e dos Estados-membros e a Jurisprudência do Supremo Tribunal Federal*, dissertação de Mestrado, São Paulo, Faculdade de Direito da USP, 2007.

taram normas próprias para autorizá-lo. Mais recentemente, o Município de São Paulo (e alguns Estados – entre eles, Bahia, Paraná e São Paulo) editou lei autorizando a inversão de fases em todos os processos licitatórios, à revelia da "norma geral" federal. Tais iniciativas indicam que a tradicional passividade dos entes federativos tem sido deixada de lado em prol do exercício da competência suplementar dos entes federativos. O mesmo se diga com relação aos tipos contratuais: vários Estados e Municípios editaram normas sobre contrato de parceria público-privada antes da edição Lei federal 11.079/2004, que trata do tema.

Qual seria o limite entre a competência da União para editar normas gerais sobre concessão e qual seria o âmbito próprio para o exercício da competência suplementar dos Estados e Municípios? A pergunta remete a um fato que passou despercebido à doutrina em geral: a Constituição reservou à União competência legislativa privativa para editar normas gerais de licitação e *contratação*, e não de *contratos* (art. 22, XXVII).

Foi Fernando Dias Menezes de Almeida quem apontou a indevida identificação entre *contrato* e *contratação* para fins de interpretação da competência legislativa da União. Partindo – como ele faz – da afirmação constitucional da autonomia dos entes federados para se autoadministrar (art. 18), de fato, só se pode concluir que *contrato* é uma coisa, e *contratação* é outra. Nas palavras do autor: "Contratação é a ação de contratar. Contrato é o objeto dessa ação. Sendo assim, estariam contidos na noção de contrato, mas não na de contratação, os aspectos estruturais dos contratos administrativos (exemplo: tipos contratuais, cláusulas necessárias, regime jurídico próprio). Por outro lado, contratação diria respeito a normas de regência do ato de contratar (exemplo: necessidade de previsão de recursos orçamentários, respeito ao resultado do procedimento licitatório, controles externos e internos pertinentes)".[66]

A distinção apontada é inteiramente aplicável à concessão. Não só porque o art. 175 da CF se refere a ela como um contrato e exige a realização de licitação para sua celebração, mas especialmente porque a União reservou para si o poder de editar norma geral naquilo que diz respeito à *ação de contratar* (art. 22, XXVII). Noutras palavras, cabe à União estabelecer os requisitos que, concretizando os princípios constitucionais, legitimam o ato de outorga de uso de bens e prestação de serviços por terceiros. Essa competência não envolve a definição dos tipos contratuais e seu regime aplicável, que – assumida a distinção feita por Fernando

---

66. Fernando Dias Menezes de Almeida, "Contratos administrativos", cit., in Antônio Jorge Pereira Jr. e Gilberto Haddad Jabur (coords.), *Direito dos Contratos II*, pp. 200-201.

Dias Menezes de Almeida – não é matéria de norma geral. Estados e Municípios têm, nesse argumento, competência para editar norma estabelecendo nova espécie contratual.

Como visto no item anterior, a competência legislativa da União restringe-se às chamadas *normas gerais*. Foi com base no sobredito dispositivo constitucional que foi editada a Lei federal 8.666/1993 (Lei de Licitações e Contratos Administrativos)[67] e todas as outras leis federais em matéria de contratos administrativos que se pretendem gerais, no todo ou em parte, entre as quais estão a Lei 8.987/1995 (Lei de Concessões) e a Lei 11.079/2004 (Lei de Parceria Público-Privada/PPP).

No sistema constitucional vigente, a competência legislativa dos Estados e Municípios é suplementar às normas gerais (art. 24, § 2º, e art. 30, II). Na ausência de norma geral a competência dos entes é plena (art. 24, § 3º, e art. 30, II).[68]

É preciso não confundir referido modelo de repartição de competência legislativa com o disposto no art. 175. Ou, melhor, é preciso não esquecer do art. 22, XXVII, quando se trata da competência para legislar sobre concessão. O que se quer afirmar é que a referência a "serviço público" no art. 175 da CF é circunstancial[69] e não transforma

---

67. Trata-se da lei básica de qualquer contratação administrativa, a qual cede lugar diante de leis específicas.

68. CF:
"Art. 24. Compete à União, aos Estados e ao Distrito Federal legislar concorrentemente sobre: (...).
"§ 1º No âmbito da legislação concorrente, a competência da União limitar-se-á a estabelecer normas gerais.
"§ 2º. A competência da União para legislar sobre normas gerais não exclui a competência suplementar dos Estados.
"§ 3º. Inexistindo lei federal sobre normas gerais, os Estados exercerão a competência legislativa plena, para atender a suas peculiaridades.
"§ 4º. A superveniência de lei federal sobre normas gerais suspende a eficácia da lei estadual, no que lhe for contrário."
"Art. 30. Compete aos Municípios: (...) II – suplementar a legislação federal e a estadual no que couber; (...)."

69. Gérard Marcou lembra a origem antiquíssima da concessão no Direito Francês, informando que ela é muito anterior à noção de serviço público, à qual ela foi associada em momento posterior. Em suas origens, sua razão primeira de existir foi para conferir a um particular um direito de explorar certos bens no lugar da Administração. Quanto à interferência do conceito de "serviço público" no de "concessão", v. o seguinte trecho do autor francês: "Sin embargo, la aplicación de la concesión al servicio público, al igual que la ósmosis que se produjo entre las nociones de obra pública y de servicio público, ha modificado un tanto el sentido de la institución. Numerosas reglas y principios propios

a competência da União para legislar sobre concessão em absoluta, nem mesmo em matéria de serviço público, invertendo a lógica da competência legislativa concorrente da União, dos Estados e dos Municípios e da autonomia dos entes federativos para se auto-organizarem (art. 18). Tanto ela é circunstancial que o fato de ela não tratar de outra espécie de concessão – como a de obra pública, por exemplo – não significa sua vedação em nosso sistema.

A rigor, não há necessidade de autorização constitucional para a adoção da concessão. Está certo Marçal Justen Filho quando diz que, ainda que o art. 175 da CF não existisse, permaneceria viável o uso da concessão de serviço público – conforme, aliás, ocorre na maioria dos países.[70]

O parágrafo único do art. 175, ao fixar que "a lei disporá sobre (...)", não pode ser lido isoladamente no texto constitucional. Ele não anula a regra da competência concorrente (art. 22, XXVII, da CF). É bom lembrar – como já foi referido – que Estados e Municípios têm competência legislativa plena em matéria de concessão na ausência de norma geral. É a mesma opinião de Benedicto Porto Neto, para quem "na ausência de normas gerais federais sobre a matéria as pessoas políticas podem legislar livremente sobre concessão, limitadas apenas pela Constituição Federal e, conforme o caso, pelas respectivas Constituições Estaduais ou pelas Leis Orgânicas Municipais".[71] Foi o que aconteceu, aliás, no caso do Estado de São Paulo, que editou a Lei 7.835, no ano de 1992.

de la creación, la organización y funcionamiento de los servicios públicos han afectado a las relaciones entre el concesionario y la autoridad que otorga la concesión, y las relaciones con los usuarios. De la antigua filosofía de la concesión persiste el que el concesionario haga la explotación en su nombre, por su propia cuenta y riesgo y a sus expensas; pero son las leyes del servicio público las que dominan el régimen de la concesión, y producen efectos de retorno en las relaciones entre el concesionario y la Administración concedente, como veremos más adelante" (Gérard Marcou, "La experiencia francesa de financiación privada de infraestructuras y equipamientos", in Alberto Ruiz Ojeda, Gérard Marcou e Jeffrey Goh, *La Participación del Sector Privado en la Financiación de Infraestructuras y Equipamientos Públicos: Francia, Reino Unido y España*, Madri, Civitas, 2000, p. 34).
 70. Marçal Justen Filho, *Teoria Geral das Concessões de Serviço Público*, cit., p. 98. O autor sintetiza seu raciocínio da seguinte maneira: "Nem se contraponha que, tendo a Constituição brasileira previsto *apenas* a concessão de serviço público, estaria vedada a concessão de obra pública. O argumento apresenta validade lógica diminuta (tal como se passa com todo raciocínio fundado na premissa *inclusius unus, exclusius alterus*) e prova demais. Se a ausência de explícita referência constitucional fosse obstáculo à concessão de obra pública, então, também estaria vedada a concessão de *bem* público – que é referida constitucionalmente apenas para algumas hipóteses".
 71. Benedicto Porto Neto, *Concessão de Serviço Público no Regime da Lei 8.987/1995. Conceitos e Princípios*, São Paulo, Malheiros Editores, 1998, p. 50.

Importa, ainda, lembrar que a competência para organizar a forma de prestação dos serviços (públicos ou não) e o uso de seus bens é sempre da esfera à qual eles pertencem (art. 18), e não se confunde com a competência legislativa privativa da União prevista no art. 22, XXVII, da CF.[72]

Assim, somente as *normas gerais* das leis federais que tratam sobre licitação e contratação são impositivas para as esferas federativas.[73] Estados e Municípios devem respeito a elas, mas permanecem com sua competência legislativa própria para se auto-organizar e para legislar de modo suplementar em matéria de licitação e contratação, na forma do art. 24 da CF. É por esse fundamento que as normas locais em matéria de concessão editadas antes da Lei 8.987/1995 permanecem válidas, a não ser na hipótese de conflito com verdadeira norma geral, quando terão sua eficácia suspensa (art. 24, § 4º, da CF).

Tal sistema permite que a União legisle em matéria de licitação e contratação para a esfera federal sem criar, necessariamente, normas gerais. Serve como exemplo o caso das licitações e concessões no setor de telecomunicações, cuja regência por norma própria (Lei 9.472/1997) afastou a incidência da Lei 8.987/1995. O mesmo aconteceu com a Lei 8.666/1993, que restou não-aplicável quando a União criou o pregão e a consulta como procedimentos licitatórios aplicáveis unicamente no âmbito da Agência Nacional de Telecomunicações/ANATEL.[74]

Assim, é possível afirmar que *norma geral* em matéria de licitação e contratação não é sinônimo de *norma uniforme*. O art. 22, XXVII, da CF não exigiu que haja um regime jurídico único para as "licitações e contratações", tratado em lei federal, válido indistintamente para todas

---

72. Esta é a opinião de Maria Sylvia Zanella Di Pietro (*Parcerias na Administração Pública (Concessão, Permissão, Franquia, Terceirização, Parceria Público-Privada e Outras Formas)*, cit., 6ª ed., p. 70) e de Marçal Justen Filho (*Teoria Geral das Concessões de Serviço Público*, cit., p. 99).
73. É exemplo de *norma geral* na Lei federal de Parcerias Público-Privadas (Lei 11.079/2004) o valor mínimo do contrato (R$ 20.000.000,00), estabelecido pelo § 4º de seu art. 2º. Em conformidade como que já foi afirmado neste mesmo item do trabalho, a fixação de um parâmetro monetário mínimo para a celebração de contratos de PPP decorre de decisão, que só pode ser tomada pela União Federal, de autorizar a celebração de contrato oneroso aos cofres públicos sem prévia autorização orçamentária. Isto porque a celebração dos referidos contratos não depende de prévia reserva orçamentária, estando condicionada a um outro ritual prudencial, que foi estabelecido nos incisos I a V do art. 10 da Lei 11.079/2004.
74. Foi, aliás, o sucesso do pregão no âmbito da ANATEL que levou o Governo Federal a estender a aplicabilidade do pregão para toda a Administração Pública Federal, Estadual e Municipal por meio da Lei 10.520/2002.

as esferas federativas. O tema foi objeto de análise pelo STF na ADI 1.668/1997, quando decidiu pela constitucionalidade dos dispositivos da Lei Geral de Telecomunicações (arts. 54 a 58) que criaram o pregão como nova modalidade de licitação válida unicamente no âmbito da ANATEL.

Aplicando-se o raciocínio à concessão, o fato de a Lei 8.987/1995 ter trazido um conceito pretensamente "geral" de concessão não impede a União de, no exercício de sua competência legislativa, inovar quando legisla para bens e atividades que são de sua própria competência. É o que aconteceu na Lei do Petróleo, na qual o concessionário se remunera pelo resultado da exploração da jazida, não havendo qualquer relação com a figura do "usuário" do serviço ou com o tamanho do risco envolvido no negócio.

Ao se aplicar o quanto dito acima, é preciso reconhecer que a Constituição Federal não exigiu que a lei referida no art. 175 fosse lei federal, nem mesmo "geral". O dispositivo trata do regime de prestação dos serviços públicos e, nessa circunstância, menciona a concessão e a permissão. O que quis, então, a Constituição quando estabeleceu que "lei disporá" sobre o regime do contrato, os direitos dos usuários, a política tarifária e a obrigação de manter o serviço adequado?

Para ser coerente com o quanto dito acima acerca das normas gerais, é preciso reconhecer que a lei referida no art. 175 só pode ser aquela que faz a modelagem do negócio que envolverá a prestação de serviços públicos por terceiros, que não a própria Administração direta. Noutras palavras, é a lei que cabe ao titular do serviço editar para autorizar sua prestação de forma indireta, modelando o negócio e fixando seus parâmetros.[75] O dispositivo, portanto, remete-se ao titular do serviço público e impõe a ele o dever de definir as linhas gerais e a própria autorização em si da forma indireta de prestação ao Legislativo. A competência própria de cada uma das pessoas políticas para disciplinar o serviço público não é afetada pelo art. 175 da CF. Na verdade, o art. 175 reafirma a interpretação segundo a qual definição dos tipos contratuais e seu regime jurídico não é norma geral; cada esfera federativa continua com o poder

75. É o que diz o art. 2º da Lei 9.074/1995: "Art. 2º. É vedado à União, aos Estados, ao Distrito Federal e aos Municípios executarem obras e serviços públicos por meio de concessão e permissão de serviço público, sem lei que lhes autorize e fixe os termos, dispensada a lei autorizativa nos casos de saneamento básico e limpeza urbana e nos já referidos na Constituição Federal, nas Constituições Estaduais e nas Leis Orgânicas do Distrito Federal e Municípios, observados, em qualquer caso, os termos da Lei n. 8.987, de 1995".

de organizar, por lei, o uso dos bens e os serviços que decidiu delegar a prestação a terceiro.

Como anota Benedicto Porto Neto, "há correlação entre as matérias incluídas na competência legislativa da União (art. 22 da CF) e as atividades administrativas que lhe são confiadas pelo art. 21 do texto constitucional, entre as quais inclui-se a prestação de serviços públicos. É dela, União, a competência para disciplinar os serviços públicos federais. Por simetria, os Estados desfrutam da mesma competência, organizando por lei os serviços que lhes são cometidos".[76]

Quanto à necessária autorização legislativa para permitir a prestação indireta de serviços públicos, há quem sustente sua inconstitucionalidade. É o caso de Maria Sylvia Zanella Di Pietro, para quem a exigência de autorização legislativa para concessão de serviço público representa prévio controle do Poder Legislativo sobre o Executivo. Para a autora, o art. 175 da CF já autoriza que os serviços públicos possam ser prestados por terceiros.[77]

Celso Antônio Bandeira de Mello, por outro lado, discorda da posição da autora e afirma que a exigência constitucional de lei para transferir a terceiros o exercício de atividade que é própria do Estado nada mais é que decorrência do próprio princípio da legalidade.[78] E, sendo a concessão de serviço público uma das formas de o Estado se organizar, nada mais coerente com o sistema constitucional que a exigência de lei para a adoção desse modelo.[79] A necessidade de autorização legislativa nada tem a ver com a competência da Administração Pública para decidir se o serviço será explorado diretamente ou por concessão. Essa competência é administrativa, não podendo a lei fazer a escolha da melhor alternativa de exploração em nome do administrador público.

Nesse sentido, cabe à lei da pessoa política competente autorizar o ato de outorga do serviço público, do uso de bem público ou de qualquer atividade sob responsabilidade pública, permitindo o uso da técnica da concessão, permissão ou autorização. Uma vez editada a lei autorizativa, cabe ao Executivo decidir pela exploração direta ou indireta, pois

---

76. Benedicto Porto Neto, *Concessão de Serviço Público no Regime da Lei 8.987/1995. Conceitos e Princípios*, cit., p. 52.

77. Maria Sylvia Zanella Di Pietro, *Parcerias na Administração Pública (Concessão, Permissão, Franquia, Terceirização, Parceria Público-Privada e Outras Formas)*, cit., 6ª ed., p. 71.

78. Celso Antônio Bandeira de Mello, *Curso de Direito Administrativo*, cit., 27ª ed., p. 713.

79. O argumento é de Benedicto Porto Neto, *Concessão de Serviço Público no Regime da Lei 8.987/1995. Conceitos e Princípios*, cit., pp. 51-54.

é de natureza administrativa a decisão sobre a melhor alternativa de exploração.

Não significa, todavia, que a lei aqui tratada precise ser específica para cada caso.[80] As pessoas políticas podem fazê-lo de modo genérico, como fez a União com a edição da lei que trata do Plano Nacional de Desestatização (Lei 8.031/1990).

Em suma, o argumento que se quer firmar depois do exposto é que é equivocado supor que a Lei 8.987/1995 é a lei a que se refere o art. 175 da CF, ou que é necessário lei federal para regulamentar os variados tipos de concessão, sem o quê Estados e Municípios não poderiam fazer uso do instrumento. Se a referida Lei 8.987/1995 tivesse tratado da concessão em um setor específico seria mais fácil perceber sua abrangência limitada à União. Mas, como pretendeu traçar o regime da concessão para todos os serviços públicos, ela dá a falsa impressão de ser uniforme e geral. O que ela faz é estabelecer regras para uma espécie de concessão: a que tem por objeto um serviço público com certas características que admitem que a remuneração do concessionário se dê por meio de pagamento de tarifa feita diretamente pelo usuário do serviço. Ela simplesmente não trata de outros modelos de gestão.

Portanto, a Lei 8.987/1995 normatizou um possível uso da concessão, não tendo vedado outros usos do instrumento para dar suporte à decisão do titular do serviço ou bem que optar pela parceria como forma de sua prestação ou exploração. Noutras palavras, é preciso não confundir a competência de cada pessoa política para se organizar e definir o grau e o modelo de participação privada em suas atividades com a competência da União para editar "normas gerais" sobre licitação e contratação. Esta última não pode ser exercida a ponto de eliminar as opções do titular do serviço ou bem.[81]

Uma coisa é dar um regramento geral sobre licitação e condições para a celebração de contratos públicos, que, de resto, decorre diretamente da Constituição. Outra, bem diferente, é enxergar nos arts. 22, XXVII, e 175 poder para a União restringir a competência constitucionalmente garantida às esferas federativas de se auto-organizarem. A partir dessa visão, a conclusão é que a Lei 8.987/1995, quando trata do regime do contrato,

---

80. Nem poderia sê-lo, sob pena de haver uma indevida interferência do Legislativo na esfera de competência da Administração Pública. Seria uma violação ao princípio constitucional da reserva de administração.

81. Neste sentido, o art. 2º da Lei 9.074/1995 é inconstitucional, pois não cabe à lei federal autorizar a concessão de serviços municipais, como é o caso do saneamento público e da limpeza urbana.

dos diretos dos usuários, da política tarifária e da obrigação de manter serviço adequado, não estabelece "norma geral" alguma, nem mesmo em matéria de concessão de serviço público. Ela estabelece regras para uma espécie de concessão, das quais Estados e Municípios podem se valer mas não estão vinculados a elas, necessariamente. Os entes políticos podem editar leis próprias para viabilizar negócios baseados em outros usos da concessão, que não o modelo específico da Lei 8.987/1995.

Assim, a síntese do argumento desenvolvido no presente item é a seguinte: é matéria própria dos entes políticos, porque diz respeito à sua própria organização administrativa, a decisão quanto ao uso de seus bens e à forma de prestação dos serviços e atividades sob sua responsabilidade. Cabe a eles, ao decidir por um modelo de parceria qualquer, autorizar e fixar seus termos. No exercício dessa competência o ente tem ampla margem de escolha para estruturar o melhor modelo contratual para o caso concreto.

5. A Constituição traz um rol exaustivo de bens e serviços que podem ser dados em concessão?

Foi dito no item 2 deste capítulo que não há um projeto constitucional único em relação ao modo como o Estado deve prestar serviços à coletividade ou autorizar o uso de seu patrimônio por particulares. As esferas federativas têm ampla margem de liberdade para decidir quanto ao melhor e mais conveniente modelo para cumprimento de suas obrigações, a começar pela decisão de prestar direta ou indiretamente determinada atividade. É comum na legislação infraconstitucional a existência de várias espécies de concessão e de vários modelos de prestação de serviços à coletividade, que não guardam, necessariamente, uniformidade entre si.

Além disso, não é possível tirar da Constituição Federal um rol de bens e serviços que pode ser executado pelo contrato do art. 37, XXI, em contraposição a um outro rol que pode ser executado por delegação, via contrato de concessão. Veja-se um exemplo, para clarear o argumento. Qual o modelo constitucionalmente definido para a limpeza urbana? A Constituição Federal não responde a essa pergunta. Ela apenas dá ao gestor público municipal competência para escolher o modelo contratual que lhe parecer mais adequado para atender às necessidades locais. Assim, muitos Municípios optam pelo típico contrato de prestação de serviços da Lei 8.666/1993, cujo regime importa a celebração de contrato com prazo máximo de até seis anos, com pagamento feito diretamente pelos cofres públicos municipais. Outros – como é o caso do Município de São Paulo – têm peculiaridades a que referido modelo não é capaz de atender. Uma das particularidades do caso está na decisão municipal de transferir a obrigação de construção do aterro sanitário para a disposição final do lixo coletado ao setor privado. A inclusão dessa obrigação na relação contratual demanda reavaliação quanto ao prazo contratual, para permitir uma relação equilibrada entre a atividade prestada, os investimentos realizados e a remuneração do contratado. Possivelmente o prazo deva ser maior que os seis anos autorizados na Lei 8.666/1993.

qui surge uma pergunta: o Município de São Paulo teria sido impedido pela Constituição de fazer a opção tratada no parágrafo precedente? Não, simplesmente porque a Constituição não se ocupa desse assunto, apenas atribuindo ao Município a competência para legislar sobre assuntos de interesse local. Indo além, e reafirmando o quanto dito no item 4: nem mesmo o Legislativo poderia se sobrepor à competência do Executivo e decidir sobre o modelo de execução de certo serviço, se por meio de contrato de prestação de serviço (Lei 8.666/1993) ou por delegação, via contrato de concessão (contrato de programa ou qualquer outro contrato com tal natureza). Cabe ao Executivo decidir o modelo contratual aplicável aos serviços sob sua responsabilidade, pois a decisão aqui tratada é de natureza tipicamente administrativa.

Em vez de buscar o modelo constitucional existente para prestar o serviço de limpeza urbana (até mesmo porque não há uma resposta à busca), melhor mudar o foco do problema e procurar identificar no texto constitucional o que pode e o que não pode ser objeto de delegação pelo Poder Público para ser exercido pelo privado. O enfrentamento desse problema está bem longe de ser uma tarefa fácil; e, antes de tudo, parece que o que pode ser delegado comporta uma análise mais ampla que a análise típica do direito econômico representada pela clássica dicotomia entre atividade econômica e serviço público.

Primeiro porque o só fato de determinada atividade ser serviço público não garante que ela seja, necessariamente, delegável. Há determinados serviços que somente o Estado pode executar diretamente, porque são inerentes à sua soberania, à defesa nacional, à segurança e à saúde públicas.[82] São atividades cuja execução envolve atos de autoridade, e com relação a esses atos não é possível cogitar de delegação.

---

82. Arnoldo Wald, Alexandre Wald e Luíza Rangel, *O Direito de Parceria e a Nova Lei de Concessões. Análise das Leis 8.987/1995 e 9.074/1995*, São Paulo, Ed. RT, 1996, p. 71. Floriano de Azevedo Marques Neto chama essa categoria de serviços públi-

Depois porque, mesmo sendo atividade econômica – e, portanto, livre ao setor privado –, o Poder Público pode induzir comportamentos para atingir certas finalidades públicas. A hipótese aqui tratada não é a do Estado regulador da economia, mas a do Estado indutor de comportamentos privados por meio do oferecimento de uma relação contratual. É o que acontece com os serviços de saúde, educação, assistência social e previdência, cuja oportunidade de exploração pela iniciativa privada independe de ato formal de delegação – haja vista que o direito de exploração já é assegurado pela Constituição –, mas que pode ser objeto de uma relação contratual por meio da qual o privado atue em nome do Estado. Veja-se o caso da saúde, descrito por Floriano de Azevedo Marques Neto: "É importante marcar que mesmo no núcleo do serviço público de saúde, ou seja, aquele explorado diretamente pelos entes estatais, em regime público, no âmbito do SUS, há a possibilidade de concurso da iniciativa privada ainda que em caráter complementar (a chamada rede conveniada ao SUS). É o que prevê o já citado § 1º do art. 199, que prediz a possibilidade de que as instituições privadas participem do sistema de provimento do serviço público de saúde (que não se confunde com a saúde suplementar, prestada em regime privado embora regulado) mediante 'contrato de direito público'. Nos termos da Lei 8.080/1990, os particulares prestam serviços no âmbito do SUS diretamente ao usuário (cidadão), recebendo por isso valores prefixados (poderíamos dizer tarifados por padrões rígidos de referência estatuídos pelo Sistema), pagos diretamente pelo Poder Público (com recursos do Fundo Nacional da Saúde). Embora não se fale de concessão ou permissão da prestação dos serviços de saúde complementar ao SUS pela iniciativa privada, é certo que nestes casos há uma delegação por parte do Poder Público para que o particular preste, em nome do Estado (SUS), em caráter complementar (onde a rede pública não consiga dar cobertura – cf. art. 24 Lei 8.080/1990), o serviço público. Nestas situações a prestação será gratuita pelo usuário, mas onerosa para o particular (que recebe do SUS a paga previamente fixada para o procedimento médico prestado ao administrado)".[83]

cos de "função pública", contrapondo a ela os "serviços públicos econômicos" ("Concessão de serviço público sem ônus para o usuário", cit., in Luiz Guilherme da Costa Wagner Jr. (coord.), *Temas do Direito Público. Estudos em Homenagem ao Professor Adilson Abreu Dallari*, p. 334).

83. Floriano de Azevedo Marques Neto, "Concessão de serviço público sem ônus para o usuário", cit., in Luiz Guilherme da Costa Wagner Jr. (coord.), *Temas do Direito Público. Estudos em Homenagem ao Professor Adilson Abreu Dallari*, p. 337.

Diante dessa constatação, da possibilidade de um modelo de delegação de "atividade econômica", parece não fazer sentido – ao menos quando se tem em mente a multiplicidade de atividades que podem ser delegadas ao privado (serviços públicos ou não) – a afirmação de Eros Grau segundo a qual "o serviço público está para o setor público assim como a atividade econômica está para o setor privado".[84]

Referindo-se ao direito português, Pedro Gonçalves diz que naquele país também são possíveis a *concessão da gestão de outras atividades públicas* e a *concessão de atividades exercidas com base em bens públicos*. Esses tipos foram descritos pelo autor da seguinte forma:

"Além de poder atribuir o direito de construir e explorar uma obra pública, de explorar bens do domínio público, de explorar jogos de fortuna ou azar ou de gerir serviços públicos, a concessão pode ainda investir um sujeito no direito de gerir ou explorar uma actividade pública de natureza diferente: por exemplo, a concessão da *gestão de serviços penitenciários* ou da *gestão de estabelecimentos de saúde*.

"Outro âmbito importante de aplicação da técnica concessória é o que se relaciona com a atribuição de direitos de gerir actividades que não são públicas, mas que, por estarem conexas com bens públicos, não podem ser exercidas por qualquer pessoa. Estão, portanto, aqui, em causa actividades materialmente privadas que, quando exercidas em certos locais (bens públicos), a lei reserva à Administração: é o que se verifica por exemplo com a actividade de *exploração de aeroportos*, que, desde 1991, deixou de ser uma actividade reservada ao sector público; no entanto, a exploração de 'aeroportos públicos municipais' só pode ser exercida por entidades privadas através de uma *concessão*. O mesmo se diga das *concessões de áreas de serviço* nas vias de comunicação e estradas integradas na rede rodoviária nacional, que, além do mais, atribuem ao concessionário o direito de 'explorar' a área do serviço, *prestando serviços aos utentes*. Também aqui a concessão tem por objecto actividades (*v.g.*, restauração) que não estão reservadas ao sector público. Todavia, na medida em que a área de serviço é um bem público, a lei reserva à Administração o poder de exercer essas 'actividades privadas'.

"Embora nestas últimas situações esteja implicada uma utilização privativa de bens públicos, não é no entanto esse o objecto (principal) da concessão. De resto, é por isso que estas concessões criam vinculações especiais quanto ao exercício das actividades ('garantia de qualidade

---

84. Eros Roberto Grau, "Constituição e serviço público", in Eros Roberto Grau e Willis Santiago Guerra Filho (coords.), *Direito Constitucional. Estudos em Homenagem a Paulo Bonavides*, 1ª ed., 2ª tir., São Paulo, Malheiros Editores, 2003, p. 250.

de serviço prestado aos utentes') e não apenas quanto à utilização dos bens; além de *funcionalizar a actividade do concessionário (regime de serviço público*), o regime deste tipo de concessões é muito próximo do que disciplina as concessões de actividades públicas (designadamente, quanto à possibilidade de sequestro ou de resgate)."[85]

O autor português, no trecho transcrito, refere-se à concessão como instrumento válido para transferir o direito de *explorar uma atividade pública "diferente"* – como ele diz –, e exemplifica o caso com a gestão de serviços penitenciários ou de estabelecimentos de saúde. Não é muito claro no texto dele o que caracteriza a hipótese, mas, pelos exemplos dados, pode-se concluir que é atividade de interesse público (independentemente de ser qualificável como serviço público), e cuja característica está em não ser serviço mantido por meio de tarifas.

Ele ainda menciona a concessão para transferir a *exploração de atividade que não é pública, mas que é conexa com bens públicos*. O exemplo do autor para atividade materialmente privada exercida em bem público é o de exploração de aeroportos, que, segundo relata, desde 1991, em Portugal, deixou de ser uma atividade reservada ao setor público. A hipótese é interessante, apenas o exemplo não é próprio para o caso brasileiro, pois no sistema nacional a infraestrutura aeroportuária é atividade pública (e não privada), nos termos do art. 21, XII, "c", da CF.[86] No Brasil a hipótese serve para situações como a concessão de área pública para a implantação e gestão de estacionamento. Ainda que tradicionalmente se diga que o caso é de concessão de bem público, a hipótese de Pedro Gonçalves encaixa-se melhor ao problema. É que, em geral, a concessão de bem público caracteriza-se quando o particular escolhe o destino que melhor lhe aprouver à área transferida. No caso do estacionamento, a transferência da área não só é para atender a um objetivo público, como ela só faz sentido se estiver relacionada ao serviço que será prestado com base nela. Assim, a gestão de estacionamento é atividade tipicamente privada; mas, quando conexa a um bem público, assume a feição de atividade que pode ser objeto de concessão, em que o particular é remunerado pela exploração econômica da atividade desenvolvida. A hipótese aqui tratada deixa de ser a tradicional concessão de bem público para ser um caso de concessão de serviço. Não de um típico serviço público, cuja prestação é privativa do Poder Público (que

---

85. Pedro Gonçalves, *A Concessão de Serviços Públicos*, Coimbra, Livraria Almedina, 1999, pp. 97-98.
86. CF: "Art. 21. Compete à União: (...) XII – explorar, diretamente ou mediante autorização, concessão ou permissão: (...) c) a navegação aérea, aeroespacial e a infraestrutura aeroportuária; (...)".

o desempenha de forma direta ou indireta), mas de um serviço de interesse público, razão pela qual se legitima a intervenção do Estado para conjugar esforços públicos e privados na sua prestação. É a exploração de atividade econômica com a utilização de patrimônio público.[87]

Alexandre Santos de Aragão faz a mesma leitura do tema, e menciona os seguintes casos: do contrato para um particular construir e operar por prazo determinado estacionamento subterrâneo em praça pública, revertendo ao Estado o estacionamento ao final do contrato; do contrato pelo qual o Estado cede por algumas décadas terreno no qual o particular se obriga a construir e operar a preços populares um teatro público, com o respectivo direito de construir e explorar um *shopping* no restante do imóvel; e dos contratos que envolvam a construção e operação de mercados municipais, de centros desportivos e estádios, de banheiros e chuveiros em praias etc. Para o mencionado autor, "a teleologia principal do contrato é a prestação de um serviço à população, serviço, esse, todavia, que se implanta sobre um bem público. O seu objetivo principal, do ponto de vista do interesse público, não é a exploração em si do bem público".[88]

Em suma, ainda que o desempenho das atividades que não são tidas como serviço público seja livre aos particulares, não há impedimento constitucional para que a legislação autorize a estruturação de modelos contratuais (tal como a concessão) com o fim de induzir comportamentos privados de determinado fim público. A concessão, na Constituição Federal de 1988, não é um modelo exclusivo para a exploração de serviços públicos. Nas palavras de Alexandre Santos de Aragão, há uma "inegável tendência contemporânea de tornar passível de gestão delegada privada não apenas os serviços públicos econômicos (titularizados pelo Estado) – seu objeto clássico –, como também as atividades econômicas *stricto sensu* e os serviços públicos sociais e culturais que a iniciativa privada pode explorar por direito próprio, isto é, sobre as quais não há *publicatio*".[89]

---

87. Esta leitura do problema também é de Carlos Ari Sundfeld, exposta em suas aulas sobre concessão.
88. Alexandre Santos de Aragão, "Delegações de serviço público", cit., *Revista Zênite de Direito Administrativo – IDAF* 82/954.
89. Idem, pp. 955-959. Ao tratar da concessão administrativa, o autor enumera, "sem pretensão de exauri-las, as seguintes espécies de atividades que podem ser objeto da concessão administrativa: (a) serviços públicos econômicos em relação aos quais o Estado decida não cobrar tarifa alguma dos usuários (exemplo: rodovia em uma região muito pobre); (b) serviços públicos sociais, como a educação, a saúde, a cultura e o lazer em geral, que também podem ser prestados livremente pela iniciativa privada. Lembremo-

Além disso, o argumento aqui proposto é que é da competência da esfera política titular do serviço (público ou não) decidir quanto à sua forma de exploração (direta ou indireta). Trata-se de decisão que decorre da titularidade do serviço, não podendo haver a delegação tão-somente nos seguintes casos: (a) quando a Constituição Federal expressamente vedar[90] (ou Constituição Estadual ou Lei Orgânica Municipal); (b) quando se tratar de atividade exclusiva do Estado; ou (c) quando não houver lei autorizativa, como afirmado no item 4 deste Capítulo.[91]

---

nos, por exemplo, de algumas experiências, já vividas em algumas entidades da Federação, de terceirização da administração de hospitais públicos; (c) atividades preparatórias ou de apoio ao exercício do poder de polícia, que, em si, é indelegável à iniciativa privada, nos termos estabelecidos no art. 4º, III, da Lei 11.079/2004. Seriam os casos da hotelaria em presídios, da colocação de pardais eletrônicos em vias públicas, prestação de serviços de reboque para remoção de veículos estacionados irregularmente etc.; (d) atividades internas da Administração Pública, em que o próprio Estado, aí incluindo os seus servidores, é o único beneficiário do serviço (exemplo: construção e operação de um centro de estudos sobre a gestão administrativa para elaboração de projetos para a maior eficiência do Estado etc.)".

90. Era o caso das atividades relacionadas à exploração do petróleo e gás (art. 177 da CF), em que antes da Emenda Constitucional 9/1995 era expressamente vedado à União ceder ou conceder qualquer tipo de participação, em espécie ou em valor, na exploração das jazidas de petróleo e gás natural. Referida Emenda deu nova redação ao § 1º do art. 177, cuja redação atual é a seguinte: "A União poderá contratar com empresas estatais ou privadas a realização das atividades previstas nos incisos I a IV deste artigo observadas as condições estabelecidas em lei".

91. Celso Antônio Bandeira de Mello tem pensamento contrário. É importante lembrar que o autor parte do pressuposto de que o sistema brasileiro admite tão-somente a concessão de serviço público. Desse modo, ele entende que o único serviço passível de ser concedido é o privativo do Poder Público. Segundo escreve, "por ser público e privativo do Estado, o serviço é *res extra commercium*, inegociável, inamovivelmente sediado na esfera pública, razão por que não há transferência da titularidade do serviço para o particular". O autor também entende que, para que possa ser objeto de concessão, é necessário que sua prestação não haja sido reservada exclusivamente ao próprio Poder Público. Seu entendimento é no sentido de que essa reserva não precisa ser explícita, bastando o texto constitucional não ter feito menção à "exploração direta ou mediante autorização, permissão ou concessão" para ela restar proibida (*Curso de Direito Administrativo*, cit., 27ª ed., p. 710). Parte-se do pressuposto de que a Constituição não traz um rol exaustivo de serviços públicos, como ocorre, por exemplo, com o sistema de loteria. Foi o Decreto-lei 204/1967 que estatuiu que a Loteria Federal é serviço público exclusivamente federal, cuja exploração é insuscetível de concessão.

Capítulo IV
Caracterização da Concessão

1. Introdução. 2. Direito Europeu. 3. O caso brasileiro da parceria público-privada. 4. Por que buscar um conceito de "concessão"?. 5. Caracterização da concessão: 5.1 O lugar-comum – 5.2 A inutilidade dos tradicionais elementos essenciais para a caracterização da concessão na atualidade: 5.2.1 O objeto da concessão – 5.2.2 O mecanismo de remuneração do concessionário – 5.2.3 O significado da expressão "exploração por sua própria conta e risco" – 5.2.4 A realização de investimentos pelo contratado – 5.3 Caracterização pela sua função – 5.4 Concessão administrativa é uma falsa concessão?. 6. O impacto da Lei 11.079/2004 nos modelos concessórios. 7. Efeitos jurídicos derivados da ampliação do conceito de "concessão".

1. Introdução

O argumento elaborado no Capítulo III envolveu a afirmação de que as espécies de concessão variam conforme seu objeto. É o objeto concedido, aliado à forma como o ente público responsável organiza a parceria com terceiros (modelo do negócio), que determina o formato da concessão para o caso concreto.

Foi demonstrado que não há na Constituição Federal elementos para uma definição única e fechada de concessão. A menção ao serviço público no art. 175 é meramente circunstancial, razão pela qual a letra do dispositivo não é impedimento para que a concessão seja instrumento útil em modelos que não envolvam a outorga de serviços públicos, mas de outros serviços, bens e atividades de responsabilidade pública a terceiros (ou à própria Administração). O argumento é que a Constituição Federal não estabeleceu um objeto único para o gênero "concessão", que é instrumento a ser utilizado pela pessoa política na prestação de seus serviços e uso de seus bens.[1]

---

1. Neste sentido, Gustavo Binenbojm escreveu que "a Constituição brasileira não adota um regime de *tipicidade fechada* em relação às modalidades contratuais que podem

Essa afirmação importa o reconhecimento de larga margem ao legislador de cada esfera federativa para organizar a prestação dos serviços sob sua responsabilidade. Nada impede que o Estado crie um amplo programa de concessão de rodovias estaduais, ou que o Município reestruture as concessões de transporte urbano coletivo. Ao fazê-lo, as pessoas políticas podem criar modelos diferenciados de outorga, que, em síntese, são as várias espécies do gênero "concessão".

A evolução legislativa em matéria de concessão foi amplamente inspirada pelos vetores apresentados no Capítulo II deste trabalho. As legislações federal, estadual e municipal trazem várias espécies de concessão de bem público, de prestação de serviço público, de serviço administrativo, de lavra, e até mesmo a concessão urbanística. Evidentemente, elas não são iguais, por conta do próprio objeto envolvido. A diversidade do objeto é a explicação para a existência de diversas espécies de concessão. O próximo item será destinado a descrever essa mesma realidade em países da Europa Continental.

2. Direito Europeu

Em geral, quando os autores se propõem a descrever a experiência jurídica relacionada a certo instituto de direito administrativo no Direito Comparado, é comum que relatem informações dos sistemas existentes na França, Itália, Espanha e Portugal. É tarefa útil, na medida em que permite a reflexão sobre os debates em curso em países com a mesma tradição romanística que a nossa.

Especificamente em matéria de contratos públicos, é preciso também atentar para o surgimento (e crescimento) de um "direito europeu dos contratos públicos", que, mesmo sem ter a intenção deliberada de substituir as normas existentes nos países europeus, tem produzido significativa interferência nas práticas dos países-membros da União Europeia.

Assim, ainda que seja útil relatar algumas experiências dos referidos países, o direito comunitário não pode ser deixado de lado, sob pena de se restringir a visão panorâmica que se pretende atingir com a análise de Direito Comparado.

---

vir a ser instituídas e utilizadas pelo Poder Público para a melhor execução de suas tarefas. Assim, obedecidas as balizas traçadas pelo constituinte, a formatação jurídica dos contratos da Administração é matéria sujeita à *livre conformação do legislador* – tanto do federal, no que toca à definição de normas gerais, quanto o dos Estados, Distrito Federal e Municípios, naquilo que diga respeito às peculiaridades regionais e locais" ("As parcerias público-privadas (PPPs) e a Constituição", *RDA* 241/165, Rio de Janeiro, Renovar, julho-setembro/2005).

Desse modo, não se nega a utilidade de perceber, por exemplo, que o uso da concessão nos países citados não se restringe aos casos expressamente autorizados pelas Constituições. Portugal aceita, já há algum tempo, o uso da concessão para atividades que não são qualificadas como serviço público no seu sentido estrito (aquelas que, tendo um aspecto econômico, são remuneradas por meio de tarifa paga pelos usuários do serviço).[2] Também se aceita que a Administração Pública contratante se responsabilize pela remuneração do concessionário, figurando como verdadeira usuária única do serviço concedido – é o modelo das concessões SCUT (Sem Custos para o Utente), estabelecido pelo Decreto-lei português 267/1997, que compartilha da mesma lógica da chamada *shadow toll* ("pedágio-sombra") do Direito Inglês. O modelo é qualificado como um "contrato de concessão de obras públicas em regime exclusivo", apesar de estar longe da definição clássica de concessão de obras públicas.

Na Espanha, Eduardo García de Enterría e Tomás-Ramón Fernández, ao comentarem a Lei de Contratos das Administrações Públicas/LCAP, de 1995, mencionam que a norma prevê a figura do "contrato de gestão de serviços públicos", que não é uma figura contratual definida, mas que envolve uma pluralidade de técnicas contratuais. O que a norma teria feito foi expressar uma "simples técnica" de gestão de serviços públicos, a gestão chamada indireta, permitindo ser concretizada por tantas estruturas contratuais quanto são as parcerias possíveis.[3] Referida norma foi modificada pela Lei 13/2003, que passou a regular expressamente o contrato de concessão de obra pública. Referida lei modificou a LCAP, e se lê da "Exposição de Motivos" que um dos objetivos da nova regra é atualizar a figura centenária da concessão de obras públicas, ajustando-a aos modelos administrativo e social do século XXI. Da sua definição

---

2. Vital Moreira, ao tratar dos serviços públicos na União Europeia, escreveu sobre a mudança de paradigma nas suas formas de prestação. O autor menciona a atual versatilidade de modelos e fórmulas tomando por base o modelo clássico de gestão pública. Vejam-se suas palavras: "Daí resulta a empresarialização e 'corporatização' dos serviços públicos 'administrativos' (correios, telefones etc.), incluindo os tradicionalmente gratuitos (hospitais, escolas). A empresarialização dos serviços públicos gratuitos pode ocorrer mediante a técnica dos *vouchers* (cheque-ensino, por exemplo) ou das tarifas ou portagens ('pedágios') virtuais, em que elas são pagas pelo Estado, em vez dos utentes. Tal é o caso recente dos hospitais do serviço nacional de saúde na Itália e em Portugal. Com essa técnica cria-se possibilidade de estender o mercado virtual a todos os serviços públicos" ("Serviços públicos tradicionais sob o impacto da União Europeia", *Revista de Direito Público da Economia* 1/240, Belo Horizonte, Fórum, janeiro-março/2003).
3. Eduardo García de Enterría e Tomás-Ramón Fernández, *Curso de Derecho Administrativo*, 8ª ed., vol. 1, Madri, Civitas, 1997, p. 715.

colhe-se que a remuneração do privado tanto pode dar-se por meio da exploração da própria obra, do recebimento de um preço ou de qualquer outra modalidade estabelecida na norma.[4]

Na França também se aceita uma multiplicidade de modos de estruturação da remuneração do parceiro privado. São modelos contratuais inseridos na categoria chamada de contratos de *délégation de service public*, que são próximos à concessão, e se contrapõem a uma outra, chamada de *marchés publics* (contratos de empreitada, fornecimento e prestação de serviços).[5]

Ambas as categorias dividem-se em espécies. Na primeira estariam incluídas as seguintes experiências surgidas na atividade administrativa francesa: *concession, affermage, régie intéressée, gérance, bail emphytéotique et convention accessoire*. Na segunda estariam incluídos os seguintes tipos contratuais: *marchés de travaux publics, marchés d'entreprise de travaux publics, marchés de fournitures, marchés industriels, marchés de services* e *marchés de prestations intellectuelles*.[6]

Muitas das figuras que envolvem a delegação de serviço público surgiram da prática administrativa, e a ausência de norma geral sistema-

---

4. É interessante conhecer os seguintes dispositivos da lei espanhola sobre concessão de obra pública:
"Art. 220. **Contrato de concesión de obras públicas.** 1. Se entiende por contrato de concesión de obras públicas aquel en cuya virtud la Administración Pública o entidad de derecho público concedente otorga a un concesionario, durante un plazo, la construcción y explotación, o solamente la explotación, de obras relacionada en el art. 120 o, en general, de aquellas que, siendo susceptibles de explotación, sean necesarias para la prestación de servicios públicos de naturaleza económica o para el desarrollo de actividades o servicios económicos de interés general, reconociendo al concesionario el derecho a percibir una retribución consistente en la explotación de la propia obra, en dicho derecho acompañado del de percibir un precio o en cualquier otra modalidad establecida en este título. (...).
"Art. 225. **Retribución del concesionario.** El concesionario será retribuido directamente mediante el precio que abone el usuario o la Administración por la utilización de la obra, por los rendimientos procedentes de la explotación de la zona comercial y, en su caso, con las aportaciones de la propia Administración de acuerdo con lo previsto en esta Ley, debiendo respetarse el principio de asunción de riesgo por el concesionario."
Para um aprofundamento no estudo da lei espanhola, v. Adolfo Menéndez Menéndez (org.), *Comentarios a la Nueva Ley 13/2003, de 23 de Mayo, Reguladora del Contrato de Concesión de Obras Públicas*, Madrid, Civitas, 2003.
5. Sobre os *marchés publics*, v. nota 5 do Capítulo I.
6. Jean Rivero e Jean Waline, *Droit Administratif*, 15ª ed., Paris, Dalloz, 1994, p. 99; Francis-Paul Bénoit, *Le Droit Administratif Français*, Paris, Dalloz, 1968, pp. 590-591; e Maria João Estorninho, *Direito Europeu dos Contratos Públicos. Um Olhar Português...*, Coimbra, Livraria Almedina, 2006, p. 155.

CARACTERIZAÇÃO DA CONCESSÃO 133

tizadora gera enorme dificuldade de distinção entre as espécies. Elas são semelhantes à concessão, mas a possibilidade de conjugação de cláusulas, somada à ausência de obrigatoriedade da observância de modelos uniformes de contratações, faz com que haja significativa divergência entre os comentadores do Direito Francês a seu respeito. Some-se a isso a jurisprudência do Conselho de Estado, que tem aceitado os mais variados modelos – admitindo, por exemplo, que, numa delegação de serviço público, a remuneração do particular possa vir dos cofres públicos. O que caracterizaria a delegação seria a remuneração "substancialmente ligada aos resultados da exploração", pois envolveria a ideia de o resultado financeiro do privado estar diretamente relacionado à sua *performance* e ao resultado da exploração do negócio.[7] Num singelo esforço de compreensão dos modelos, pode-se dizer que são admitidos negócios em que: (a) os investimentos ficam a cargo do Poder Público, cabendo ao particular, por meio de um pagamento pela outorga, explorar o empreendimento, sendo remunerado por meio de tarifas pagas pelos usuários (*affermage*); (b) a atribuição da gestão de um serviço público ou de uma obra é feita a um particular, que tem a remuneração baseada em sua *performance*, mas com certo percentual garantido pelo Poder Público (*régie intéressée*); (c) o particular recebe a gestão de certa atividade, mas é o Poder Público que arca com os lucros e prejuízos (*gérance*); (d) o particular recebe o encargo de construir uma obra pública e de explorá-la, com a garantia de recebimento de remuneração fixa vinda dos cofres públicos (*marché d'entreprise de travaux publics*); (e) o particular é autorizado a edificar sobre o imóvel público, e a edificação pode ser explorada pelo particular durante o período do contrato, revertendo sua propriedade para o domínio público ao final do prazo contratual (*bail emphytéotique*).[8]

---

7. A informação é de Maria João Estorninho, que faz referência ao art. 23º da Lei de 11.12.2001 (*Direito Europeu dos Contratos Públicos. Um Olhar Português...*, cit., p. 117).

8. Jean-François Auby, *La Délégation de Service Public. Guide Pratique*, Paris, Dalloz, 1997, p. 57; François Llorens, "La définition actuelle de la concession de service public en Droit interne", in *La Concession de Service Public face au Droit Communautaire*, Paris, Sirey, 1992, p. 15; e Marçal Justen Filho, *Teoria Geral das Concessões de Serviço Público*, São Paulo, Dialética, 2003, pp. 80-85.

Alexandre Santos de Aragão resume a análise do Direito Francês da seguinte maneira:

"Além do Direito Francês possuir diversos tipos de delegação de serviços públicos, a própria concessão é apenas, via de regra, remunerada só pelos usuários, admitindo algumas espécies de garantias financeiras do Estado. Ademais, admite uma liberdade geral à Administração Pública para lançar mão de contratos atípicos e inominados de delegação de serviços públicos, não precisando serem todos eles previamente tipificados em lei.

O objetivo da lista acima não é descrever com rigor cada um desses tipos, mas ilustrar quão variada é a gama de opções e, sobretudo, revelar que os contratos clássicos muitas vezes não servem para executar certas tarefas públicas que dependem de soluções híbridas e, por isso, demandam estruturas contratuais diferenciadas.[9]

É notável a evolução recente do regime jurídico aplicável aos chamados contratos de parceria público-privada na França. As alterações legislativas intensificaram-se no início deste século (a título exemplificativo, mencione-se a Lei de 2.7.2003, que trata dos contratos de longa duração que incluem o desenho, a construção, o financiamento e a gestão com pagamento feito pela Administração Pública), levando à aprovação de norma que trata do *contrat de partenariat* (*Ordonnance* 2004-559, de 17.6.2004).[10]

"Essa plasticidade contratual não é, obviamente, apenas francesa, mas exigência da sociedade pós-moderna, cujo dinamismo e necessidades sempre novas são muito pouco aprisionáveis em compartimentos conceituais estanques e exaustivos."

E, citando Claudie Boiteau (*Lês Conventions de Délégation de Service Public*, Paris, Imprimerie Nationale, 1999, pp. 96-97), o autor diz que: "Isso revela a 'obsolescência' dos modelos tradicionais de delegação. A tipologia clássica dos contratos de gestão delegada pouco a pouco se desvanece diante das concessões complexas que são aplicadas a esses 'modelos'. (...). O Poder Público elabora contratos que apresentam o caráter de *patchwork* e que nem sempre têm uma denominação específica. (...). Além do fato de o juiz não estar vinculado à denominação do contrato cuja legalidade é por ele examinada, o caráter *patchwork* é, progressivamente, 'dirigido' pela noção genérica de delegação de serviço público". Em seguida, conclui que: "Comparativamente com o direito administrativo francês, podemos dizer que a principal consequência que a Lei 11.079/2004 operou no ordenamento jurídico brasileiro foi a de ampliar o conceito de 'concessão de serviço público', tornando-a próxima à noção genérica que a expressão 'delegação de serviço público' possui naquele país" ("As parcerias público-privadas – PPPs no direito positivo brasileiro", *RDA* 240/115, Rio de Janeiro, Renovar, abril-junho/2005).

9. Gérard Marcou, "La experiencia francesa de financiación privada de infraestructuras y equipamientos", in Alberto Ruiz Ojeda, Gérard Marcou e Jeffrey Goh, *La Participación del Sector Privado en la Financiación de Infraestructuras y Equipamientos Públicos: Francia, Reino Unido y España*, Madri, Civitas, 2000, p. 91.

10. Referida norma definiu o *contrat de partenariat* da seguinte maneira: "Art. 1. Les contrats de partenariat sont des contrats administratifs par lesquels l'État ou un établissement public de l'État confie à un tiers, pour une période déterminée en fonction de la durée d'amortissement des investissements ou des modalités de financement retenues, une mission globale relative au financement d'investissements immatériels, d'ouvrages ou d'équipements nécessaires au service public, à la construction ou transformation des ouvrages ou équipements, ainsi qu'à leur entretien, leur maintenance, leur exploitation ou leur gestion, et, le cas échéant, à d'autres prestations de services concourant à l'exercice, par la personne publique, de la mission de service public dont elle est chargée.

CARACTERIZAÇÃO DA CONCESSÃO

Na Itália a novidade em matéria de concessão resume-se à Lei Merloni (Lei 109/2004), que define a concessão de obra e de gestão como sendo aquela em que o concessionário realiza a obra com seus próprios meios e recupera o capital investido mediante a exploração econômica da infraestrutura construída.[11] Referida lei também autoriza o uso da concessão para a gestão de infraestruturas existentes, como hospitais, escolas ou prisões. Mas o que especialmente chama a atenção na norma é a figura do "contrato do promotor", que envolve a possibilidade aberta a todos os interessados de apresentar projetos, cabendo à Administração aceitar ou não a proposta; em caso afirmativo, a norma descreve procedimento próximo à ideia de um concurso de projetos, em que a figura do promotor toma especial relevância. Na França, a mencionada *Ordonnance* 2004-559, em seu art. 7º, tem o mesmo objetivo – qual seja, permitir um procedimento negociado com os interessados tendo em vista a montagem jurídica e financeira do negócio – e expressamente autoriza o Poder Público a discutir com os envolvidos todos os aspectos do contrato.

O direito comunitário em matéria de contratos públicos, especialmente em razão do princípio da subsidiariedade, que lhe é próprio (arts. 43º a 49º do Tratado da União Europeia), não contém um extenso rol de definições dos tipos contratuais. Como já se disse no Capítulo I deste trabalho, os acórdãos e diretivas comunitárias preocupam-se mais em estabelecer regras relacionadas à adjudicação – como as que condenam a discriminação em razão da nacionalidade e da ausência de transparência no procedimento e as que impõem atendimento aos princípios da igualdade, da proporcionalidade, da boa-fé e da segurança jurídica – que propriamente em fixar um conceito comunitário (e uniforme) de concessão.

Nesse sentido, a Diretiva Comunitária 2004/18/CF, que define *concessão de obra pública* como "um contrato com as mesmas características que um contrato de empreitada de obras públicas, com exceção de que

---

"Le cocontractant de la personne publique assure la maîtrise d'ouvrage des travaux à réaliser.

"Il peut se voir confier tout ou partie de la conception des ouvrages.

"La rémunération du cocontractant fait l'objet d'un paiement par la personne publique pendant toute la durée du contrat. Elle peut être liée à des objectifs de performance assignés au cocontractant."

11. Rocco Galli escreve que na Itália não há dúvida de que possa haver subvenção ou pagamento direto dos cofres públicos no contrato de concessão. Para o autor italiano, a característica da concessão está no seu objeto, e não na forma de remuneração assegurada ao concessionário (*Corso di Diritto Amministrativo*, 2ª ed., Pádua, Casa Editrice Dott. Antonio Milani/CEDAM, 1996, p. 546).

a contrapartida das obras a efetuar consiste quer unicamente no direito de exploração da obra, quer nesse direito acompanhado de um pagamento"; e a *concessão de serviços* como "um contrato com as mesmas características que um contrato público de serviços, com exceção de que a contrapartida dos serviços a prestar consiste quer unicamente no direito de exploração do serviço, quer nesse direito acompanhado de um pagamento". São noções sobre concessão que não vão de encontro às normas dos países-membros da União Europeia e esclarecem que, apesar da proximidade com a ideia de empreitada de obra ou de prestação de serviços, a diferença estaria no fato de o concessionário ter o "direito de exploração" da obra ou do serviço, com possibilidade de esse direito vir acompanhado de um pagamento pelo ente contratante.

O mesmo se diga com relação à parceria público-privada, conforme esclarece o *Livro Verde da Comissão sobre Parcerias Público-Privadas e o Direito Comunitário em Matéria de Contratos Públicos e Concessões.* Em linhas gerais, o documento trata do crescente fenômeno da "colaboração público-privada" nos países europeus e da ausência de uma definição para ela no âmbito comunitário e se refere ao tema como "as diferentes formas de cooperação entre as autoridades públicas e o mundo empresarial, tendo por objetivo garantir o financiamento, construção, renovação, gestão e a manutenção de uma infraestrutura ou a prestação de um serviço" (item 1.1).[12]

A leitura da *Resolução do Parlamento Europeu sobre as Parcerias Público-Privadas e o Direito Comunitário em Matéria de Contratos Públicos e Concessões*,[13] de 26.10.2006, e da Comunicação Interpretativa da Comissão das Comunidades Europeias sobre a Aplicação do Direito Comunitário em Matéria de Contratos Públicos e de Concessões às Parcerias Público-Privadas Institucionalizadas/PPPI,[14] de 5.2.2008, é reveladora neste sentido; ou seja, as PPPs são descritas como "cooperações de longo prazo, reguladas por contrato, entre os setores público e privado, tendo em vista realização de missões de serviço público, no

12. O documento chamado de *Livro Verde* foi publicado pela Comissão Europeia em 30.4.2004 [COM(2004)327] e tem o objetivo de descrever as práticas existentes na União Europeia para o fim de estabelecer um debate público sobre a aplicação do direito comunitário em matéria de contratação pública, concessões e colaboração público-privada. A maioria dos temas indicados para debate público está relacionada à seleção do privado e ao processo de adjudicação.
13. P6_TA(2006)046, de 26.10.2006.
14. A PPPI é descrita no documento como uma cooperação entre parceiros públicos e privados que criam uma empresa encarregada da prestação de serviço de interesse público em regime de concessão.

âmbito das quais os recursos necessários são inscritos sob gestão conjunta e os riscos de projeto existentes são distribuídos de forma apropriada, em função das competências dos parceiros de projeto em matéria de gestão de riscos", podendo ser "qualificadas como contratos públicos ou concessões". Não só não há definição do tipo contratual, como explicitamente os documentos declaram-se contrários ao estabelecimento de um regime jurídico próprio para as PPPs.

Trata-se de noção (parceria público-privada) que abrange diversos tipos de montagens jurídico-financeiras. Por essa razão, Maria João Estorninho, autora de obra dedicada ao estudo do Direito Europeu dos contratos públicos, afirma que "a concessão, sendo um conceito jurídico unitário, conhece múltiplas e distintas aplicações, com conteúdos muito variados e regimes bastante diversos. Contudo, é possível discernir nas várias aplicações da técnica concessória um denominador comum. Como realçou Pedro Gonçalves, a técnica concessória é utilizada para atribuir ao concessionário um direito que deriva de um poder ou direito prévio da Administração, consistindo a concessão administrativa numa figura que se presta a duas aplicações fundamentais: 'na atribuição do direito de utilização privativa de bens públicos e na atribuição do direito de exploração, gestão ou exercício de actividades públicas'".[15]

A conclusão que a referida autora portuguesa apresenta, a partir do direito comunitário, é no sentido de que os critérios tradicionais para distinção dos contratos públicos pouco explicam o fenômeno das parcerias, que, em vez de serem um "novo" contrato, são o resultado das mais diversas relações contratuais e colocam problemas de direito comercial, bancário, das obrigações e de direito administrativo. Segundo ela, a noção comunitária de concessão é singela e aberta, pois "são actos imputáveis ao Estado, pelos quais uma autoridade pública confia a um terceiro – seja por acto contratual, seja por acto unilateral, com consentimento de terceiro – a gestão total ou parcial de serviços que relevem normalmente da sua responsabilidade e pelos quais o terceiro assume os riscos da exploração".[16]

3. O caso brasileiro da parceria público-privada

Já foram mencionadas ao longo deste trabalho, especialmente no Capítulo III, as espécies tradicionais da concessão no Direito Brasileiro.

---

15. Maria João Estorninho, *Direito Europeu dos Contratos Públicos. Um Olhar Português...*, cit., p. 113.
16. Idem, pp. 89-96.

Foi feita referência à concessão de serviço público, à concessão de uso de bens públicos, à concessão de obra pública, à concessão para exploração de jazida e recursos naturais e à concessão urbanística. Afirmou-se que, embora a doutrina trate da concessão como sendo uma figura única, o uso da concessão varia conforme seu objeto e o modelo de negócio nele envolvido; ou seja, a concessão admite conteúdos muito diversos entre si. Afirmou-se, ainda, que não há um conceito unitário e fechado de concessão na Constituição Federal, e que a menção a "serviços públicos" no art. 175 da CF é meramente circunstancial, não impedindo que a União, Estados e Municípios editem lei autorizando a prestação de um dado serviço, ou o uso de um bem, por meio da lógica da parceria com o setor privado.

O contexto constitucional e legislativo analisado expôs uma tendência de modificação das relações da Administração com os particulares, sobretudo a partir da década de 90. Houve uma alteração das estruturas de prestação dos serviços ou de desenvolvimento das atividades estatais,[17] culminando na edição da Lei 11.079/2004, que, a pretexto de normatizar o contrato de PPP, tratou de mais duas espécies de concessão: a patrocinada e a administrativa.

Ainda que o discurso político corrente no momento da edição da Lei 11.079/2004 tenha vinculado a criação dessas duas novas espécies concessórias à crise fiscal e de capacidade de investimento do Estado Brasileiro – ao menos aos olhos do profissional do mundo das leis –, a alteração legislativa surgiu muito mais como resultado de um movimento pautado pela incorporação (normativa) de novos mecanismos em matéria de contratos públicos (v. Capítulo II, a respeito) que propriamente por conta da tão propalada incapacidade de investimento público.

Noutras palavras, do ponto de vista jurídico, as razões políticas e econômicas[18] que levaram o Governo Federal a editar a Lei 11.079/2004 serviram para concretizar um movimento (jurídico), que já existia, de revisão do modo de relacionamento entre o público e o privado nas relações contratuais.

Tanto faz sentido essa observação, que os modelos da Lei 11.079/2004 implicam a assunção de obrigação financeira de longo prazo por parte do parceiro público. O discurso da incapacidade de investimento

---

17. Carlos Ari Sundfeld, "Debates jurídicos das parcerias público-privadas", *Revista Debates GV Saúde* 1/23, São Paulo, FGV/EAESP, 1º semestre/2006.

18. Tais razões foram descritas por Marcos Barbosa Pinto, "A função econômica das parcerias público-privadas (PPPs)", *RDM* 140/139, São Paulo, Malheiros Editores, outubro-dezembro/2005.

CARACTERIZAÇÃO DA CONCESSÃO 139

do Estado, de grande apelo político, na verdade, encobriu o ambiente e as transformações jurídicas que conduziram à releitura do instituto da concessão. A Lei 11.079/2004, portanto, é muito mais o resultado das transformações jurídicas em curso (e mapeadas neste trabalho) que propriamente elemento de um programa de crescimento econômico.

É óbvio que a edição de lei tratando de aspectos contratuais de negócios de longo prazo com o Poder Público tem o positivo efeito de produzir um ambiente de maior segurança jurídica para a concretização de investimentos, na medida em que fixa regras para a prestação de garantias e para a contabilização pública de compromissos financeiros assumidos pelo Estado. Mas nem por isso é correto dizer que a Lei 11.079/2004 inaugurou uma nova fase nas relações contratuais entre o público e privado. A visão mais adequada é aquela que vê na referida lei a resposta legislativa ao movimento de atualização das concepções tradicionais a respeito dos contratos administrativos.

Assim, no dia 30.12.2004 foi publicada a Lei federal 11.079, que trata da *concessão patrocinada* e da *concessão administrativa*. Desde o ano de 2002 é objeto de reflexão no Brasil a possibilidade de incorporação das experiências da Inglaterra, Portugal e Chile sobre novos modelos de concessão.[19] Concluiu-se que era necessário fazer alguma modificação

---

19. Estes não foram os únicos países com experiência significativa em projetos de PPP. Mas a menção a eles não é casual, pois o debate que precedeu a edição da Lei 11.079/2004 foi especialmente inspirado pela mudança, no Reino Unido, do padrão de relacionamento entre Estado e particular. O programa governamental inglês que estimulou empreendimentos conjuntos entre os setores público e privado foi chamado de *private finance iniciative*/PFI e teve início em 1992, no governo do Primeiro-Ministro John Major. Os contratos vinculados ao programa de PFI podem envolver pagamento público em contrapartida por obras e serviços prestados ou podem ser remunerados pelos próprios usuários, não tendo sido objeto de uma normativa específica, mas sim de "instruções" do Ministério da Fazenda. Phillipe Cossalter fez ampla pesquisa sobre o sistema inglês para o fim de compará-lo com o sistema francês ("A *Private Finance Initiative*", *Revista de Direito Público da Economia* 2/127-180, Belo Horizonte, Fórum, abril-junho/2004). E Vital Moreira alerta para o fato de que, "à luz do direito administrativo europeu continental, a PFI não passa de uma modalidade da clássica concessão de obras ou de serviços públicos" ("A tentação da *Private Finance Iniciative (PFI)*", in Maria Manuel Leitão Marques e Vital Moreira (orgs.), *A Mão Visível. Mercado e Regulação*, Coimbra, Livraria Almedina, 2003, p. 187).

Portugal e Chile, por sua vez, são países de tradição jurídica ibérica – como observa Diogo Rosenthal Coutinho – e representam, por isso, experiências consideradas mais ou menos bem-sucedidas de emprego de PPPs sob a forma de *concessões* ("Parcerias público-privadas: relatos de algumas experiências internacionais", in Carlos Ari Sundfeld (org.), *Parcerias Público-Privadas*, 1ª ed., 2ª tir., São Paulo, Malheiros Editores, 2007, pp. 45-79).

legislativa para complementar a legislação brasileira, para resolver algumas lacunas e criar alguns conceitos novos, permitindo a celebração de modelos contratuais que até então não eram viáveis.[20]

Em Portugal foi o Decreto-lei 86, de 26.4.2003, que regulou a PPP. De acordo com seu art. 2º, n. 1, ela foi definida de maneira bastante ampla, sendo "o contrato ou a união de contratos, por via dos quais as entidades privadas, designadas por parceiros privados, se obrigam, de forma duradoura, perante um parceiro público, a assegurar o desenvolvimento de uma actividade tendente à satisfação de uma necessidade colectiva, e em que o financiamento e a responsabilidade pelo investimento e pela exploração incumbem, no todo ou em parte, ao parceiro privado". A norma portuguesa não criou um novo tipo contratual. Seu art. 4º fornece um rol exemplificativo de contratos que poderão regular as relações entre os parceiros públicos e privados; são eles: concessão de obras públicas, concessão de serviço público, fornecimento contínuo, prestação de serviços, contrato de gestão e contrato de colaboração. Uma PPP portuguesa pode envolver um contrato ou uma união de vários contratos. Para uma visão mais detalhada da norma, v. Eduardo Paz Ferreira e Marta Rebelo, "O novo regime jurídico das parcerias público-privadas em Portugal", *Revista de Direito Público da Economia* 4/63-79, Belo Horizonte, Fórum, outubro-dezembro/2003).

E para uma leitura mais ampla sobre as experiências internacionais sobre PPPs v.: E. Samek Lodovici e G. M. Bernareggi (orgs.), *Parceria Público-Privado. Cooperação Financeira e Organizacional entre o Setor Privado e Administrações Públicas Locais*, org. da ed. brasileira Henrique Fingermann, vols. 1 e 2, São Paulo, Summus Editorial, 1992; John Stainback, *Public/Private Finance and Development*, Nova York, John Wiley & Sons, 2000; Daniel Ritchie, "As PPPs no contexto internacional", in Sérgio Augusto Zampol Pavani e Rogério Emílio de Andrade (orgs.), *Parcerias Público-Privadas*, São Paulo, MP Editora, 2006, pp. 11-22; e Simon Reimann Costa e Silva, "Parcerias público--privadas em Portugal", in Mariana Campos de Souza (org.), *Parceria Público-Privada: Aspectos Jurídicos Relevantes*, São Paulo, Quartier Latin, 2008, pp. 177-200.

20. Reafirmando o que já foi dito na "Introdução" do trabalho, quer-se deixar registrado que o objetivo da pesquisa não é fazer comentários, artigo por artigo, da Lei 11.079/2004. Essa tarefa – cujo resultado é sempre muito útil aos operadores do Direito – envolveria um projeto diverso de pesquisa. O corte metodológico feito foi no sentido de buscar caracterizar a concessão enquanto gênero contratual que envolve a Administração Pública e a iniciativa privada. Para alcançar esse objetivo, evidentemente, é preciso considerar a Lei 11.079/2004 e as novas espécies concessórias por ela criadas, mas sem a necessidade de tratar dos diversos aspectos licitatórios, contratuais e fiscais contidos na lei. De todo modo, registre-se a existência de significativa literatura nacional que se dedicou a comentar os dispositivos da lei. V. as seguintes obras: José Eduardo de Alvarenga, *Parcerias Público-Privadas. Comentários à Lei Brasileira*, São Paulo, M. A. Pontes Editora, 2005; Luiz Alberto Blanchet, *Parcerias Público-Privadas*, Curitiba, Juruá, 2005; José Cretella Neto, *Comentários à Lei de Parcerias Público-Privadas – PPPs*, Rio de Janeiro, Forense, 2005; Márcio Pestana, *A Concorrência Pública na Parceria Público--Privada (PPP)*, São Paulo, Atlas, 2006; Maurício Portugal Ribeiro e Lucas Navarro Prado, *Comentários à Lei de PPP: Parceria Público-Privada (Fundamentos Econômico--Jurídicos)*, São Paulo, Malheiros Editores, 2007 e 2009; Fernão Justen de Oliveira, *Parceria Público-Privada. Aspectos de Direito Público Econômico (Lei 11.079/2004)*, Belo Horizonte, Fórum, 2007; Ivan Barbosa Rigolin, *Comentários às Leis de PPPs, dos Consórcios Públicos e das Organizações Sociais*, São Paulo, Saraiva, 2008.

CARACTERIZAÇÃO DA CONCESSÃO

Foi nesse ambiente que foram editadas algumas leis estaduais[21] tratando da chamada *parceria público-privada* – *PPP*, até que a Lei 11.079/2004 reduziu a expressão "PPP" a um sentido bem específico. Não se trata de uma lei geral de parcerias entre a Administração Pública e particulares, mas de uma lei sobre duas espécies de parceria especialmente criadas: a concessão patrocinada e a concessão administrativa.[22]

A legislação brasileira já autoriza, há muito, negócios entre o Poder Público e a iniciativa privada. Num sentido amplo, são espécies de PPP os diferentes tipos de contratos celebrados entre a Administração Pública e o setor privado. Nesse contexto estão inseridos a concessão de serviço público da Lei 8.987/1995, os contratos de gestão com organizações sociais da Lei 9.637/1998, os termos de parceria com organizações da sociedade civil de interesse público/OSCIPs da Lei 9.790/1999, bem assim as concessões de uso de bem público e as prestações de serviços, fornecimento de produtos e a construção de infraestrutura por particulares para a Administração, da Lei 8.666/1993.

A novidade da Lei 11.079/2004 foi a fixação de um conceito restrito para "parceria público-privada". Ela formalmente autorizou mais duas espécies de *concessão* no Brasil e as chamou de contratos de PPP. É relevante conhecer a definição desses modelos no texto da lei, cuja transcrição segue abaixo:

"Art. 2º. Parceria público-privada é o contrato administrativo de concessão, na modalidade patrocinada ou administrativa.

Na categoria de obras coletivas: Eduardo Talamini e Mônica Spezia Justen (coords.), *Parcerias Público-Privadas. Um Enfoque Multidisciplinar*, São Paulo, Ed. RT, 2005; Toshio Mukai (org.), *Parcerias Público-Privadas. Comentários à Lei Federal 11.079/2004, às Leis Estaduais de Minas Gerais, Santa Catarina, São Paulo, Distrito Federal, Goiás, Bahia, Ceará, Rio Grande do Sul e à Lei Municipal de Vitória/ES*, Rio de Janeiro, Forense Universitária, 2005; Flávio Amaral Garcia (coord.), *Revista de Direito da Associação dos Procuradores do Novo Estado do Rio de Janeiro*; vol. 17 – "Parcerias público--privadas", Rio de Janeiro, Lumen Juris, 2006; Sérgio Augusto Zampol Pavani e Rogério Emílio de Andrade (orgs.), *Parcerias Público-Privadas*, São Paulo, MP Editora, 2006; Carlos Ari Sundfeld (org.), *Parcerias Público-Privadas*, cit., 1ª ed., 2ª tir.; Mariana Campos de Souza (org.), *Parceria Público-Privada*, São Paulo, Quartier Latin, 2008.

21. Dos Estados de *Minas Gerais* (Lei 14.686, de 16.12.2003), *Santa Catarina* (Lei 12.930, de 4.2.2004), *São Paulo* (Lei 11.688, de 19.5.2004), *Goiás* (Lei 14.910, de 11.8.2004), *Bahia* (Lei 9.290, de 27.12.2004) e *Ceará* (Lei 13.557, de 30.12.2004).

22. Os elementos conceituais dessas duas novas espécies, por mais relevantes que sejam, conforme já se disse no item 4 do Capítulo III, não são "norma geral" para fins do art. 22, XXVII, da CF. Esta também é a opinião de Alexandre Santos de Aragão, "As parcerias público-privadas – PPPs no direito positivo brasileiro", cit., *RDA* 240/122.

"§ 1º. Concessão patrocinada é a concessão de serviços públicos ou de obras públicas de que trata a Lei n. 8.987/1995 quando envolver, adicionalmente à tarifa cobrada dos usuários, contraprestação pecuniária do parceiro público ao parceiro privado.

"§ 2º. Concessão administrativa é o contrato de prestação de serviços de que a Administração seja a usuária direta ou indireta, ainda que envolva execução de obra ou fornecimento e instalação de bens.

"§ 3º. Não constitui parceria público-privada a concessão comum, assim entendida a concessão de serviços públicos ou de obras públicas de que trata a Lei n. 8.987/1995 quando não envolver contraprestação pecuniária do parceiro público ao parceiro privado.

"§ 4º. É vedada a celebração de contrato de parceria público-privada: I – cujo valor do contrato seja inferior a R$ 20.000.000,00 (vinte milhões de Reais); II – cujo período de prestação do serviço seja inferior a 5 (cinco) anos; ou III – que tenha como objeto único o fornecimento de mão-de-obra, o fornecimento e instalação de equipamentos ou a execução de obra pública.

"Art. 3º. As concessões administrativas regem-se por esta Lei, aplicando-se-lhes adicionalmente o disposto nos arts. 21, 23 a 25 e 27 a 39 da Lei n. 8.987/1995 e no art. 31 da Lei n. 9.074/1995.

"§ 1º. As concessões patrocinadas regem-se por esta Lei, aplicando-se-lhes subsidiariamente o disposto na Lei n. 8.987/1995 e nas leis que lhe são correlatas.

"§ 2º. As concessões comuns continuam regidas pela Lei n. 8.987/1995 e pelas leis que lhe são correlatas, não se lhes aplicando o disposto nesta Lei.

"§ 3º. Continuam regidos exclusivamente pela Lei n. 8.666/1993 e pelas leis que lhe são correlatas os contratos administrativos que não caracterizem concessão comum, patrocinada ou administrativa."

Assim, além das espécies de concessão já existentes, foram criadas duas novas, especialmente para complementar a *concessão comum* da Lei 8.987/1995, que é aquela na qual o poder concedente não paga contraprestação em pecúnia ao concessionário pelos serviços prestados.

Pela leitura da lei, a *concessão patrocinada* é a concessão de serviço público ou de obra pública em que haja contraprestação pecuniária a ser paga pelo concedente ao concessionário. Em tudo ela é idêntica à concessão típica (*comum*) da Lei 8.987/1995, a não ser pelo fato de que a remuneração do concessionário é feita em parte com a arrecadação tarifária e em parte com recursos públicos. No modelo *patrocinado* o

Poder Público assume obrigações financeiras com o concessionário, que complementam a arrecadação fruto da cobrança de tarifa dos usuários.

Para normatizar esta específica característica desses contratos, a Lei 11.079/2004 determinou a aplicação de regras especiais,[23] as quais se somam ao arcabouço da Lei 8.987/1995, que lhe é inteiramente aplicável; afinal, essa concessão é uma variação da concessão de serviço público.

A especialidade das regras está em organizar a assunção de compromissos financeiros de longo prazo pelo Poder Público e garantir seu efetivo cumprimento ao particular.

Já, a *concessão administrativa* é um novo modelo de concessão para que o Poder Público contrate serviços (públicos ou não) que lhe serão prestados pelo concessionário direta ou indiretamente. O que caracteriza este modelo é que a remuneração do particular é integralmente feita pelo Poder Público, e não pelos possíveis usuários. Não há a cobrança de tarifas, ainda que os usuários se beneficiem diretamente do serviço prestado. É o que acontece com o serviço de saúde prestado por concessionário em hospital público: ainda que o cidadão seja o beneficiário imediato do serviço, é a Administração Pública quem assume o dever de remunerar o prestador da atividade. No exemplo do hospital, a Administração figura como usuária indireta do serviço. Será usuária direta quando o serviço for usufruído diretamente por ela, como no caso de uma concessão administrativa para construção e gestão de um centro administrativo. A concessão administrativa tanto pode ter um serviço público como objeto, como outros serviços de que a Administração seja usuária (direta ou indireta).

As espécies concessão patrocinada e administrativa admitem a contratação de quaisquer tarefas administrativas de responsabilidade do Estado que não envolvam as funções de regulação, jurisdicional, do exercício do poder de polícia e de outras atividades exclusivas do Estado (art. 4º, III, Lei 11.079/2004).

23. Sobre a possibilidade da assunção de obrigações financeiras por parte do poder concedente nas concessões da Lei 8.987/1995, Alexandre Santos de Aragão diz que "não seria correto afirmar que a concessão patrocinada era desconhecida no Direito Brasileiro. Basta lembrarmos do apoio que o Estado muitas vezes deu cedendo ao concessionário a exploração de imóveis sem relação necessária com o serviço, reequilibrando a equação econômico-financeira do contrato com o aporte de verbas ao invés de aumentar tarifas que já se encontravam no limite da capacidade dos usuários, assumindo a obrigação de realizar certos investimentos que ordinariamente caberiam ao concessionário (exemplo: Metrô do Estado do Rio de Janeiro, em que a concessionária apenas opera o sistema, mas a expansão das linhas e a aquisição de novos vagões continuam sendo responsabilidade do Estado)" ("As parcerias público-privadas – PPPs no direito positivo brasileiro", cit., *RDA* 240/112). Para um aprofundamento do tema, v. o item 5.2 deste Capítulo IV.

A Lei 11.079/2004 fixa que referidas concessões devem ser instrumento de uso restrito, para situações especiais, em que haja a transferência ao particular contratado não apenas da obrigação de execução de infraestrutura (que pode ser obra ou disponibilização de outros equipamentos como trens, veículos, plataformas eletrônicas etc.), mas também da exploração e gestão das atividades dela decorrentes. Isso significa que só deve ser objeto de concessão patrocinada ou administrativa a disponibilização de infraestrutura (nova ou recuperada) em que o contratado assume a obrigação de mantê-la por pelo menos cinco anos. Quanto aos serviços (art. 2º, § 4º), não devem ser objeto de concessão patrocinada ou administrativa a mera terceirização de mão-de-obra, tampouco prestações isoladas, que não estejam inseridas em um conjunto de atividades a cargo do particular e que não atinjam um valor contratual mínimo de R$ 20.000.000,00, a ser amortizado em período superior a 5 anos (e não maior que 35 anos) (art. 2º, § 4º, I e II). A fixação de um valor mínimo de investimento privado foi para apartar esse modelo contratual de outros, em razão das proteções especiais dadas pela Lei 11.079/2004 ao privado que realizou o investimento.

Não é o vulto do investimento privado que conduz a uma concessão patrocinada ou administrativa. Os negócios receberão essa modelagem se preencherem os requisitos legais e se houver consenso político para tanto. Uma mesma ideia negocial pode ser viabilizada por variados instrumentos jurídicos. A opção por um contrato dessa natureza demanda a comprovação de que não existem outros mecanismos úteis para a exploração de um dado negócio (art. 10, I, "a").

Também não há na lei federal um critério, em percentuais, para afirmar quanto do projeto deve representar investimento em infraestrutura e quanto deve representar a prestação de serviços. A lei acabou fazendo esse dimensionamento pelo tempo contratual, ou seja, o importante é atentar para o fato de que, na concessão patrocinada e na concessão administrativa, o contratado assume o compromisso de prestar serviços com base na infraestrutura construída ou ampliada por pelo menos cinco anos (prazo mínimo do contrato). Presente essa condição, é possível afirmar que o projeto atende ao requisito legal. Ao impedir que a prestação se limite à execução de obras ou ao fornecimento de equipamentos ou de mão-de-obra (art. 2º, § 4º, III), a lei determinou que deve haver um serviço subjacente à infraestrutura implantada, expandida ou recuperada, cuja consequência é alterar a forma de remuneração do privado, o qual passará a receber pela qualidade do serviço prestado, ao longo de todo o prazo contratual, e a partir da efetiva prestação do serviço.

Na Lei 11.079/2004 há uma regra que limita a origem dos recursos do parceiro privado. Trata-se do art. 27, segundo o qual "as operações de crédito efetuadas por empresas públicas ou sociedades de economia mista controladas pela União não poderão exceder a 70% (setenta por cento) do total das fontes de recursos financeiros da Sociedade de Propósito Específico", sendo que a norma traz alguma flexibilização para certas regiões do país. É uma regra que limita a tomada de recursos pelo concessionário com empresa estatal federal (como o BNDES, por exemplo). Além disso, não podem exceder a 80% do total das fontes de recursos financeiros da Sociedade de Propósito Específico as operações de crédito ou contribuições de capital realizadas cumulativamente por entidades fechadas de previdência complementar e empresas estatais federais. Também neste caso há alguma flexibilização na regra para certas regiões do país.

Há ainda uma limitação importante na Lei 11.079/2004, que envolve o cumprimento de regras fiscais, já que os modelos contratuais lá previstos envolvem significativa assunção pecuniária por parte do Estado por um longo período de tempo. A aprovação de projetos depende de estudo e análise cuidadosa da compatibilidade de sua assunção financeira ao longo de toda a execução contratual, a qual pode chegar a 35 anos.

A Lei 11.079/2004 condicionou a abertura do processo licitatório à realização de estudo técnico, que deve conter: (a) a explicação acerca da conveniência e oportunidade da contratação; (b) demonstrativo de que as despesas criadas ou aumentadas não afetarão as metas de resultados fiscais previstas no anexo referido no § 1º do art. 4º da Lei de Responsabilidade Fiscal/LRF, havendo a obrigação de que seus efeitos financeiros, nos períodos seguintes, sejam compensados pelo aumento permanente de receita ou pela redução permanente de despesa; (c) e, quando for o caso, demonstrativo de que os limites e condições decorrentes da aplicação dos arts. 29, 30 e 32 da LRF foram cumpridos.

Além do referido estudo técnico, a lei ainda determina que: (a) seja elaborada estimativa do impacto orçamentário-financeiro nos exercícios em que deva vigorar o contrato; (b) seja feita declaração do ordenador da despesa de que as obrigações contraídas pela Administração Pública no decorrer do contrato são compatíveis com a Lei de Diretrizes Orçamentários/LDO e estão previstas na Lei Orçamentária Anual/LOA; (c) seja demonstrada a suficiência de fluxo de recursos públicos para o cumprimento, durante toda a vigência do contrato e por exercício financeiro, das obrigações contraídas pelo Poder Público; (d) seu objeto seja incluído no Plano Plurianual/PPA em vigor no âmbito onde o contrato será celebrado. Em síntese, são os mesmos condicionantes já impostos pela LRF, no seu art. 16, para qualquer aumento de despesa pública.

Tais obrigações de ordem fiscal e orçamentária conduzem a algumas conclusões sobre o tema. A primeira delas é que União, Estados e Municípios que quiserem celebrar concessão patrocinada ou administrativa devem, obrigatoriamente, editar PPA, LDO e LOA. Muito se discute na doutrina acerca da natureza jurídica do orçamento.[24] No que diz respeito a esses contratos, por envolverem o comprometimento futuro de recursos orçamentários, tais leis têm especial função, não apenas do ponto de vista do planejamento das ações estatais, mas porque têm caráter autorizativo para contratações dessa natureza. Dessa forma, o PPA deverá conter a indicação do negócio que se pretende contratar, sem o quê não será possível abrir a respectiva licitação.

Tal conclusão leva à afirmação segundo a qual, apesar de o PPA ser editado no primeiro ano do exercício do mandato (até agosto) para viger até o primeiro ano do exercício do próximo mandato, ele não só pode como deve ser alterado por lei posterior caso se decida abrir licitação para contrato de PPP cujo objeto não tenha sido incluído originariamente no PPA. O § 1º do art. 167 da CF, aliás, determina expressamente que "nenhum investimento cuja execução ultrapasse um exercício financeiro poderá ser iniciado sem prévia inclusão no Plano Plurianual, ou sem lei que autorize a inclusão, sob pena de crime de responsabilidade".

Assim, a inclusão do objeto de uma concessão patrocinada ou administrativa no PPA é condição determinante para sua licitação. Mas não só. Ainda é necessário que o ordenador da despesa declare, uma vez assinado o contrato, que as obrigações financeiras nele estabelecidas são compatíveis com a LDO e estão previstas na LOA.

A inclusão de certo projeto no PPA não obriga, todavia, que sejam feitos esforços para sua consecução; isto é, sua inclusão é condição para a abertura de licitação, mas da sua inclusão não nasce a obrigatoriedade de sua implementação.[25]

---

24. Régis Fernandes de Oliveira explica que o orçamento era visto como uma mera peça de conteúdo contábil, financeiro, com a previsão das receitas e a autorização das despesas, mas sem qualquer relação com planos governamentais e interesses efetivos da população. Com a evolução do conceito, ele deixa de ser peça de ficção para se tornar verdadeiro programa de governo, através do qual não apenas se demonstra a elaboração financeira, mas também se define a orientação do governo, conformando comportamentos, pressionando determinadas condutas e encaminhando determinadas soluções (*Manual de Direito Financeiro*, 6ª ed., São Paulo, Ed. RT, 2003, pp. 95 e ss.).

25. Todavia, tais obrigações de inclusão de objeto do contrato no PPA, na LDO e na LO não se aplicam às empresas estatais não-dependentes, uma vez que o controle de

A Lei 11.079/2004 ainda traz duas outras regras limitadoras para a contratação de projetos de PPP. A primeira está no art. 22, e autoriza a União a celebrar contratos dessa natureza apenas quando a soma das despesas de caráter continuado derivadas do conjunto das parcerias já contratadas não tiver excedido, no ano anterior, a 3% da receita corrente líquida do exercício e as despesas anuais dos contratos vigentes, nos 10 anos subsequentes, não excederem a 3% da receita corrente líquida projetada para os respectivos exercícios.[26]

Para Estados e Municípios a lei federal não impôs, por via direta, o limite de envolvimento financeiro em contratos de PPP. Mas o faz de forma indireta, ao dizer que a União "não poderá conceder garantia e realizar transferência voluntária" aos Estados, Distrito Federal e Municípios que se encontrem na mesma situação descrita acima (art. 28). Pelo § 1º do art. 28 as esferas federadas devem encaminhar ao Senado Federal e à Secretaria do Tesouro Nacional, previamente à contratação, as informações necessárias para análise das contas. Ainda há regra expressa dizendo que integram as despesas de cada um dos entes as da Administração indireta, dos respectivos fundos especiais, autarquias, fundações públicas, empresas públicas, sociedades de economia mista e demais entidades controladas, direta ou indiretamente, pelo respectivo ente (§ 2º do art. 28).

Tais regras suscitam dois questionamentos principais. O primeiro deles relacionado à constitucionalidade da regra prevista no *caput* do art. 28; e o segundo, quanto à inclusão, para cálculo das despesas, dos dispêndios efetuados pela Administração indireta. Especificamente quanto a este último aspecto, a dúvida está relacionada ao método de cálculo da receita corrente líquida para fins de estipulação do limite de 3% para despesas com PPP. É que, se as despesas da Administração indireta com contratos de PPP serão computadas para fins de estipulação do limite máximo de contratação, será que as receitas de tais entidades também deveriam ser levadas em consideração para o cálculo mencionado?

A definição do que seja "receita corrente líquida" é feita no art. 2º, II, da LRF, segundo o qual envolve o "somatório das receitas tributárias, de contribuições, patrimoniais, industriais, agropecuárias, de serviços, transferências correntes e outras receitas também correntes, deduzidos: a) na União, os valores transferidos aos Estados e Municípios por de-

---

suas contas é feito em separado das peças orçamentárias da Administração direta e das empresas dependentes do Tesouro.
26. O percentual foi definido pela Lei federal 12.024, de 27.8.2009, que alterou o art. 28 da Lei 11.079/2009.

terminação constitucional ou legal, e as contribuições mencionadas na alínea 'a' do inciso I e no inciso II do art. 195, e no art. 239 da Constituição; b) nos Estados, as parcelas entregues aos Municípios por determinação constitucional; c) na União, nos Estados e nos Municípios, a contribuição dos servidores para o custeio do seu sistema de previdência e assistência social e as receitas provenientes da compensação financeira citada no § 9º do art. 201 da Constituição". Dispondo os §§ 1º a 3º do referido dispositivo:

"§ 1º. Serão computados no cálculo da receita corrente líquida os valores pagos e recebidos em decorrência da Lei Complementar n. 87, de 13 de setembro de 1996, e do Fundo previsto pelo art. 60 do Ato das Disposições Constitucionais Transitórias.

"§ 2º. Não serão considerados na receita corrente líquida do Distrito Federal e dos Estados do Amapá e de Roraima os recursos recebidos da União para atendimento das despesas de que trata o inciso V do § 1º do art. 19.

"§ 3º. A receita corrente líquida será apurada somando-se as receitas arrecadas no mês em referência e nos 11 (onze) anteriores, excluídas as duplicidades."

Tal definição inclui todas as entradas de recursos financeiros capazes de aumentar o patrimônio do Estado. Nesse sentido, as receitas originárias de todas as empresas estatais, em tese, deveriam ser consideradas no cálculo que se pretende. Todavia, é necessário ter em mente que a restrição de contratação no limite de 3% da receita corrente líquida tem o objetivo de proteger o Tesouro, já que eventual complementação de remuneração em favor da estatal é sempre feita com recursos do caixa único do Estado. Assim, ou há um negócio em que todo o empreendimento é autossustentável e custeado por tarifas cobradas dos usuários, ou caberá ao Tesouro atender à complementação financeira necessária para fechamento das contas do empreendimento. Do ponto de vista fiscal tal restrição faz sentido para os contratos da Administração direta e das empresas estatais dependentes do Tesouro. Com relação às empresas não-dependentes faz mais sentido desconsiderar suas receitas do cálculo de 3% da receita corrente líquida, não sendo possível aplicar a elas a mesma restrição legal nos seus futuros contratos de PPP, uma vez que o conceito de "receita corrente líquida" não se aplica a tais entidades. Em tal sentido, aliás, foi editada a Lei 12.024/2009, que alterou a redação original do § 2º do art. 28 da Lei 11.079/2004 e excluiu as empresas estatais não-dependentes do cômputo das despesas derivadas de contratos de parceria.

Quanto à constitucionalidade do art. 28 naquilo que diz respeito aos repasses das chamadas "transferências voluntárias", seria possível a criação de regra, como a que existe, que impõe obrigações aos entes federados cujo descumprimento tenha como efeito a não-concessão de garantias e a não-realização das transferências voluntárias pela União Federal?

É fato que a fixação de limite de despesa com contratos de longo prazo é uma decisão prudente. Mas a Lei 11.079/2004 impôs a obrigatoriedade de cumprimento do limite a Estados e Municípios de forma indireta, ou seja, por meio de regra que permite o não-repasse das transferências voluntárias aos entes. Apesar de bem-intencionada, trata-se de norma com clara intenção sancionatória, que visa a atingir um comportamento fiscal por parte das esferas federativas que só poderia ser determinada por lei de natureza complementar, por força do art. 163, I, da CF. Fernando Dias Menezes de Almeida acresce que a hipótese é de claro desvio de finalidade, na medida em que o ato sancionatório da União (de não realizar transferência voluntária de recursos) teria por base conduta lícita, porque não proibida, de Estados e Municípios.[27]

Assim, feitas essas anotações de índole informativa sobre a PPP no Brasil, os itens seguintes destinam-se a encontrar um núcleo caracterizador da concessão – o que será feito a partir das balizas até aqui desenvolvidas neste trabalho.

4. Por que buscar um conceito de "concessão"?

Antes de qualquer consideração sobre o conceito de "concessão", é preciso ter bem clara a razão que leva a buscar seu traço caracterizador. Noutras palavras, para quê serve encontrar um conceito de concessão? Para uma única finalidade: auxiliar o operador do Direito na identificação do regime jurídico aplicável ao contrato no caso concreto. O conceito jurídico, isolado do contexto no qual ele está inserido, não tem valia. Por si só, ele não tem utilidade, nem mesmo serve para restringir as opções do legislador.

A delimitação conceitual só é pertinente se formulada em função das peculiaridades normativas (Constituição e atos infraconstitucionais). Por isso, não há a pretensão de firmar um conceito com validade geral, descolado da realidade normativa brasileira. Seria – na expressão usada

---

27. Fernando Dias Menezes de Almeida, "As parcerias público-privadas e sua aplicação pelo Estado de São Paulo", in Carlos Ari Sundfeld (org.), *Parcerias Público--Privadas*, 1ª ed., 2ª tir., São Paulo, Malheiros Editores, 2007, pp. 532-533.

por Carlos Ari Sundfeld – um "puro autismo doutrinário, isto é, uma total incapacidade de comunicar-se com a realidade à sua volta, gerando mundos conceituais que fazem sentido apenas para quem os cria, sem maior utilidade prática". É por conta dessa sua visão que o autor afirma, a respeito do esforço da doutrina em conceituar a concessão (em geral, descolado da realidade normativa), o seguinte:

"Não se nega, evidentemente, a seriedade, a qualidade e o proveito dos inúmeros estudos jurídicos brasileiros e estrangeiros sobre a concessão. Nega-se, porém, que qualquer deles tenha validade para além do específico círculo normativo que os inspirou. O terrível mal doutrinário de que se padece é o de querer transpor conclusões alcançadas a partir de certo contexto (isto é, um certo país, uma certa lei, um dado serviço, um específico contrato) para todos os outros em que a palavra 'concessão' apareça.

"A palavra 'concessão' é vulgar, sendo empregada livremente pelos agentes jurídicos, aí incluídos constituintes, legisladores, autoridades administrativas, sujeitos contratantes e assim por diante. Imaginar a existência de um conceito universal de concessão – que seria o *correto* e deveria incidir sempre que o termo surja em qualquer texto – é puro delírio."[28]

Não se quer incorrer no equívoco apontado. De que valeria a tarefa de elaborar um conceito que desconsidera a realidade normativa? Se essa era uma prática comum no início do século passado, dada a ausência (ou o pequeno número) de normas sobre direito administrativo, hoje em dia a realidade é bem outra. Mesmo na França, de onde o conceito de "concessão" foi importado, ele está em xeque, em virtude das evoluções normativas[29] e do direito comunitário.[30]

28. Carlos Ari Sundfeld, *Concessão*, 2001, texto inédito.
29. Carlos Ari Sundfeld (*Concessão*, cit.) cita, a propósito, François Llorens, "La definition actuelle de la concession de service public en Droit interne", cit., in *La Concession de Service Public face au Droit Communautaire*, pp. 36-37.
30. Segundo relata Maria João Estorninho, "a noção comunitária de concessão é independente da qualificação jurídica nacional. Na verdade, segundo esta Comunicação, *[a autora refere-se à* **Comunicação Interpretativa sobre as Concessões em Direito Comunitário***, feita pela Comissão Europeia em 2000]* as concessões são actos imputáveis ao Estado, pelos quais uma autoridade pública confia a um terceiro – seja por acto contratual ou por acto unilateral, com consentimento de terceiro – a gestão total ou parcial de serviços que revelem normalmente da sua responsabilidade e pelos quais o terceiro assume os riscos da exploração". Segundo a autora portuguesa, "a concepção comunitária de concessão de serviço público parece ser mais 'restritiva', mais 'tradicional' que a concepção nacional. Segundo esta, os elementos essenciais de uma concessão de serviço público esgotam-se tradicionalmente no facto de uma pessoa, titular de um serviço pú-

Mesmo reconhecendo a importância de uma visão estrutural do direito administrativo (voltada ao estudo dos conceitos e relevante para a evolução da teoria), Fernando Dias Menezes de Almeida alerta acerca da importância de uma visão funcional. Nas suas palavras: "Não nego a importância de uma visão estrutural, a qual é fundamental para a fixação de conceitos e para a evolução da teoria.

"O problema é o apego exclusivo a essa visão no momento da aplicação do Direito, no momento da solução de casos concretos. Com efeito, o resultado não será adequado se partir de pressupostos discutíveis, como a ideia de se tratar do contrato administrativo como um conceito abstrato, apartado da realidade concreta.

"Isso nos leva, por exemplo, às tradicionais leituras dos princípios administrativos, e que resultam em afirmações quase sem sentido como a de que a Administração só pode fazer aquilo que a lei expressamente permite – esperando-se que a lei descreva, minuciosamente, todas as condutas possíveis para os administradores; ou como a de que a Administração deve sempre, em nome do interesse público, exercer determinadas prerrogativas características de um regime exorbitante, que por vezes mais se aproxima da arbitrariedade."[31]

Por isso, a tentativa de caracterizar a concessão levará em conta a análise da Constituição Federal, feita no Capítulo III. E a expectativa é a de que haja um núcleo que caracteriza o gênero "concessão" e que a Lei 11.079/2004, ao tratar das modalidades de concessão patrocinada e administrativa, tenha produzido um efeito mais amplo que a mera criação dessas duas novas espécies contratuais. Supõe-se que várias regras previstas na referida norma tenham aplicabilidade para além dos específicos tipos contratuais lá previstos, podendo ser associadas às várias espécies de concessão. Esse último aspecto será o objeto dos itens 6 e 7 deste Capítulo IV, isto é, verificar em que medida a Lei 11.079/2004 colapsou o conceito tradicional de contrato administrativo e, em especial, o da concessão.

---

blico, atribuir a outra 'o direito de, em seu próprio nome, organizar, explorar e gerir esse serviço'. Ora, a *Comunicação Interpretativa* da Comissão estabelece como condição *sine qua non* de qualquer concessão a existência de um risco de exploração do serviço público a cargo do concessionário" (Maria João Estorninho, "Concessão de serviços públicos – Que futuro?", in José Luís Martinez Lopes-Muñiz e Fausto de Quadros (coords.), *Direito e Justiça (VI Colóquio Luso-Espanhol de Direito Administrativo)*, vol. especial, Lisboa, Universidade Católica Portuguesa, 2005, pp. 27-28).

31. Fernando Dias Menezes de Almeida, "Visão crítica sobre a teoria do contrato administrativo, a partir de inovações na Lei 8.987/1995 trazidas pela Lei 11.196/2005", *Revista do Direito da Energia* 6/193-194, São Paulo, Instituto Brasileiro de Estudos do Direito da Energia, 2007.

5. Caracterização da concessão

5.1 O lugar-comum

Em geral os autores definem a concessão por aquilo que consideram ser seus elementos essenciais. É a afirmação do seu traço de "essencialidade", que não variou muito ao longo do tempo. Como visto no Capítulo I deste trabalho, as definições doutrinárias sempre tiveram por base a concessão de serviço público. E, sem exagero, pode-se dizer que convergem na afirmação segundo a qual seriam *elementos essenciais* da concessão: (1) o caráter administrativo do *contrato*, para fazer incidir o regime jurídico de direito público na relação, (2) onde há a *transferência de poderes públicos* ao concessionário, (3) onde o *objeto* envolve sempre a exploração de um serviço público ou a realização de uma obra pública, (4) o qual é executado em *nome próprio* do concessionário, (5) que o *explora* por sua própria *conta e risco*, (6) sendo que sua *remuneração* se dá diretamente pelos usuários, (7) numa *relação trilateral* (poder concedente, concessionário e usuários) (8) e, em geral, de *longo prazo*, para permitir a amortização dos investimentos realizados.[32]

5.2 A inutilidade dos tradicionais elementos essenciais para a caracterização da concessão na atualidade

Os assim chamados "elementos essenciais" da concessão de serviço público, referidos no item 5.1, têm sido objeto de intenso debate entre os comentadores do tema, seja para valorizar um em detrimento de outro, seja para questionar o teor de essencialidade que tradicionalmente lhes é atribuído.

Isso revela que, de fato, não há um modelo único de concessão (mesmo à luz da Lei 8.987/1995 já não havia uma única configuração da concessão, como já afirmado[33]). Muitos dos elementos que seriam típicos da concessão também estão presentes em outros modelos contratuais, e por isso não são úteis para apartá-la dos demais tipos.

---

32. Gaston Jèze, *Les Contrats Administratifs*, Paris, Marcel Giard, 1927, pp. 55-88; e Marçal Justen Filho, *Teoria Geral das Concessões de Serviço Público*, cit., pp. 58-79.

33. Marçal Justen Filho, *Teoria Geral das Concessões de Serviço Público*, cit., p. 96. Do mesmo autor, v. também "As diversas configurações da concessão de serviço público", *Revista de Direito Público da Economia* 1/95-136, Belo Horizonte, Fórum, janeiro-março/2003.

CARACTERIZAÇÃO DA CONCESSÃO 153

Assim, para expor a incapacidade dos referidos elementos de separar, com alguma segurança, a concessão de outros modelos contratuais, eles serão analisados a partir do seguinte roteiro: (a) o objeto da concessão; (b) o mecanismo de remuneração do concessionário; (c) o significado da expressão "exploração por sua própria conta e risco"; e (d) a realização de investimento pelo contratado.

5.2.1 O objeto da concessão

Haveria um objeto típico da concessão, capaz de caracterizá-la e apartá-la de outros modelos contratuais? A resposta é negativa.

É comum a afirmação de que a concessão envolve a outorga de certos *privilégios* públicos pelas autoridades aos particulares, razão pela qual somente aquilo que é próprio do Estado poderia ser delegado por via da concessão.

A origem da afirmação acima – como relata Pedro Gonçalves – remete ao Direito Romano (como a permissão dada ao particular de fazer o testamento sem formalidades, ou o poder de construir edifício em local público) e significava um ato público por meio do qual uma autoridade atribuía posição vantajosa a um particular, não representando, por isso, um negócio entre o público e o privado. Eram direitos que faziam parte do patrimônio régio e podiam, de acordo com a vontade do Príncipe, ser atribuídos a particulares.

Mas a partir do século XIX, com o desenvolvimento da atividade social do Estado e dos serviços públicos, a concessão deixou de ser um *privilégio* e passou a representar o fenômeno de *substituição* do Estado por particulares no desempenho de suas tarefas. Nas palavras do autor português: "A concessão deixava pois de ser um acto gracioso do Príncipe, criador de um *privilégio* para o beneficiário, e passava a ser, na perspectiva da Administração, um *acto de organização* da execução de tarefas públicas, e, na perspectiva do concessionário, um *acto constitutivo de direitos*".[34]

Assim, tanto quanto qualquer outro modelo contratual, a concessão nada mais é que uma forma de execução de atividades de interesse público. Em geral, diz-se que é uma forma de execução "indireta", por envolver a contratação de terceiros que não a própria Administração direta para o desempenho de tarefas estatais.

---

34. Pedro Gonçalves, *A Concessão de Serviços Públicos*, Coimbra, Livraria Almedina, 1999, p. 48.

Essa visão da concessão (como instrumento que permite a substituição do Estado na execução de atividades de sua responsabilidade) contrapõe-se diretamente a outra, mais restritiva, que enxerga nela o instrumento tão-somente capaz de delegar atividades que sejam de titularidade estatal. Nesse sentido, talvez seja por isso que a doutrina clássica costuma afirmar que as modalidades de concessão enquadram-se em duas grandes categorias: a concessão translativa e a concessão constitutiva.

Nas palavras de Maria Sylvia Zanella Di Pietro, "a concessão translativa importa passagem, de um sujeito a outro, de um bem ou de um direito que se perde pelo primeiro e se adquire pelo segundo; os direitos derivados dessa concessão são próprios do Estado, porém transferidos ao concessionário; são dessa modalidade as concessões de serviço público e de obra pública, as concessões patrocinadas e as concessões administrativas. A concessão constitutiva ocorre quando, com base em um poder mais amplo, o Estado constitui, em favor do concessionário, um poder menos amplo; é o que ocorre no caso de concessão de uso de bem público, em suas várias modalidades".[35]

Sobre esse tema, o já citado autor português Pedro Gonçalves notou que, embora a doutrina, como a mencionada acima, normalmente considere *constitutivas* as concessões de uso de bens e *translativas* as concessões de atividades, há concessões constitutivas de atividades e concessões translativas do uso de bem público. Seu argumento é que as concessões podem ter por *objeto* a *transferência* ou a *criação* de direitos relativos ao uso de bens públicos ou a exploração de atividades públicas; sendo que o que realmente importa é o objeto concedido e as características do modelo de negócio envolvido. Em qualquer caso, diz o autor, o privado vê sua esfera jurídica alargada por um direito que deriva da esfera jurídica da Administração[36] – o que, por si só, diga-se logo, não é uma característica exclusiva da concessão, já que contratos de obra e de prestação de serviços também têm esse mesmo traço.

Desse modo, classificar a concessão em constitutiva e em translativa produz um reducionismo não desejado da realidade, pois afirmar que a concessão é de um tipo ou de outro não ajuda o intérprete a diferençar

---

35. Maria Sylvia Zanella Di Pietro, *Parcerias na Administração Pública (Concessão, Permissão, Franquia, Terceirização, Parceria Público-Privada e Outras Formas)*, 6ª ed., São Paulo, Atlas, 2008, p. 66. A interpretação da autora tem origem no quanto escrito por Oswaldo Aranha Bandeira de Mello a respeito in *Princípios Gerais de Direito Administrativo*, 3ª ed., vol. I, São Paulo, Malheiros Editores, 2007, pp. 557-558. Em Portugal, Pedro Gonçalves escreveu longamente sobre o tema in *A Concessão de Serviços Públicos*, cit., pp. 49-71.

36. Pedro Gonçalves, *A Concessão de Serviços Públicos*, cit., pp. 50-61.

a concessão de outros modelos contratuais, e nem entre as várias espécies de concessão.[37] Além disso, é pouco útil nos dias atuais – quando os objetos concedidos são complexos e muitas vezes envolvem a transferência de bens públicos e sua exploração em conjunto com atividades de interesse público (serviços públicos e atividades econômicas) num mesmo contrato.

O que se mostra, então, é que o entendimento sobre o objeto da concessão merece um enfoque distinto da tradicional dicotomia "serviço público *versus* atividade econômica". A convicção sobre esse ponto está intimamente relacionada àquilo que foi afirmado no Capítulo III (item 5), ou seja, ainda que o desempenho das atividades que não são qualificadas como serviço público seja livre aos particulares, não há impedimento constitucional para que a legislação autorize a estruturação de modelos contratuais (tal como a concessão) envolvendo atividades econômicas e sociais com o fim de induzir comportamentos privados de determinado fim público.

Para explicar esse alargamento do âmbito de aplicabilidade da concessão houve o surgimento de uma corrente doutrinária que propôs a ampliação do sentido tradicional de serviço público para conceituar o objeto passível de delegação via concessão.

Deveras, houve quem pensasse que a propalada crise do conceito de serviço público, surgida num contexto de liberalização da economia europeia, faria desaparecer o objeto da concessão. Não foi isso que aconteceu. Ao contrário, houve um movimento de revitalização da concessão, indicando que a crise não era da concessão de serviço público em si, mas do sentido histórico da própria noção de serviço público, que passou a ser entendida de modo mais amplo, como "tarefa administrativa de prestação", na qual estariam incluídas atividades econômicas e sociais.[38]

---

37. Como também não ajuda, como se disse, afirmar que a concessão implica o alargamento da esfera jurídica do privado por um direito que deriva da esfera jurídica da Administração.

38. Pedro Gonçalves, *A Concessão de Serviços Públicos*, cit., pp. 20-38; e Vital Moreira, "Serviços públicos tradicionais sob o impacto da União Europeia", *Revista de Direito Público da Economia* 1/227. Sobre a noção de "serviço público", Floriano de Azevedo Marques Neto diz que, tal como elaborada tradicionalmente pelos publicistas, vem sofrendo ao longo dos últimos anos uma profunda transformação, o que acarreta significativas reformulações das formas de prestação dos serviços e dos próprios instrumentos teóricos construídos pela doutrina administrativista ao longo dos anos para explicar o conceito. V. as suas palavras: "A própria noção de 'serviço público' vive uma profunda transformação. Tanto o processo de privatização de empresas e ativos estatais quanto a quebra do paradigma monopolista da exploração destas atividades (e, no caso europeu, também a introdução do direito comunitário nesta seara) impactam sobrema-

Vitor Rhein Schirato, comentando a concessão administrativa, chama a atenção para esse alargamento da concepção tradicional de serviço público, "uma vez que tal espécie de concessão poderá abarcar não somente serviços públicos econômicos, previstos no art. 175 da CF, tanto quanto as concessões comuns e patrocinadas, como também outras atividades não incluídas no rol dos serviços públicos econômicos, tais como serviços públicos de caráter social e utilidades relativas aos serviços públicos como função pública (neste último caso, respeitados os limites impostos pelo inciso III do art. 4º da Lei 11.079/2004)".[39]

O autor parte do pressuposto de que a Lei 11.079/2004 ampliou o conceito de serviço público passível de delegação a particulares, incorporando a tal conceito serviços, funções e serviços públicos sociais normalmente contratados com base na Lei 8.666/1993.

Nessa mesma linha de pensamento (assumindo a ampliação do conceito de serviço público), Marcos Augusto Perez escreve que, da mesma maneira que, no passado, o conceito clássico de concessão vinculava os serviços concedidos àqueles passíveis de exploração econômica por sua característica comercial ou industrial, razão pela qual o objeto da concessão eram os serviços *uti singuli*, cujo consumo pelo usuário é mensurável, na atualidade o próprio ordenamento brasileiro acolhe a concessão de serviço público *uti universi* (referindo-se ao serviço de radiodifusão e da limpeza urbana).[40]

É ainda com base na adoção de um conceito alargado de serviço público[41] que se tem sustentado a ampliação do cabimento da concessão para fim de permitir a delegação de atividades como a de modernização

---

neira não só na forma de exploração destas atividades, como os próprios instrumentos teóricos de que nós, os publicistas, lançamos mão para explicá-los nos últimos cento e tantos anos" ("A nova regulação dos serviços públicos", *RDA* 228/13, Rio de Janeiro, Renovar, abril-junho/2002).

39. Vitor Rhein Schirato, "A noção de serviço público nas parcerias público-privadas", *Revista de Direito Público da Economia* 20/231, Belo Horizonte, Fórum, outubro-dezembro/2007.

40. Marcos Augusto Perez, *O Risco no Contrato de Concessão de Serviço Público*, Belo Horizonte, Fórum, 2006, p. 68.

41. Alexandre Santos de Aragão resume bem esta visão: "Serviços públicos são as atividades de prestação de utilidades econômicas a indivíduos determinados, colocadas pela Constituição ou pela lei a cargo do Estado, com ou sem reserva de titularidade, e por ele desempenhadas diretamente ou por seus delegatários, gratuita ou remuneradamente, com vistas ao bem-estar da coletividade" (*Direito dos Serviços Públicos*, Rio de Janeiro, Forense, 2005, p. 157).

Caio Tácito já teve oportunidade de afirmar que "não há um conceito apriorístico de serviço público, elastecendo-se o seu âmbito na medida em que se expande a presene gestão de um estádio de futebol (como o Estádio do Maracanã), que, numa visão clássica, não é qualificada como serviço público, porque a gestão de equipamento esportivo não é atividade privativa do Estado.[42] Assim como também não o são as concessões na área da saúde, cultura, educação e parques públicos, por exemplo.

O referido alargamento do conceito – seja para sustentar o cabimento da concessão quando não é possível a cobrança de tarifa do usuário, ou quando não envolva atividade privativa do Estado – ajuda a evitar a dúvida entre classificar certa atividade como serviço público ou como atividade econômica. Talvez por isso essa forma de compreender o objeto da concessão tenha tomado corpo nos últimos anos.

Entretanto, é preciso ir além do mero reconhecimento da ampliação do conceito de serviço público para entender o objeto da concessão. Tal ampliação não surgiu com a Lei 11.079/2004, tampouco é útil apenas no estudo da concessão administrativa.

A proposta deste trabalho é que o gênero "concessão" não depende do conceito de serviço público e admite a delegação de atividade não-privativa do Estado. Toda atividade estatal de interesse público é potencialmente delegável (serviço público, serviço econômico, serviço social e serviço administrativo). Eventual indelegabilidade decorre de vedação expressa na Constituição ou norma local, ou com relação a eventual núcleo de autoridade existente para o exercício da atividade concedida. Neste último caso são os atos de autoridade que não poderão ser delegados a particulares.

ça do Estado nos domínios da vida social contemporânea". E, após levantar as variadas classificações do serviço público, afirma que:
"Todas essas classificações do serviço público apresentam um traço comum, através da sua diversidade de critérios: o reconhecimento da antinomia entre suas modalidades ou categorias de ação administrativa.
"Temos, de uma parte, uma forma de ação geral e indivisível do serviço público, que atende diretamente a interesses coletivos indiscriminados (*uti iniversi*) e corresponde a uma atividade soberana e privativa do Estado.
"De outra parte, ocorrem prestações de serviço que, embora genéricas quanto à sua disponibilidade, visam a satisfazer interesses que se podem individualizar entre determinadas pessoas, que as usufruem diretamente (*uti singuli*). Tais prestações administrativas não são privativas do Estado *ratione materiae*, não emanam de seu poder soberano, embora possam constituir monopólio estatal *de lege*" ("A configuração jurídica do serviço público", *RDA* 233/376, Rio de Janeiro, Renovar, julho-setembro/2003).
42. Tampouco é simples concessão de obra, porque o privado assume uma série de obrigações relacionadas ao serviço, que muitas vezes não é residual, a ser disponibilizado ao torcedor.

Só é possível chegar a essa constatação ao se deixar de lado a clássica divisão entre serviço público e atividade econômica para a caracterização do objeto da concessão.

Dito de outro modo, ao se aceitar que a concessão pode ter como objeto qualquer atividade estatal, o que passa a ser importante para a identificação do cabimento da concessão, enquanto gênero contratual, no caso concreto, é a *relevância da atividade envolvida*, pois, sendo atividade relevante (na forma identificada no item 5.3 deste capítulo), o Estado poderá lançar mão da concessão para atingir seus objetivos.

Já, a definição da espécie de concessão cabível dependerá de análise distinta, que envolve a *potencialidade de a atividade envolver a cobrança de tarifa do usuário*. Será essa potencialidade que determinará a elaboração de um importante capítulo no contrato de concessão – o da política tarifária –, que dirá quando, como e se haverá a cobrança de tarifa do usuário, pois se o modelo econômico subjacente à concessão assumir que a remuneração do concessionário será feita pelo poder concedente, então, deverão incidir regras no contrato que considerem a assunção de despesa pública via orçamento.

Na mesma linha de raciocínio, a definição do objeto da concessão se dá independentemente da menção a serviço público (e também ao modo de remuneração do concessionário). Ao se deixar de lado essa categoria jurídica, reafirma-se o quanto dito acerca da ausência de um objeto típico da concessão.

A concessão é instrumento útil para viabilizar a execução de atividades de interesse público, a qual admite que o concessionário seja remunerado via tarifa ou diretamente pelo poder concedente, conforme as características do negócio envolvido na delegação.

Portanto, a análise do objeto da concessão serve, fundamentalmente, para estruturar o sistema remuneratório do contrato e, nesse sentido, para definir a própria espécie de concessão no caso concreto. Isso porque é preciso levar em consideração, na definição do modelo, a mera possibilidade de a remuneração do privado poder envolver o pagamento de tarifa paga pelo usuário, ainda que o pagamento não ocorra no início da relação contratual, nem venha a efetivamente acontecer ao longo da execução da atividade delegada. Isto é, a mera possibilidade de cobrança tarifária leva à necessidade de cumprimento de algumas regras legais, além da estruturação de uma matriz financeira confiável para o negócio, a fim de atender às normas de responsabilidade fiscal, caso haja a subvenção tarifária ou a assunção direta de pagamento pelo poder concedente, pois as regras orçamentárias que incidem na concessão são distintas das regras orçamentárias para o contrato de prestação de serviços.

Foi a própria legislação que tratou de maneira distinta esses dois mecanismos remuneratórios e limitou a liberdade do Poder Executivo para decidir sobre a subvenção que será dada ao concessionário. É o que se depreende do § 3º do art. 10 da Lei 11.079/2004, pelo qual "as concessões patrocinadas em que mais de 70% (setenta por cento) da remuneração do parceiro privado for paga pela Administração Pública dependerão de autorização legislativa específica". Esse dispositivo mostra que o subsídio total na concessão patrocinada não se equivale à concessão administrativa e que a mera possibilidade de haver a cobrança tarifária é um elemento a ser considerado na definição do modelo concessório.

Foi Mário Engler Pinto Jr. quem percebeu esse aspecto, tendo escrito o seguinte trecho sobre o tema:

"É interessante observar que o legislador pretendeu limitar a liberdade do Poder Executivo para calibrar o subvencionamento do concessionário, conforme se depreende do § 3º do art. 10 da Lei das PPPs. O dispositivo faz depender de autorização legal específica a instituição de concessão patrocinada em que mais de 70% da remuneração do parceiro privado for paga pela Administração. A *ratio essendi* da restrição consiste em desestimular políticas de subsídio tarifário fiscalmente irresponsáveis, impondo que a decisão nesse sentido seja compartilhada com o Poder Legislativo.

"Naturalmente, a regra somente se aplica quando for possível, em tese, a cobrança de tarifas dos usuários, tendo em vista a natureza divisível e específica do serviço concedido. Daí por que a mesma limitação não existe em relação à concessão administrativa, não obstante toda a remuneração do parceiro privado tenha origem orçamentária. Não sendo viável a tarifação, também não faz sentido restringir politicamente o poder discricionário da Administração para contratar e comprometer recursos públicos futuros, sendo suficiente a observância dos procedimentos orçamentários e financeiros previstos no próprio art. 10 da Lei das PPPs.

"Respeitada a exigência de beneplácito legislativo para a contratação de concessão com patrocínio estatal superior a 70% da remuneração total auferida pelo concessionário, não haveria impedimento lógico para a supressão total da cobrança tarifária. Em outras palavras, não é ancilar à ideia de concessão patrocinada que haja algum resíduo de tarifação perante o usuário, conforme sugere a expressão 'adicionalmente à tarifa cobrada dos usuários', constante do art. 2º, § 1º, da Lei das PPPs. A interpretação literal pode conduzir a situações artificiais, em que a tarifa instituída possui caráter meramente simbólico.

"No entanto, a concessão totalmente patrocinada não se confunde com a concessão administrativa, embora ambas dispensem a arrecadação tarifária. O elemento diferenciador reside na natureza do serviço concedido. No primeiro caso, trata-se de serviço potencialmente tarifável sob o ponto de vista técnico e jurídico, embora não efetivamente tarifado por mera opção política. No segundo caso, o serviço concedido não comporta absolutamente a tarifação, pois ou se destina ao uso e consumo da própria Administração (usuária direta), ou se reveste de caráter *uti universi*, por beneficiar um conjunto difuso ou indeterminado de pessoas (usuária indireta)."[43]

Enfim, o argumento que aqui se firma é que, ao se aceitar que não é apenas o serviço público econômico, no sentido de prestações materiais normalmente onerosas, que pode ser objeto da concessão, mas que quaisquer atividades estatais são passíveis de serem dadas em concessão, não é útil que a identificação do gênero "concessão" seja feita a partir de seu objeto, pois esse enfoque não permite apartar a concessão de outros modelos contratuais. A análise do objeto da concessão é tão-somente útil para encontrar eventual núcleo de autoridade indelegável e, especialmente, para estruturar o regime remuneratório do concessionário – o que, em suma, está ligado à escolha da espécie concessória, e não à própria caracterização do gênero "concessão".

5.2.2 O mecanismo de remuneração do concessionário

A propósito da remuneração do concessionário, já se disse no item 2 deste capítulo que há algum tempo a União Europeia aceita várias composições para ela, não sendo essencial que o concessionário se remunere exclusivamente por receita tarifária, paga pelo usuário final do serviço.

No Brasil o movimento é semelhante, pois têm-se admitido várias fórmulas para a remuneração dos concessionários. A Constituição não veda nenhum mecanismo remuneratório em específico e aceita qualquer solução prevista no Direito pátrio.

O tema surgiu em nosso sistema já há alguns anos, à luz da Lei 8.987/1995, que trata da concessão comum. Apesar de a definição legal não vincular a concessão à necessária cobrança de tarifa do usuário, ela determina que a remuneração do concessionário se dê por meio da ex-

---

43. Mário Engler Pinto Jr., "Parceria público-privada. Antigas e novas modalidades contratuais", *Revista de Direito Público da Economia* 13/191-192, Belo Horizonte, Fórum, janeiro-março/2006.

ploração do serviço ou obra concedida, fazendo surgir a seguinte dúvida: seria essencial a cobrança de tarifa para caracterizar a concessão? Não parece que seja. Gustavo Binenbojm explica o porquê: "Nada – absolutamente nada – no texto e no espírito do art. 175 da Carta da República pressupõe ou dá a entender que, nas concessões de serviços públicos, a atividade do concessionário (isto é, a prestação dos serviços à população) tenha de ser suportada exclusivamente pelo pagamento de tarifa pelos usuários. Com efeito, o que está previsto no parágrafo único e seus incisos do mencionado preceptivo constitucional é que a lei disporá sobre o *regime jurídico das empresas concessionárias, o caráter especial de seu contrato e sobre política tarifária*. Ora, dispor sobre política tarifária não significa exigir que a tarifa seja o único mecanismo de remuneração do concessionário".[44]

Também Alexandre Santos de Aragão, para quem:

"A nosso ver, a mera referência à 'política tarifária' não pode levar a tão longe. O que essa opinião estaria alcançando seria, na prática, a constitucionalização do conceito doutrinário brasileiro, majoritário no momento da promulgação da Constituição, de concessão de serviço público, que realmente era lecionado como pressupondo a remuneração do concessionário exclusivamente por tarifas e a atribuição de todos os riscos apenas a ele, ressalvados somente os fatos imprevisíveis ou causados pela própria Administração que provocassem o desequilíbrio da equação econômico-financeira.

"Não é possível admitir que o constituinte tenha engessado de tal maneira o legislador, a ponto de colocá-lo sempre atado a uma definição doutrinária tradicional de concessão, indiferente a todas as enormes mudanças sociais, econômicas e políticas verificadas após 5.10.1988. Ademais, 'política tarifária' pode perfeitamente ser entendida como política segundo a qual a tarifa deve cobrir apenas parte do custo do serviço público, sendo o restante arcado pelo Estado."[45]

O mesmo entendimento tem Marçal Justen Filho, para quem a concessão da Lei 8.987/1995 não proíbe que parcela da remuneração seja arcada pelos cofres públicos.[46] Benedicto Porto Neto também afir-

---

44. Gustavo Binenbojm, "As parcerias público-privadas (PPPs) e a Constituição", cit., *RDA* 241/165-166.
45. Alexandre Santos de Aragão, "As parcerias público-privadas – PPPs no direito positivo brasileiro", cit., *RDA* 240/113.
46. No mesmo sentido Maria Sylvia Zanella Di Pietro, para quem é possível que a remuneração decorra inteiramente de outro tipo de receita que não a tarifa. Nesse caso, diz a autora, "o essencial para caracterizar a concessão é que o pagamento do concessio-

ma a total desvinculação entre a caracterização da concessão e a forma de remuneração do concessionário. Vejam-se as palavras deste último autor:

"Como se vê, a assertiva de que o serviço será prestado por conta e risco da concessionária é de fraca significação semântica e dela não se pode extrair que sua remuneração deve guardar relação com o resultado econômico da exploração do serviço. A expressão cogita, antes, da atribuição à concessionária da responsabilidade pela prestação do serviço.

"Na concessão é fundamental apenas que as partes – concessionária e poder concedente – estipulem contratualmente a retribuição da concessionária pela prestação do serviço."[47]

Floriano de Azevedo Marques Neto, por sua vez, lembra do art. 11 da Lei 8.987/1995,[48] que sempre autorizou o arranjo de estruturas tarifárias com pagamento integral ou parcial, alternativo ou complementar, pelo Poder Público, do valor de tarifa que deixaria de ser cobrado diretamente do usuário.[49] Segundo o autor, a aversão de parte da doutrina a modelos

nário seja feito por receitas decorrentes da exploração comercial do serviço, ainda que não proveniente de pagamento efetuado pelo usuário" (*Parcerias na Administração Pública (Concessão, Permissão, Franquia, Terceirização, Parceria Público-Privada e Outras Formas)*, cit., 6ª ed., p. 107).

47. Benedicto Porto Neto, *Concessão de Serviço Público no Regime da Lei 8.987/1995. Conceitos e Princípios*, São Paulo, Malheiros Editores, 1998, p. 81. Do mesmo autor, v. "Concessão dos serviços municipais de coleta de lixo. Remuneração da concessionária diretamente pelo poder concedente", *Revista do Instituto dos Advogados de São Paulo* (3) 5/233, São Paulo, janeiro-junho/2000.

48. V. como o dispositivo é amplo: "Art. 11. No atendimento às peculiaridades de cada serviço público, poderá o poder concedente prever, em favor da concessionária, no edital de licitação, a possibilidade de outras fontes provenientes de receitas alternativas, complementares, acessórias ou de projetos associados, com ou sem exclusividade com vistas a favorecer a modicidade das tarifas, observado o disposto no art. 17 desta Lei".

49. Floriano de Azevedo Marques Neto, "As parcerias público-privadas no saneamento ambiental", in Carlos Ari Sundfeld (org.), *Parcerias Público-Privadas*, 1ª ed., 2ª tir., São Paulo, Malheiros Editores, 2007, p. 282. Há quem busque fundamento legal no art. 35 da Lei 9.074/1995 para fazer a mesma afirmação. É o caso de Mário Engler Pinto Jr., "Parceria público-privada. Antigas e novas modalidades contratuais", cit., *Revista de Direito Público da Economia* 13/180.

V. a redação desse dispositivo:

"Art. 35. A estipulação de novos benefícios tarifários pelo poder concedente fica condicionada à previsão, em lei, da origem dos recursos ou da simultânea revisão da estrutura tarifária do concessionário ou permissionário, de forma a preservar o equilíbrio econômico-financeiro do contrato.

"Parágrafo único. A concessão de qualquer benefício tarifário somente poderá ser atribuída a uma classe ou coletividade de usuários, vedado, sob qualquer pretexto, o benefício singular."

de concessão em que não haja cobrança de tarifa do usuário baseia-se em três linhas de argumentação, quais sejam: (a) a de que a cobrança de tarifa seria intrínseca à concessão; (b) a de que o não-pagamento pelo usuário e a assunção do pagamento pelo poder concedente eliminariam a margem de risco da concessão; e (c) a de que a não-cobrança desnaturaria o caráter de exploração do serviço.

Para responder às críticas, o autor adverte que o modelo de concessão sem cobrança direta do usuário não altera a lógica da exploração do serviço, obra ou bem concedido, uma vez que nem na Constituição Federal nem na legislação há referência que autorize dizer que a forma de remuneração ou de investimento é elemento intrínseco da concessão. Além disso, (a) nada impede que a política tarifária não onere os usuários do serviço; (b) a assunção integral pelo particular do risco da inadimplência (ou dos riscos associados à cobrança direta do usuário) não constitui traço essencial da concessão; e, finalmente, (c) não é correta a associação entre a exploração do serviço e a cobrança direta dos usuários, uma vez que é possível que haja a exploração, pelo particular, do serviço concedido sem que sua remuneração advenha de tarifa cobrada diretamente do usuário.[50]

Depois da Lei 11.079/2004 a não-oneração dos usuários do serviço pode ser considerada tanto resultado de um subsídio tarifário (na concessão comum) quanto resultado da assunção de obrigação de pagamento pelo poder concedente, desonerando-se dessa obrigação o beneficiário do serviço (na concessão patrocinada e administrativa). Tenha-se claro que esses dois mecanismos não se confundem. Enquanto o primeiro é instrumento da política tarifária (Lei 9.074/1995, art. 35), o segundo representa verdadeira contraprestação pecuniária pelos serviços prestados.

---

50. Este é o posicionamento de Floriano de Azevedo Marques Neto, "Concessão de serviço público sem ônus para o usuário", in Luiz Guilherme da Costa Wagner Jr. (coord.), *Temas do Direito Público. Estudos em Homenagem ao Professor Adilson Dallari*, Belo Horizonte, Del Rey, 2004, pp. 344-345. Também Mário Engler Pinto Jr. ("Parceria público-privada. Antigas e novas modalidades contratuais", cit., *Revista de Direito Público da Economia* 13/178), para quem "a concessão comum não exige a cobrança de tarifa dos usuários, uma vez que toda a receita necessária para assegurar a viabilidade econômica do empreendimento pode ter origem em outras fontes privadas. Esse é justamente o caso da concessão de radiodifusão, em que o exercício da atividade é sustentado inteiramente por receitas de publicidade e propaganda". Em sentido contrário Celso Antônio Bandeira de Mello, que, apesar de admitir a possibilidade de que o concessionário conte com outras fontes de receita, afirma que "é indispensável – sem o quê não se caracterizaria a concessão de serviço público – que o concessionário se remunere pela 'exploração' do *próprio serviço concedido*" (*Curso de Direito Administrativo*, 27ª ed., São Paulo, Malheiros Editores, 2010, p. 702).

Apesar de materialmente iguais, o subsídio é resultado de implementação de política pública,[51] enquanto a contraprestação pecuniária é um dos principais aspectos do contrato de concessão e, por isso mesmo, capaz de dar maior segurança ao concessionário que a simples previsão de subsídio no contrato.

Essa diferenciação entre *subsídio tarifário* e *contraprestação pecuniária* é útil para se ter em mente que a concessão comum subsidiada não se confunde com a concessão patrocinada, nem com a concessão administrativa.[52] Enquanto na primeira os recursos recebidos pelo concessionário são a título de indenização pela implementação de políticas públicas (como, por exemplo, pelas gratuidades concedidas a certa classe de usuários pelo poder concedente), na concessão patrocinada e na administrativa os recursos são repassados a título de pagamento pelos serviços prestados. A consequência dessa distinção está na impossibilidade de se transformar uma concessão comum em uma concessão patrocinada ou administrativa, porque, estando em curso uma concessão comum, não foram cumpridos os requisitos fiscais prévios e obrigatórios no momento da licitação, conforme exigência do art. 10 da Lei 11.079/2004.

Por fim, ainda valem duas considerações sobre a figura do usuário na concessão.

A primeira é que supor que a Lei 8.987/1995 teria determinado a existência de uma relação direta entre o concessionário e o usuário (relação trilateral[53]) é esquecer que não há um modelo único de concessão a ser adotado em quaisquer casos. Tanto assim que, antes mesmo de se cogitar da concessão administrativa, aceitam-se a concessão de serviço de radiodifusão e a de transmissão de energia elétrica, em que não se vende serviço ao consumidor final.

A segunda é que é possível que privados prestem atividades administrativas diretamente a usuários (como a terceirização do serviço de balsa para travessia de rio) tanto nos contratos da Lei 8.666/1993 quanto no modelo da concessão. Os critérios da "necessária" relação

---

51. Sobre o tema, v. Jacintho Arruda Câmara, "O regime tarifário como instrumento de políticas públicas", *Revista de Direito Público da Economia* 12/95-127, Belo Horizonte, Fórum, outubro-dezembro/2005.

52. Fernando Vernalha Guimarães, em sentido contrário, entende que a contraprestação pecuniária da Administração adicional à receita tarifária sempre faz incidir o regime da concessão patrocinada. O autor não faz a distinção proposta no texto ("As receitas alternativas nas concessões de serviços públicos no Direito Brasileiro", *Revista de Direito Público da Economia* 21/141, Belo Horizonte, Fórum, janeiro-março/2008).

53. Costuma-se afirmar o caráter tripartite da relação concessória, na medida em que nela estariam envolvidos o poder concedente, o concessionário e os usuários.

do concessionário com o usuário do serviço e, consequentemente, da "necessária" remuneração pelo usuário revelam-se elementos de uma espécie de concessão (aquela em que o usuário paga tarifa pelo serviço consumido), mas não servem como critério determinante para apartar a concessão dos demais modelos contratuais – e, portanto, para identificar o gênero "concessão".

5.2.3 O significado da expressão "exploração por sua própria conta e risco"

É comum separar a concessão de outros modelos contratuais atribuindo-lhe uma característica que seria intrínseca dela: a de que o contratado exploraria o negócio por sua própria "conta e risco", expressão usada pelo art. 2º, II, da Lei 8.987/1995.

Se, por um lado, a expressão induz à (falsa) crença de que o privado assumiria todos os riscos envolvidos no negócio concedido (o que incluiria os da inadimplência do usuário), por outro, a prática não tem sido essa, por duas razões principais.

A primeira, observada por Marçal Justen Filho, é que a ideia de que o particular deveria assumir parcela de risco na concessão traz consigo uma contradição interna no próprio instituto, tal qual ele foi estruturado na Lei 8.987/1995. Porque, ao mesmo tempo em que a referida lei diz que a prestação do serviço público será feita "por conta e risco" do concessionário, ela restringe significativamente a autonomia do privado quanto às suas decisões empresariais ao longo da concessão. Isso tem o resultado prático de suprimir grande parte da responsabilidade do concessionário por eventuais insucessos na execução do projeto.[54]

O outro fator que tem mitigado a interpretação segundo a qual a lei teria determinado uma ampla transferência de riscos na concessão, com

---

54. Marçal Justen Filho, *Teoria Geral das Concessões de Serviço Público*, cit., pp. 95-96. É por essa razão, e também pela sua visão acerca do tema da remuneração, que o autor define *concessão de serviço público* da seguinte forma: "Concessão de serviço público é um contrato plurianual, por meio do qual a prestação de um serviço público é temporariamente delegada pelo Estado a um sujeito privado que assume seu desempenho diretamente em face dos usuários, mas sob controle estatal e da sociedade civil, mediante remuneração extraída do empreendimento, ainda que custeada parcialmente por recursos públicos". Sobre a forte participação do poder concedente na concessão tradicional, Jacintho Arruda Câmara também anota que as decisões estratégicas tradicionalmente são assumidas por ele, e não pelo concessionário, daí por que o Estado não se exime dos riscos derivados dessa atribuição ("Concessão de serviços públicos e as parcerias público-privadas", cit., p. 164).

atribuição de significativa parcela de riscos ao privado, está relacionado ao reconhecimento de que o concessionário tem a seu favor o direito ao equilíbrio econômico-financeiro da relação, ainda que não previsto na lei ou no contrato. Como escreve Maria Sylvia Zanella Di Pietro, por conta dos princípios da equidade, razoabilidade, continuidade do serviço público e indisponibilidade do interesse público, não é simples conciliar a ideia do risco na concessão com as necessidades da coletividade que demandam a prestação do serviço.[55]

A aplicação irrestrita do direito ao equilíbrio econômico-financeiro mitigaria, assim, a ideia de que o particular assumiria todos e quaisquer riscos relacionados ao negócio delegado pela concessão. Diz a autora que, mesmo que se faça a distinção entre álea ordinária e álea extraordinária e que se reconheça que o poder concedente só deve assumir os riscos decorrentes das áleas (extraordinárias) econômica (que dá margem à teoria da imprevisão) e administrativa (que abrange o poder de alteração unilateral do contrato, a teoria do fato do príncipe e a teoria do fato da administração), a aplicação do direito ao equilíbrio econômico-financeiro reduz grande parte do risco tido como inerente à concessão.

Esta leitura do problema, no entanto, não é a única.[56] Deveras, não há proibição para o compartilhamento de riscos entre os parceiros públicos e os privados. Uma vez explicitado no contrato, não haveria que se falar em quebra do equilíbrio econômico-financeiro.

Essa é a posição de Marcos Barbosa Pinto, para quem: "(...) uma alocação eficiente de riscos pode gerar ganhos para todas as partes. Porém, para que isso ocorra é essencial que o contrato seja claro e objetivo. A vagueza do contrato deve ser evitada a qualquer custo, pois coloca o Estado à mercê de comportamentos oportunistas do parceiro privado. Este sabe que o contrato de PPP não pode ser rompido sem custos para o erário e para a população, o que o leva a aproveitar-se das brechas do contrato para se livrar de custos que deveria suportar. O único remédio contra esse oportunismo – e ainda assim apenas parcial – é um contrato que reparta objetivamente os riscos entre as partes".

---

55. Maria Sylvia Zanella Di Pietro, *Parcerias na Administração Pública (Concessão, Permissão, Franquia, Terceirização, Parceria Público-Privada e Outras Formas)*, cit., 6ª ed., p. 98.
56. Marcos Augusto Perez, discordando da visão clássica, afirma que "a concessão, portanto, deixou de ser (se é que algum dia, na prática, chegou a ser) um contrato que se dá 'por conta e risco' exclusivos do concessionário, conclusão, esta, que se encontra suficientemente respaldada pela legislação brasileira vigente" (*O Risco no Contrato de Concessão de Serviço Público*, cit., p. 187).

E o autor segue dizendo que "é só por meio da repartição objetiva de riscos que as partes podem ter certeza de que o contrato é realmente vantajoso para ambas. Sem que o Estado saiba quais riscos está transferindo para o setor privado, a Administração Pública não consegue avaliar se a PPP é o caminho mais indicado ou se, ao contrário, o melhor seria realizar os investimentos públicos necessários e prestar o serviço diretamente à população. Da mesma forma, as empresas privadas não podem formular propostas atrativas nas licitações se não sabem os riscos que estão aceitando correr: via de regra, elas presumem que terão de suportar todos os riscos que não foram claramente repartidos no contrato, elevando consideravelmente suas propostas financeiras. A incerteza na alocação de riscos tem, portanto, um custo, e ele é pago por todos nós".[57]

Referida interpretação ganhou força com a Lei 11.079/2004, que, no seu art. 4º, VI, estabelece que a contratação de parceria público-privada deve observar "repartição objetiva de riscos entre as partes" e no art. 5º, III, estabelece que o contrato deve prever "a repartição de riscos entre as partes, inclusive os referentes a caso fortuito, força maior, fato do príncipe e álea econômica extraordinária".

Maria Sylvia Zanella Di Pietro discorda de que nos casos de fato do príncipe e fato da administração em que o desequilíbrio decorra de ato ou fato do Poder Público seja possível a repartição dos prejuízos, porque o contratado não poderia arcar com os prejuízos provocados pelo contratante. Vejam-se os argumentos da autora, referindo-se aos citados dispositivos da Lei 11.079/2004:

"Essas normas poderão provocar sérias controvérsias. Ela é aceitável no caso da teoria da imprevisão e na hipótese de motivo de força maior, em que o desequilíbrio é causado por álea econômica alheia à vontade de ambas as partes (que, por isso mesmo, devem dividir os prejuízos). Aliás, no Direito Francês, em que o Direito Brasileiro buscou inspiração para adoção de todas essas teorias, os prejuízos efetivamente se repartem quando se trata de aplicação de teoria da imprevisão.

"O mesmo não ocorre nos casos de fato do príncipe e fato da administração, em que o desequilíbrio decorre de ato ou fato do Poder Público, seja ele provocado por ato geral não relacionado com o contrato (fato do príncipe, como, por exemplo, a elevação de tributos), seja ele

---

57. Marcos Barbosa Pinto, "Repartição de riscos nas parcerias público-privadas", *Revista do BNDES* 13/160-161, Rio de Janeiro, junho/2006. No artigo o autor enumera uma série de diretrizes prudenciais com o objetivo de balizar a repartição de riscos nas concessões. Gustavo Binenbojm tem a mesma opinião in "As parcerias público-privadas (PPPs) e a Constituição", cit., *RDA* 231/167.

causado por ato praticado pela Administração como parte no contrato (fato da administração, como ocorre em hipóteses de inadimplemento por parte do parceiro público). Nas duas hipóteses é inaceitável a repartição dos prejuízos, porque não se pode imputar ao contratado o ônus de arcar com prejuízos provocados pelo contratante. No caso de fato do príncipe, a responsabilidade do Estado encontra fundamento na regra contida no art. 37, § 6º, da Constituição, que não pode ser afastada por lei ordinária. No caso de fato da administração, trata-se de responsabilidade contratual por inadimplemento, não podendo o parceiro privado arcar com os prejuízos, nem mesmo para dividi-los com o parceiro público. Trata-se de mera aplicação do princípio geral de Direito, consagrado no art. 186 do CC, segundo o qual aquele que causa dano a outrem é obrigado a repará-lo.

"Em consequência, a norma do art. 5º, III, sobre repartição de riscos, só pode aplicar-se quando o desequilíbrio decorrer de fato estranho à vontade de ambas as partes, como ocorre nos casos de força maior e de álea econômica extraordinária; esta última dá margem à aplicação da teoria da imprevisão."[58]

Em resposta aos argumentos da autora, Maurício Portugal Ribeiro e Lucas Navarro Prado afirmam que nem mesmo na Lei 8.666/1993 (art. 65, II, "d"[59]) haveria a impossibilidade de o contrato dispor como bem entendesse sobre os riscos de força maior, caso fortuito, fato do príncipe, álea econômica extraordinária, álea econômica ordinária de efeitos imprevistos etc. Para os autores, a distribuição dos riscos é uma questão de eficiência econômica, e não de valor, além de o referido dispositivo não ter positivado qualquer modelo de distribuição de riscos. Somente na hipótese de evento extracontratual tais riscos seriam atribuídos à Administração Pública. Vejam-se as suas palavras:

"Todavia, essa interpretação *[de que a Lei 8.666/1993 atribuiu à Administração os riscos do art. 65. II, "d"]* passa ao largo do fato de que

---

58. Maria Sylvia Zanella Di Pietro, *Parcerias na Administração Pública (Concessão, Permissão, Franquia, Terceirização, Parceria Público-Privada e Outras Formas)*, cit., 6ª ed., p. 155.
59. Lei 8.666/1993: "Art. 65. Os contratos regidos por esta Lei poderão ser alterados, com as devidas justificativas, nos seguintes casos: (...) II – por acordo das partes: (...) d) para restabelecer a relação que as partes pactuaram inicialmente entre os encargos do contratado e a retribuição da Administração para a justa remuneração da obra, serviço ou fornecimento, objetivando a manutenção do equilíbrio econômico-financeiro inicial do contrato, na hipótese de sobrevirem fatos imprevisíveis, ou previsíveis porém de consequências incalculáveis, retardadores ou impeditivos da execução do ajustado, ou ainda em caso de força maior, caso fortuito ou fato do príncipe, configurando álea econômica extraordinária e extracontratual".

o dispositivo exige, para que seja possível o reequilíbrio, que o evento seja extracontratual. Assim, por exemplo, se eventos considerados de força maior tiverem sido tratados no contrato como hipóteses que não ensejam a recomposição do equilíbrio econômico-financeiro do contrato, então, por certo, não se poderá recorrer ao art. 65, II, 'd'.

"Por isso, pensamos que não há propriamente na Lei 8.666/1993 um sistema de distribuição de riscos positivado. Aliás, assim deve ser, pois a distribuição de riscos é uma questão de eficiência econômica, e não axiológica. No caso da Lei 8.666/1993, por força dos parágrafos contidos no art. 65, os únicos riscos que devem necessariamente restar com o Poder Público são os relativos a (i) modificação unilateral do contrato que aumente os encargos do contratado, (ii) modificação da legislação que repercuta nos preços contratados e (iii) danos no caso de supressão de obras por determinação da Administração. Além disso, poder-se-ia até considerar o risco de inflação como atribuído obrigatoriamente ao setor público, diante do art. 55, III, da Lei 8.666/1993, embora essa hipótese seja menos evidente, eis que, apesar de esse tipo de cláusula ser obrigatória, é apenas o contrato o instrumento apto a lhe atribuir conteúdo. Em relação a todos os demais riscos, no entanto, não há impedimento legal para que sejam atribuídos livremente a cada uma das partes por meio do contrato."[60]

Em suma, a partir da divergência doutrinária exposta, o argumento que se quer enfatizar é que o arbitramento dos riscos pode ocorrer em qualquer modelo contratual, não sendo exclusivo da concessão – razão pela qual ele não é um elemento típico do gênero "concessão", capaz de apartá-lo de outros contratos. Na empreitada, na concessão típica, no convênio, no termo de cooperação, numa carta de intenções, em qualquer contrato, enfim, é possível arbitrar riscos de forma mais detalhada, mesmo naqueles em que há remuneração estatal.[61]

---

60. Maurício Portugal Ribeiro e Lucas Navarro Prado, *Comentários à Lei de PPP: Parceria Público-Privada (Fundamentos Econômico-Jurídicos)*, cit., p. 122. Nesse mesmo sentido: Egon Bockmann Moreira, "Riscos, incertezas e concessões de serviço público", *Revista de Direito Público da Economia* 20/35, Belo Horizonte, Fórum, outubro--dezembro/2007.
61. Este é o pensamento de Floriano de Azevedo Marques Neto ("As parcerias público-privadas no saneamento ambiental", cit., in Carlos Ari Sundfeld (org.), *Parcerias Público-Privadas*, 1ª ed., 2ª tir., p. 284), para quem "nem na empreitada é o regime de execução imune a riscos para o particular (em tese, riscos previsíveis seriam por ele assumidos), nem na concessão o risco corre todo à conta do particular (haja vista que o regime constitucional e legal de proteção ao equilíbrio econômico e financeiro se aplica às concessões e confere generosa proteção ao concessionário)".

170 CONCESSÃO

É ainda possível concluir que não existe uma divisão natural de riscos, mas que esta é matéria tipicamente contratual, e tem tudo a ver com a viabilidade econômica e com a equação formada pelos encargos e remuneração do concessionário.[62]

Também há certo exagero na afirmação de que não poderia haver divisão de prejuízos quando eles forem provocados por ato ou fato da Administração. Ainda que essa seja uma tendência quando se fala dos contratos administrativos em geral, em matéria de concessão, em que a relação é especialmente marcada pela consensualidade e pela ausência de contratos-padrão, afirmar que o art. 37, § 6º, da CF impediria toda e qualquer solução contratual que afastasse a responsabilidade da Administração por prejuízos provocados por ela própria seria o mesmo que reconhecer uma posição de hipossuficiência ao concessionário na formação da relação concessória.

Por isso é que a classificação genérica entre álea ordinária e álea extraordinária é pouco útil na concessão. As áleas precisam ser previamente identificadas e detalhadas, sendo natural que o contrato faça a alocação dos riscos a partir de uma lógica econômica. Não se quer dizer, com isso, que o contrato de concessão esteja integralmente sujeito à lógica do *pacta sunt servanda*. A mera presença da Administração como uma das partes contratantes admite que, em situações especiais, imprevisíveis, ela assuma parcial ou totalmente os ônus (ou bônus) financeiros decorrentes dos eventos, sob pena de a onerosidade (ou lucratividade) excessiva do contrato desequilibrar a relação, impedindo sua própria execução. Mas isso não significa afirmar que a Constituição Federal tenha vedado composição contratual na qual o particular venha a assumir elementos de risco vinculados à ação do poder concedente.[63]

5.2.4 A realização de investimentos pelo contratado

Por fim, também tem sido alvo de crítica a tradicional ideia de que só no modelo de concessão é possível que o contratado realize investimentos

---

62. Sobre o tema, v. Vanice Lírio do Valle, "Traduzindo o conceito de gestão de riscos para o código do Direito: exercício indispensável à modelagem das PPPs", *Revista Interesse Público* 34/31, Porto Alegre, Fórum, novembro-dezembro/2005.

63. Seria o caso, por exemplo, do concessionário que assume contratualmente o encargo de comprar novos trens na hipótese de a demanda de passageiros aumentar abruptamente em decorrência de uma mudança nas linhas de transporte urbano coletivo que atendem às estações de trem da linha concedida. Ou, então, do contrato que fixa uma margem na qual a oscilação da demanda do serviço concedido é assumida pelo concessionário mesmo quando causada por ato ou fato do poder concedente.

necessários à criação da infraestrutura pública e prestação de serviços.

Mesmo sendo verdade que por meio da concessão empreendimentos de interesse público possam ser financiados com recursos da iniciativa privada, é um exagero afirmar que só na concessão isso é possível. Para além das hipóteses em que os particulares investem em projetos públicos sem interesse econômico, não existe nos contratos administrativos tradicionais da Lei 8.666/1993 vedação para que ao particular seja atribuída obrigação de financiamento de empreendimento público.

É comum, aliás, atribuir ao § 3º do art. 7º da Lei 8.666/1993 o fundamento legal para a referida vedação. Veja-se o dispositivo:

"Art. 7º. As licitações para a execução de obras e para a prestação de serviços obedecerão ao disposto neste artigo e, em particular, à seguinte sequência:

"(...).

"§ 3º. É vedado incluir no objeto da licitação a obtenção de recursos financeiros para sua execução, qualquer que seja a sua origem, exceto nos casos de empreendimentos executados e explorador sob o regime de concessão, nos termos da legislação específica."

A vedação contida na lei é a de que não é possível incluir no edital de licitação a obrigação para que o particular apresente sua proposta para o objeto licitado juntamente com uma solução de financiamento para sua execução. Noutras palavras, o Poder Público não pode autorizar a abertura de licitação para a execução de certo objeto sem que haja a indicação da existência dos recursos orçamentários necessários para fazer frente à despesa originada pelo contrato.

Mas o dispositivo não proíbe que o particular financie o empreendimento; a dificuldade é de outra natureza – relacionada à obrigação de prévia dotação orçamentária para a celebração de contratos e ao curto prazo para a amortização de eventual capital investido.[64]

Normalmente, nos contratos da Lei 8.666/1993 o pagamento feito pelo Poder Público é realizado concomitantemente à execução dos serviços, obra ou fornecimento. Com isso, o Poder Público acaba sendo o responsável pelo investimento necessário à execução do contrato. Além

---

64. Sobre o art. 7º, § 3º, da Lei 8.666/1993 não vedar todo e qualquer financiamento do particular, v. Floriano de Azevedo Marques Neto ("As parcerias público-privadas e o financiamento das infraestruturas", in *Fórum de Contratação e Gestão Pública* (3) 29/3.749, Rio de Janeiro, Renovar, maio/2004), para quem o dispositivo "veda que se exija, no edital de licitação, que os concorrentes demonstrem ter obtido recursos e financiamentos junto a terceiros antes da adjudicação do objeto da licitação".

disso, a Lei 8.666/1993 estabelece um rígido limite para o prazo dos contratos por ela regidos. A regra é que os contratos devem ser celebrados pelo prazo de vigência dos créditos orçamentários que garantam a adimplência pública, ou seja, pelo prazo de 1 ano de duração (art. 57, *caput*). Quando se tratar de contratos de prestação continuada é possível estender sua vigência até 60 meses (ou 5 anos) e, em casos excepcionais, a mais 12 meses. Assim, os contratos da Lei 8.666/1993 não ultrapassariam o prazo máximo de 6 anos.[65]

Depois de todo o exposto neste item 5.2, considera-se que não é útil caracterizar a concessão pelo seu objeto, pela forma de remuneração do privado, pela ideia de risco ou, mesmo, pela viabilidade do financiamento privado de empreendimento público. Tradicionalmente, referidos elementos são tidos como intrínsecos ao modelo da concessão, mas essa visão, derivada de uma interpretação literal da Lei 8.987/1995, tem o inconveniente de pretender definir o gênero tirando conclusões generalizantes a partir de uma única espécie de concessão. Além disso, tais elementos, como visto, também não servem para apartar o gênero "concessão" de outros modelos contratuais, uma vez que eles não são exclusivos da concessão.

5.3 Caracterização pela sua função

Afirmou-se nos itens 1 e 2 do Capítulo III que não há um projeto constitucional único em relação ao modo como o Estado deve prestar serviços à coletividade ou autorizar o uso de seu patrimônio por particulares; não há mecanismos de exploração uniformizados ou regime jurídico universal com relação a eles. Tampouco a Constituição restringiu as opções do legislador, titular do serviço ou do bem objeto de contratação.

O argumento, colocado de maneira objetiva, é que a Constituição não tem conceito fechado para concessão, tampouco para contrato admi-

---

65. É o que diz Floriano de Azevedo Marques Neto, "As parcerias público-privadas no saneamento ambiental", cit., in Carlos Ari Sundfeld (org.), *Parcerias Público-Privadas*, 1ª ed., 2ª tir., p. 283. Para o autor, na medida em que o sistema veda o pagamento antecipado (Lei 4.320/1964, art. 63, § 2º, III) e que há um prazo de 30 dias para pagamento (contado da comprovação da realização, pelo particular, de parcela do adimplemento da obrigação – art. 40, XIV, "a", da Lei 8.666/1993), necessariamente o particular aportará recursos para fazer frente às obrigações assumidas. O autor ainda diz: "Isso sem pensarmos numa Administração Pública adimplente e desconsiderarmos que o particular é obrigado a seguir com a execução por pelo menos 90 dias após o vencimento da obrigação pecuniária do Poder Público não honrada (cf. art. 78, XV, da Lei de Licitações)".

nistrativo. A legislação infraconstitucional tem, em consequência, ampla margem para fixar regras sobre o fenômeno contratual da Administração Pública.[66] Trata-se de matéria própria dos entes políticos a decisão quanto ao uso de seus bens e à forma de prestação dos serviços públicos e atividades sob sua responsabilidade, cabendo a eles, ao decidir por um modelo de contratação, autorizar e fixar seus termos. No exercício dessa competência administrativa o ente tem ampla margem de liberdade para estruturar o melhor modelo para o caso concreto, respeitando, evidentemente, eventuais limites criados pelo legislador. Isso explica por que existem muitas espécies de concessão, e com características diferentes, nas esferas federativas.

As normas gerais em matéria de concessão editadas pela União, com base no art. 22, XXVII, da CF, não podem pretender definir as espécies contratuais e seu regime aplicável, as quais, assumindo a distinção feita por Fernando Dias Menezes de Almeida entre *contrato* e *contratação*, não são matéria de norma geral.[67] São gerais aquelas que dizem respeito a normas de regência do ato de contratar, como a necessidade de previsão de recursos orçamentários, o respeito ao resultado do procedimento licitatório e regras de controles externos e internos pertinentes.

Os entes federativos têm, nesse argumento, competência para editar norma estabelecendo nova espécie contratual, pois têm ampla margem de liberdade para estruturar o melhor modelo para o caso concreto.

---

66. Floriano de Azevedo Marques Neto também é contundente nesta afirmação. V. suas palavras no seguinte trecho, em que ele comenta a concessão de serviço público: "Em suma, tenhamos bem marcado que a Constituição tratou de maneira bastante diversa as distintas espécies de serviços públicos e a forma de sua prestação (pelo Estado, pelos particulares ou por ambos, em regimes distintos). Disso concluo que o constituinte se apercebeu da impossibilidade de estatuir um regime único, fechado, para predizer como deveriam ser prestados os serviços públicos. A Constituição nos lega, portanto, uma base bastante ampla e flexível para que o Estado organize, no tempo, a sua prestação perseguindo a forma mais amoldada ao interesse público para cada atividade e em cada circunstância histórica" ("Concessão de serviço público sem ônus para o usuário", cit., in Luiz Guilherme da Costa Wagner Jr. (coord.), *Temas do Direito Público. Estudos em Homenagem ao Professor Adilson Dallari*, p. 337).

67. O tema foi tratado no item 3 do Capítulo III, valendo aqui o alerta feito por Fernando Dias Menezes de Almeida: "Contudo – faça-se a ressalva por uma razão de honestidade para com o leitor –, ao que tudo indica haverá de prevalecer em nosso Direito o entendimento de que as regras sobre execução contratual previstas na Lei 11.079/2004 serão aplicadas como normas gerais em todos os âmbitos da Federação. Às normas estaduais e municipais caberia a função de cuidar de aspectos específicos" ("PPP – Execução dos contratos: aspectos gerais", no prelo para publicação em obra coletiva organizada por Floriano de Azevedo Marques Neto).

Assim, as regras constitucionais em matéria de concessão precisam ser lidas em conjunto com a legislação pertinente.

Do ponto de vista teórico não interessa conceituar a concessão de forma absolutamente fechada, já que é instituto em franca transformação.[68] Como apresentado no item 5.2 deste Capítulo IV, as definições que dão ênfase ao objeto da concessão, à forma de remuneração do concessionário, à ideia de exploração por "conta e risco" do contratado ou, mesmo, à obrigação de realização de investimento tendem a ser pouco úteis, na medida em que referidos elementos de composição da relação contratual não são exclusivos da concessão, além de terem sido pensados a partir de uma realidade definida (o serviço público).

A identificação da concessão pelos elementos referidos acima não é propriamente equivocada, apenas não é útil para apartar a concessão de outros instrumentos contratuais. O equívoco está em identificar elementos essenciais ao gênero "concessão" fixando-os no tempo, quando suas espécies estão em constante adaptação à forma de atuação do Estado. Não é útil construir um conceito a partir de uma única norma infraconstitucional, sob pena de ele se desatualizar com a evolução normativa própria de uma sociedade em movimento. Vivemos em um processo de adaptação da concessão tradicional de prestação de serviço público.

Nos variados usos da concessão, ela tem sempre servido a uma função: viabilizar a realização de investimentos significativos para promover a disponibilização de bens e serviços à sociedade.

Por um lado, isso explica a razão por que é relativamente comum a referência à concessão como arranjo financeiro capaz de servir como alternativa à implementação de serviços e empreendimentos públicos que não podem ser custeados exclusivamente pelos cofres públicos.[69]

68. É a visão de Marcos Augusto Perez (*O Risco no Contrato de Concessão de Serviço Público*, cit., p. 89), da qual não se discorda.
69. É o que se lê nos trabalhos de: Fernando Vernalha Guimarães, *Parceria Público-Privada: Caracterização dos Tipos Legais e Aspectos Nucleares de seu Regime Jurídico*, tese de Doutorado apresentada no Programa de Pós-Graduação em Direito da Universidade do Paraná, 2008, p. 73; Luiz Tarcísio Teixeira Ferreira, *Parcerias Público-Privadas. Aspectos Constitucionais*, Belo Horizonte, Fórum, 2006, pp. 44-47; e Pedro Gonçalves, *A Concessão de Serviços Públicos*, cit., p. 103. Maurício Portugal Ribeiro e Lucas Navarro Prado afirmam que a principal semelhança entre os sentidos da expressão 'PPP' está na estrutura econômica dos contratos a que se referem. Nas suas palavras: "Em ambos os casos *[os autores referem-se à concessão patrocinada e à concessão administrativa]* cuida-se de contratos pelos quais se exige do parceiro privado investimento considerável na implementação ou melhoria de uma infraestrutura, cuja amortização e remuneração se obtém por meio da exploração (operação e manutenção) dessa infraes-

Por outro lado, para cumprir a função acima, a legislação tradicionalmente lhe tem garantido caráter contratual, visando à estabilidade da relação; com vigência de longo prazo, para viabilizar a amortização dos investimentos realizados; e com remuneração vinculada a resultados, para permitir a apropriação de possível eficiência empresarial. No mais – se o contrato envolverá serviço público, bem público ou qualquer atividade administrativa; se o investimento deverá ser feito na assinatura do contrato, ou não; se a remuneração do concessionário será via tarifária, por mecanismo orçamentário ou por outra via; se o poder concedente pode dar garantias ao concessionário ou ao investidor; se o contrato terá previsão de penalidades a serem aplicadas ao poder concedente; se será admitida a via da arbitragem para solução de conflitos; se haverá compartilhamento de ganhos; se há requisitos especiais para a abertura da licitação; como se dará o equilíbrio econômico-financeiro; como será a repartição de riscos; qual será o prazo da concessão; quais as hipóteses de extinção antecipada; quais as penalidades aplicáveis; como se dará a reversão dos bens; ou mesmo a fixação de um rol de atividades indelegáveis em lei – são todos *mecanismos*[70] *aptos para compor o melhor arranjo contratual diante de um caso concreto.*

A legislação sobre concessão, aliás, ocupa-se deles, ora trazendo regras fortes para um determinado mecanismo (por exemplo, vedando ao poder concedente remunerar o concessionário pelo serviço prestado antes de sua efetiva disponibilidade – art. 7º da Lei 11.079/2004), ora deixando para o contrato a escolha da melhor solução diante das especificidades negociais do caso concreto (por exemplo, a definição sobre a repartição de riscos e o equilíbrio econômico-financeiro).

Neste ponto cabe reafirmar o que já foi dito no item 2.4 do Capítulo II acerca do princípio da legalidade em matéria contratual: o que

---

trutura pelo mesmo parceiro privado. É esse o traço comum entre os dois sentidos de 'PPP' absorvidos pela Lei 11.079/2004" (*Comentários à Lei de PPP: Parceria Público--Privada (Fundamentos Econômico-Jurídicos)*, cit., p. 30).

70. A expressão "mecanismos" foi tirada do uso que Fernando Dias Menezes de Almeida faz dela no seu "As parcerias público-privadas e sua aplicação pelo Estado de São Paulo", cit. (in Carlos Ari Sundfeld (org.), *Parcerias Público-Privadas*, 1ª ed., 2ª tir., p. 525), com o qual se tem identidade. O autor, para afirmar que "PPP" não significa uma espécie, nem mesmo um gênero de contrato administrativo, escreve que "PPPs são *mecanismos jurídicos* (regras caracterizando um regime peculiar) que podem estar presentes em diversas espécies, ou gêneros de contratos administrativos – e não parece impensável cogitar-se também, em tese, da aplicação de mecanismos PPP via atos administrativos unilaterais". E segue dizendo que "um contrato de concessão de serviço público, por exemplo, naturalmente conteria mecanismos de PPP; do mesmo modo, o gênero contratual 'concessão', via de regra, comportaria mecanismos PPP".

não for expressamente contrário à legislação reputa-se autorizado, com base nos elementos presentes no regime geral dos contratos, acolhido em nosso Direito.

Isso conduz ao reconhecimento da importância do instrumento contratual para a caracterização da concessão em concreto, o qual, devendo levar em consideração as limitações da legislação vigente para a sua celebração, tem amplo leque de opções, até encontrar a melhor combinação de cláusulas tendo em vista o negócio subjacente.

As diferenças entre as várias espécies de concessão não são conceituais, mas baseadas na forma como elas articulam e compõem os vários mecanismos. Todas fazem parte do gênero "concessão".

Nesta tarefa de composição do melhor arranjo jurídico, toda a legislação brasileira voltada a traçar regras para contratos com a função concessória acima identificada – de viabilizar a realização de investimentos significativos para a disponibilização de bens e serviços à sociedade – fornece elementos que podem ser associados entre si. O propósito do contrato é regular as relações por ele tratadas, e isso só pode ser feito diante do caso concreto, à luz da legislação geral e da regulação setorial, e tendo em mira a finalidade que se quer atingir por meio dele.

5.4 Concessão administrativa é uma falsa concessão?

Por que teria a Lei 11.079/2004 tipificado a concessão administrativa como um modelo de concessão? Certamente houve uma análise de conveniência para afastar as restrições da Lei 8.666/1993, em especial a que limita os contratos em que há pagamento por fonte orçamentária ao prazo máximo de seis anos, e garantir um modelo de contrato de longa duração, capaz de permitir a amortização de investimentos realizados pelo concessionário.

Talvez seja por isso que alguns comentadores da lei chamam a concessão administrativa de "falsa concessão".[71] Por trás dessa afirmação está o sentimento de que não se trataria da (típica) concessão do art. 175 da CF, pois o modelo não envolveria (necessariamente) a prestação de serviço público, nem a remuneração se daria pela cobrança de tarifa do usuário, mas ficaria a cargo do poder concedente, por ser ele o usuário direto ou indireto dos serviços.[72] Além disso, também não estaria pre-

71. Celso Antônio Bandeira de Mello, *Curso de Direito Administrativo*, cit., 27ª ed., pp. 776-777; e Luiz Tarcísio Teixeira Ferreira, *Parcerias Público-Privadas. Aspectos Constitucionais*, cit., pp. 73-74.
72. Dos §§ 1º e 2º do art. 2º, combinados com o art. 6º, da Lei 11.079/2004 deduz--se que a lei não exige que na concessão administrativa a contraprestação do concedente

CARACTERIZAÇÃO DA CONCESSÃO 177

sente o aspecto da remuneração do concessionário pela exploração do serviço ou obra concedida, já que haveria uma remuneração contratual como qualquer outra.[73]

seja em dinheiro (contraprestação pecuniária). Poderá sê-lo pelas outras formas do art. 6º (ordem bancária, cessão de créditos não-tributários, outorga de direitos em face da Administração Pública, outorga de direitos sobre bens públicos dominicais e outros meios admitidos em lei). Como diz Carlos Ari Sundfeld, "a única forma de remuneração que descaracterizaria a concessão administrativa é o recebimento pelo concessionário de tarifa dos administrados especificamente para remunerar seus serviços" ("Guia jurídico das parcerias público-privadas", in Carlos Ari Sundfeld (org.), *Parcerias Público-Privadas*, 1ª ed., 2ª tir., São Paulo, Malheiros, 2007, p. 33).

73. Floriano de Azevedo Marques Neto, ao tratar da alegação de que a concessão administrativa é mero mascaramento da prestação de serviços, refere-se aos seguintes equívocos em que referido raciocínio incide:

"Primeiro, o de que existiria um regime imutável de contrato administrativo, de foro constitucional ou supranacional (talvez inscrito na norma fundamental kelseniana). Aspectos particulares dos contratos de empreitada (como prazo, forma de pagamento, garantias, modos de financiamento) nada mais são que convenções que o legislador adota para prever um determinado regime contratual. Nada há de contrário ao interesse público, de per si, no fato de o contrato ter vigência de mais de uma década.

"É inquestionável que a Administração não pode transferir um cometimento contínuo ao particular para todo o sempre. Mas daí a negar-lhe prerrogativas mais largas para dimensionar o prazo, dentro de limites mais ou menos amplos, de modo a mais bem atender às peculiaridades do objeto e ao rol de obrigações do particular, não me parece que seja por si só uma afronta ao interesse geral. O mesmo se diga em relação ao oferecimento, pelo Poder Público, de garantias contra sua inadimplência. Nego-me a acreditar haver interesse público no calote estatal. De resto, as garantias que se vá oferecer têm, por pressuposto, que guardar proporção com os patamares de obrigação e risco assumidos pelo particular. O mesmo pode-se dizer para a exigência de que o particular obtenha financiamento para implementar o empreendimento de interesse coletivo. Assim como a Lei de Licitações interditou outrora tal exigência (art. 7º, § 3º), nada impede que outra lei admita esta possibilidade quando o escopo pretendido assim o justificar.

"Segundo, o de que o regime de concessão pressuporia prestação direta do serviço ou utilidade ao usuário e pagamento do valor contraprestacional mediante um preço público (tarifa) entendido como desembolso obrigatório deste usuário. Esta concepção, que sinceramente, não sei de onde a doutrina extrai, é, na melhor das hipóteses, *ultra legem*. A Constituição (art. 175), ao tratar do instituto da concessão e da permissão, nos dá como elementos caracterizadores do instituto apenas (i) o fato de ela envolver a delegação da prestação de um serviço público; (ii) que esta delegação reger-se-á por um contrato de caráter especial; (iii) que estabelecerá uma relação prestacional ofertada aos utentes (a Carta não fala aqui em consumidores) com respeito aos seus direitos; (iv) que ela se balizará não no pagamento obrigatório de tarifa, mas numa política tarifária, o que implica conferir alguma margem de liberdade ao legislador, e, por conseguinte, à Administração, para fixar o arranjo de remuneração mais apto ao interesse público; e, por fim, (v) que a prestação do serviço delegado dar-se-á com observância de parâmetros de adequabilidade" ("Reajuste e revisão nas parcerias público-privadas: revisitando o risco nos contratos

Outros preferem classificá-la desde logo como um "contrato de prestação de serviço em regime especial",[74] possivelmente porque a própria Lei 11.079/2004 define *concessão administrativa* como "o *contrato de prestação de serviços* em que a Administração Pública seja usuária direta ou indireta, ainda que envolva a execução de obra ou fornecimento e instalação de bens" (art. 2º, § 2º). De fato – não há como negar –, a lei autorizou um *contrato de prestação de serviços* com características especiais, e assim o fez para que a espécie não fosse confundida com o tipo contratual da Lei 8.666/1993.

Com o olhar na legislação, a concessão administrativa da Lei 11.079/2004 diferencia-se do contrato típico de prestação de serviços da Lei 8.666/1993 porque nela (1) o concessionário deve promover investimento em valor superior a R$ 20.000.000,00 (art. 2º, § 4º, I); (2) a contraprestação é paga pelo poder concedente, sempre a partir da disponibilização do serviço contratado (art. 7º); (3) o prazo do contrato deve estar inserido no intervalo entre 5 e 35 anos (art. 2º, § 4º, II, e art. 5º, I); e (4) o objeto da prestação não pode se restringir à execução isolada de obra ou ao fornecimento isolado de mão-de-obra ou bens, devendo estar diretamente associado ao serviço objeto da concessão administrativa, o qual, não se pode negar, é o mesmo do art. 6º da Lei 8.666/1993 (art. 2º, § 4º, III).

E o modelo básico contratual da Lei 8.666/1993 não se confunde com a concessão administrativa da Lei 11.079/2004 porque naquele modelo a Administração responsável pelo serviço só formaliza a contratação se tiver previsão de recursos orçamentários próprios para levá-lo até o final; o contratado recebe sua remuneração durante a prestação do serviço, segundo as medições que determinem qual o dispêndio do contratado no período, observado o prazo máximo de pagamento de 30 dias para cada parcela, sob pena de incidirem encargos de mora; e não é permitida a vinculação do pagamento pela prestação do serviço à exploração que se venha a fazer do empreendimento.

Mas, se se deixar de lado a análise das referidas leis, que, de resto, deixam clara a distinção entre os dois modelos, a concessão administrativa enquadrar-se-ia no conceito de concessão, como gênero, ou poderia ser tratada como um tipo especial de contrato de prestação de serviços?

de delegação", in Mariana Campos de Souza (org.), *Parceria Público-Privada: Aspectos Jurídicos Relevantes*, São Paulo, Quartier Latin, 2008, pp. 58-59).
74. Benedicto Porto Neto, "Parcerias público-privadas e a atividade da construção civil", in Benedicto Porto Neto (coord.), *Manual Jurídico para Construção Civil*, São Paulo, Sindicato da Construção Civil do Estado de São Paulo, 2007, pp. 215-218.

Uma tentativa de apartar, em teoria, a "prestação de serviços" da "concessão" foi feita por Pedro Gonçalves no trecho a seguir transcrito: "A circunstância de a actividade do concessionário se fazer para os cidadãos (*ad extra*) e não para a Administração (*ad intra*) parece ser o primeiro indício importante da distinção entre a concessão e outras situações de prestação de serviços, em que o prestador assume a obrigação de apresentar o resultado do seu trabalho, do seu serviço, à Administração Pública, não sendo habilitado, nesta qualidade, a estabelecer quaisquer relações jurídicas com terceiros.

"Sucede que, como já foi demonstrado, não está excluído que o contrato de prestação de serviços tenha por objecto atividades e prestações a efectuar pelo contratado directamente aos beneficiários de um serviço público; por outro lado, a prestação *uti singuli* (associado à criação de uma relação jurídica específica entre concessionário e utente) também deixou de ser um elemento essencial da concessão. Estas eventualidades dificultam a distinção entre as duas figuras, e exigem que o critério de distinção passe a fixar-se noutras bases.

"Assim, a distinção exige em primeiro lugar uma referência ao objecto do contrato: o que está em causa na concessão é atribuir ao concessionário a gestão de um serviço público. O *interesse funcional* da concessão é o de proceder à *alienação*, ou à *disposição* da gestão do serviço público, enquanto actividade 'própria' da Administração – ao concessionário é confiada a *gestão do serviço público*. Diferentemente, o contrato de prestação de serviços não altera a *responsabilidade pela gestão do serviço*, que se mantém na Administração; o contratado apenas colabora na execução de 'determinadas condições da realização daquele'.

"Adoptando a classificação que Richer utiliza para distinguir tipos de contratos administrativos, poderá dizer-se que as concessões de serviços públicos são *contratos de enquadramento* (*contrats d'encadrement*), enquanto os contratos de prestação de serviços são *contratos de meios* (*contrats-moyens*).

"Tendo em conta os níveis de colaboração dos privados na prossecução de tarefas administrativas, diremos que a concessão dá origem a uma relação de *colaboração primária* e a prestação de serviços a uma *colaboração secundária*."[75]

Noutras palavras – e aproveitando a distinção feita por Pedro Gonçalves, mas já assumindo que o gênero "concessão" não envolve apenas a prestação de serviços públicos, como já afirmado no item 5.2 deste Capítulo IV –, a clássica prestação de serviços tanto pode envolver ob-

---

75. Pedro Gonçalves, *A Concessão de Serviços Públicos*, cit., pp. 160-161.

jeto a ser usufruído diretamente pelos beneficiários do serviço quanto a concessão pode envolver objeto cuja prestação seja *uti universi*, ou seja, sem relação jurídica específica entre concessionário e usuário.

Sendo assim – diz o autor português –, se não é mais possível identificar o contrato quando se tem em mira seu destinatário – e, acresça-se, também quando se tem em mira seu objeto, a forma de remuneração e a repartição dos riscos[76] –, é preciso levar em consideração o nível de colaboração do privado na realização de tarefas administrativas. Quanto mais longe se estiver de uma relação em que o privado é mero executor das mencionadas tarefas, mais próximo se estará de uma concessão, cujo "interesse funcional" é o de "proceder à alienação, ou à disposição da gestão de um serviço público".

De fato, a concessão "dá origem a uma relação de colaboração primária", porque essa é uma condição forte para viabilizar a realização de investimentos significativos para a disponibilização de bens e serviços à sociedade.

É por isso que o ideal de consenso é especialmente lembrado em matéria de concessão. Quanto mais o privado contribuir com sua eficiência na própria definição do arranjo contratual a ser adotado, maiores as chances de atração do capital privado. Não é por outra razão que se diz que ao poder concedente cabe definir os fins a serem alcançados na concessão, enquanto ao privado cabe escolher os meios para que eles sejam atingidos. Na legislação atual isso é traduzido pela desnecessidade de elaboração do projeto básico para a abertura da licitação para a celebração de contrato de concessão.

No contrato de prestação de serviço a lógica é outra. Exige-se projeto básico para a abertura da licitação, cabendo ao privado o papel de cumprir fielmente as determinações fixadas pela Administração.

Assim – e respondendo-se à questão formulada –, a concessão administrativa é uma espécie do gênero "concessão" porque os *mecanismos* que a legislação lhe atribuiu promovem um ambiente contratual ("relação de colaboração primária", na expressão de Pedro Gonçalves) propício para viabilizar a realização de investimentos privados na consecução de fins públicos.

O que diferencia a concessão da prestação de serviço não é uma análise isolada de seu objeto, da forma de remuneração do privado ou

---

76. Sobre este ponto v. o item 5.2 deste Capítulo IV.

dos riscos envolvidos, mas a forma como eles são combinados na relação contratual para viabilizar, junto com outros mecanismos aptos para compor o melhor arranjo contratual no caso concreto, a realização de investimento privado na consecução de atividades públicas.

6. O impacto da Lei 11.079/2004 nos modelos concessórios

Depois de todo o exposto ao longo deste trabalho, resta claro que as tradicionais espécies de concessão, que de alguma maneira já têm sido revistas por uma linha mais contemporânea de interpretação da Lei 8.987/1995, foram atualizadas pelas alterações legislativas promovidas pela Lei 11.079/2004. Esta última norma estabeleceu novas espécies de concessão, às quais foram atribuídos novos *mecanismos* de PPP, que foram pensados em um ambiente de evolução e revisão da teoria clássica do contrato administrativo e que procuraram dar maior flexibilidade e confiança nas relações entre o Estado e os particulares.

Neste contexto, fica evidente que a Lei 11.079/2004 *complementou* a legislação sobre concessão, reafirmando, por isso, o movimento que propõe ao Estado contratar sob nova filosofia.

Ao aplicar a lógica da contratualização dos serviços públicos econômicos aos serviços sociais e administrativos que, pela sua estrutura, não poderiam ser remunerados por tarifa, a Lei 11.079/2004 positivou tendência já notada nos modelos pactuados com base na Lei 8.987/1995, qual seja, (a) de ter o particular um papel ativo na concepção e gestão do contrato; (b) de buscar estruturas contratuais com mecanismos capazes de atribuir maior segurança aos financiadores ao projeto; e (c) da importância de se manufaturar, projeto a projeto, o compartilhamento de riscos e a responsabilidade dos contratantes, a partir de detalhado estudo prévio e planejamento da relação contratual.

Noutras palavras, ao tratar das espécies de concessão patrocinada e administrativa a Lei 11.079/2004 positivou novos mecanismos que podem ser aplicados a outras espécies de concessão, haja vista a função comum presente no gênero "concessão". É possível, portanto, que regras da referida lei sejam associadas a quaisquer outros contratos administrativos que cumpram a mesma função (de viabilizar investimentos privados na disponibilização de bens e serviços à sociedade), seja qual for sua específica lei de regência.

7. Efeitos jurídicos derivados da ampliação do conceito de "concessão"

Conforme se expôs no item 4 do Capítulo III, cada esfera federativa tem competência para definir os tipos contratuais e o regime jurídico aplicável em seus contratos, seja com base em suas próprias leis ou apropriando-se da legislação federal. Caberá ao contrato fazer as definições do modelo concreto, prescindindo, muitas vezes, de lei específica, pois bastará as que já existem.[77]

Aplicando-se o raciocínio, não há por que não aceitar que um contrato de concessão, confeccionado a partir de certa estrutura negocial, ultrapasse a barreira da lei que trata do modelo abstrato de concessão a ele subjacente e traga mecanismos de outra espécie de concessão.

Trata-se do reconhecimento de verdadeira *permeabilidade* entre as espécies de concessão, a partir do pressuposto de que são instrumentos que desempenham a mesma função. Isso só é possível com a caracterização do gênero "concessão" pela sua função principal (viabilizar a realização de investimentos significativos para a disponibilização de bens e serviços à sociedade), e não como forma de delegação de atividade pública ao privado. Se, no entanto, a opção tivesse sido no sentido de caracterizar a concessão a partir do traço da delegação, não seria possível deduzir a conclusão acima apontada, pois em razão da amplitude da ideia haveria o risco de confusão entre os vários regimes jurídicos existentes no sistema brasileiro para delegar atividades públicas a terceiros. E não é isso que se propõe.

A consequência da alegada *permeabilidade* é de índole prática, pois admite que os mecanismos de uma espécie concessória sejam associados a outras espécies concessórias[78] e mesmo a outros tipos contratuais – seja

---

77. Nesse sentido escreveu Fernando Dias Menezes de Almeida: "Não vejo por que não admitir que o Estado possa praticar atos ou celebrar contratos aproveitando elementos previstos no Direito, ainda que não previstos em uma norma dita de 'direito público', ou explicitamente voltada ao Estado" ("Visão crítica sobre a teoria do contrato administrativo, a partir de inovações na Lei 8.987/1995 trazidas pela Lei 11.196/2005", cit., *Revista do Direito da Energia* 6/198-199).

78. Em sentido semelhante escreveu Mário Engler Pinto Jr., "Parceria público--privada. Antigas e novas modalidades contratuais", cit., *Revista de Direito Público da Economia* 13/186-187. V. as palavras do autor:

"(...) muitas disposições da Lei das PPPs são perfeitamente compatíveis com a concessão comum, e não haveria nenhuma razão lógica para afastar a sua aplicação. A título ilustrativo, pode-se citar as normas relativas ao contrato de PPP previstas no art. 5º, quais sejam: (i) penalidades aplicáveis às partes pública e privada; (ii) repartição de riscos; (iii) formas de remuneração variável; (iv) mecanismos para preservação da atua-

lá qual for a denominação que recebam (permissão, autorização, franquia pública, arrendamento, contrato de gestão, termo de parceria, consórcio público etc.) –, desde que tenham por finalidade a referida função.[79] Tal associação não será possível na hipótese de existir norma (explícita ou implícita) em sentido contrário ou de haver incompatibilidade entre os modelos contratuais.

Seria o caso – para ilustrar a primeira situação – do critério de julgamento que envolve o pagamento pela maior outorga. O mecanismo foi autorizado na Lei 8.987/1995 (art. 15, II) mas foi expressamente vedado na Lei 11.079/2004 (art. 12, II), não sendo possível que as concessões patrocinada e administrativa sejam licitadas e julgadas com base no critério de pagamento pela maior outorga.

Já, para ilustrar situação de incompatibilidade entre um mecanismo previsto em lei para uma espécie concessória e sua extensão para outra espécie, lembre-se da regra do art. 39 da Lei 8.987/1995, segundo a qual a rescisão do contrato de concessão por iniciativa do concessionário, no

lidade da prestação dos serviços; (v) critérios objetivos de avaliação de desempenho do concessionário; (vi) compartilhamento de ganhos econômicos do parceiro privado pela redução do risco de crédito; (vii) transferência do controle acionário da Sociedade de Propósito Específico para os financiadores do projeto (*step in rights*) e legitimidade para recebimento direto de indenizações pela extinção antecipada da concessão. O mesmo se diga em relação à prestação de garantia prevista no art. 8º, para obrigações de conteúdo econômico assumidas pela parte pública, ainda que não sob a forma e complementação tarifária. Finalmente, vale lembrar a permissão contida no art. 11, II, para utilização de mecanismos privados de resolução de controvérsias, inclusive a arbitragem prevista na Lei 9.037, de 23.9.1996.

"À primeira vista, a interpretação literal do § 2º do art. 3º da Lei das PPPs sinaliza contrariamente à possibilidade de aplicação de suas prescrições à concessão comum de que trata a Lei 8.987/1995. Todavia, a vedação ali prevista não deve ser tomada em caráter absoluto, porém como se dirigindo especificamente às regras consideradas inconciliáveis com a figura da concessão não subvencionada. É razoável argumentar que os demais dispositivos da Lei das PPPs também podem ser invocados para solucionar dúvidas hermenêuticas quando se tratar de situação não regulada de forma explícita pela Lei de Concessões. Trata-se, em última análise, do preenchimento de lacuna legal pelo recurso à analogia, autorizada pelo art. 4º da Lei de Introdução ao Código Civil. Naturalmente, não se prega o uso de semelhante expediente para superar proibições categóricas porventura contidas na Lei de Concessões, mas tão-somente para melhor configurar hipóteses permissivas não declaradas expressamente pelo legislador."

79. Alexandre Santos de Aragão parece ter pretendido equivaler a noção ampla de concessão à de delegação de serviço público. Seu objetivo, com essa identificação, foi afirmar a constitucionalidade, a partir de uma leitura larga do art. 175 da CF, de quaisquer espécies de delegação contratual de serviço público ("Delegações de serviço público", *Revista Zênite de Direito Administrativo – IDAF* 82/951, Curitiba, Zênite, maio/2008).

caso de descumprimento das normas contratuais pelo poder concedente, depende de ação judicial. Apesar de ela ser própria da concessão comum e a Lei 11.079/2004 estender sua aplicação à concessão administrativa (art. 3º), nesta última espécie, como a remuneração do concessionário é feita pelo poder concedente (e não pelo usuário), não faz sentido aplicar a regra do mencionado art. 39. Mesmo que a concessão envolva a prestação de serviço público, como a própria Administração é a usuária (ainda que indireta) do serviço, é mais apropriado buscar aplicação subsidiária na Lei 8.666/1993, que prevê a rescisão do contrato pelo contratado na hipótese de não-pagamento dos valores devidos pela Administração, no art. 78, XV.[80]

A aplicação subsidiária da Lei 8.666/1993 às concessões deve ser feita com cautela. A medida da compatibilidade com as características da concessão nem sempre é clara, especialmente nas novas espécies concessórias que envolvem desembolso pela Administração. Não são aplicáveis as regras da referida lei que tratam da vinculação dos gastos públicos à Lei Orçamentária porque em matéria de contratos públicos há dois regimes orçamentários distintos: o da Lei 8.666/1993 e o da Lei 11.079/2004. A exigência de reserva orçamentária no momento da licitação e o pagamento concomitante à execução do contrato com base na autorização da Lei Orçamentária Anual (ou da Lei do Plano Plurianual), que são condições próprias da Lei 8.666/1993, são substituídos, na concessão patrocinada e administrativa, por uma lógica própria de planejamento fiscal (de observância dos procedimentos orçamentários e financeiros previstos no art. 10 da Lei 11.079/2004).[81]

---

80. Pelo dispositivo, constitui motivo para rescisão do contrato "o atraso superior a 90 (noventa) dias dos pagamentos devidos pela Administração decorrentes de obras, serviços ou fornecimento, ou parcelas destes, já recebidos ou executados, salvo em caso de calamidade pública, grave perturbação da ordem interna ou guerra, assegurado ao contratado o direito de optar pela suspensão do cumprimento de suas obrigações até que seja normalizada a situação". Fernando Dias Menezes de Almeida ("PPP – Execução dos contratos: aspectos gerais", cit., artigo no prelo para publicação em obra coletiva organizada por Floriano de Azevedo Marques Neto) e Alexandre Santos de Aragão ("Delegações de serviço público", *Revista Zênite de Direito Administrativo – IDAF* 82/962; e "As parcerias público-privadas – PPPs no direito positivo brasileiro", cit., *RDA* 240/121) têm o mesmo entendimento de que, na hipótese, aplica-se o art. 78, XV, da Lei 8.666/1993, e não o art. 39 da Lei 8.987/1995.

81. Outros dispositivos da Lei 8.666/1993 que têm aplicação subsidiária sugerida aos contratos de concessão são os arts. 48 e 65. Com relação ao art. 48 a ideia seria aplicar a definição de "manifesta inexequibilidade", de seu § 1º, para fins de julgamento da licitação para contratação de concessão patrocinada ou administrativa. A proposta não tem fundamento não apenas porque a própria regra é de duvidosa eficiência, além de ser

Em suma, o argumento que se quer firmar é que a Lei 11.079/2004 não modificou o sentido da concessão de viabilizar a realização de investimentos significativos para a disponibilização de bens e serviços à sociedade.

O contrato poderá lançar mão dos variados mecanismos previstos na legislação para compor o melhor arranjo contratual diante de um caso concreto. É a assunção de uma visão sem fronteiras na elaboração e interpretação do contrato de concessão. Por isso se afirmou, no item 5.3 deste Capítulo IV, a importância do contrato para a caracterização da concessão, que, devendo levar em consideração as limitações da legislação vigente para sua celebração, tem amplo leque de opções até encontrar a melhor combinação de cláusulas tendo em vista o negócio subjacente.[82] As diferenças entre as várias espécies concessórias não são

uma presunção relativa, mas também porque a lógica de contrato de "obra e serviço de engenharia" é muito distinta da concessão, que substitui a ideia de prestações parceladas pela contratação de empreendimento complexo.
Com relação ao art. 65, §§ 1º e 2º, da Lei 8.666/1993 e a aplicação de limite aos acréscimos contratuais, a no máximo 25% do seu valor original atualizado, aos contratos de concessão, novamente trata-se de proposta sem fundamento, pois não há identidade entre os contratos da Lei 8.666/1993 e os de concessão, quanto a este ponto. A alteração da concessão encontra limites no objeto original contratado, e não no valor do contrato. É nesse sentido que afirmam Carlos Ari Sundfeld, Jacintho Arruda Câmara e Rodrigo Pagani de Souza, para quem "a inclusão de novos encargos é viável, desde que observados, fundamentalmente, estes dois limites: (i) os novos encargos devem guardar conexão com o objeto original do contrato; e (ii) os novos encargos, tomados isoladamente, devem ser insuscetíveis de exploração autônoma pelo sistema das concessões". A inaplicabilidade do referido dispositivo decorre de a Constituição Federal sempre exigir licitação para esses contratos (art. 175), não aceitando situações de dispensa de licitação criadas pelo legislador, já que a ampliação da concessão até o limite de 25% do valor inicial da outorga implicaria outorga, sem licitação, da parcela correspondente ao aditivo ("Concessão de serviço público: limites, condições e consequências da ampliação dos encargos da concessionária", in Farlei Martins Riccio de Oliveira (coord.), *Direito Administrativo Brasil-Argentina. Estudos em Homenagem a Agustín Gordillo*, Belo Horizonte, Del Rey, 2007, p. 31. No mesmo sentido: Floriano de Azevedo Marques Neto, "Alteração em contrato de concessão rodoviária", *RTDP* 43/65-79, São Paulo, Malheiros Editores, 2003; e Luís Roberto Barroso, "Alteração dos contratos de concessão rodoviária", *Revista de Direito Público da Economia* 15/99-129, Belo Horizonte, Fórum, julho-setembro/2006).
82. É por tal razão que Floriano de Azevedo Marques Neto ("Reajuste e revisão nas parcerias público-privadas: revisitando o risco nos contratos de delegação", cit., in Mariana Campos de Souza (org.), *Parceria Público-Privada: Aspectos Jurídicos Relevantes*, p. 69) afirma que, "nos negócios jurídicos de PPP, a fonte de direitos e obrigações estará mais no próprio contrato de parceria do que decorrerá diretamente do regime legal (o que, por óbvio, não implica dizer que estes contratos não se submetem às regras constantes da lei). O arranjo de atribuições, compromissos, procedimentos, fatores de verificação

conceituais, mas baseadas na forma como elas articulam e compõem os vários mecanismos que constituem sua estrutura contratual. Todas fazem parte do gênero "concessão".

Isso explica a razão pela qual se disse que, na tarefa de composição do melhor arranjo contratual, toda a legislação brasileira voltada a traçar regras para contratos, especialmente aqueles com função concessória, fornece elementos que podem ser associados entre si. À Lei 8.666/1993 cabe o papel de completar o regime contratual da concessão, subsidiando a legislação específica, na forma do seu art. 124, segundo o qual "aplicam-se às licitações e contratos para permissão ou concessão de serviços públicos os dispositivos desta Lei que não conflitem com a legislação específica sobre o assunto".

Nessa linha de raciocínio, a conclusão é que as leis que tratam dos tipos concessórios têm caráter meramente autorizativo, cabendo ao contrato fazer a melhor composição dos mecanismos de PPP.

Deveras, é próprio do contrato regular as relações por ele tratadas. E isso só pode ser feito diante do caso concreto, com a participação das partes pública e privada envolvidas na relação, e sempre à luz da adequação, necessidade e intensidade da regulação existente em um dado setor.

A Lei 11.079/2004, portanto, não modificou o sentido da concessão. Ao tratar das novas espécies de concessão (patrocinada e administrativa), promoveu a atualização (legislativa) dos mecanismos de relacionamento entre o público e o privado em contratos que têm função concessória. Passaram a estar previstos em lei novos elementos que impulsionam a revisão da própria teoria clássica do contrato administrativo.

Para Floriano Azevedo Marques Neto a referida lei indica "uma mudança de paradigma no tratamento dos contratos administrativos", que se apresenta nos seguintes pontos. O primeiro – escreve o autor – está relacionado ao tema da autonomia da vontade, pois o novo regime legal conferiu "uma maior margem de liberdade para, em relação a cada objeto específico de parceria, ajustar o plexo de direitos e obrigações mais condizente com o interesse público (traduzido em maior eficiência e economicidade). Isso se depreende da redação constante dos arts. 4º e 5º da Lei 11.079/2004, na qual se fixam parâmetros lassos para contratação e

---

de cumprimento obrigacional, sujeições, entre outros, deverão estar cumpridamente detalhados no termo de contrato, tal qual ocorre nas relações jurídicas privadas de maior complexidade. Sai o contrato administrativo lacônico, prenhe de cláusulas vagas e genéricas e meramente remissivo à lei, e entra o contrato detalhado, minudente, continente de normas e procedimentos a reger, por todo o prazo de vigência, as obrigações de cada parte".

se reserva um regime de baixa tipificação legal das cláusulas contratuais.

Ou seja, embora não se possa falar que o administrador possui autonomia ampla de vontade para firmar contratos de PPP, temos que reconhecer que em sede destes ajustes a lei conferiu uma margem bastante larga para pactuação de obrigações. Em suma, conferiu verdadeira autorização para estipulação de obrigações específicas em sede de cada parceria". E o segundo ponto referido pelo autor, que também indica a tal mudança na teoria clássica do contrato administrativo, tem a ver com a visão que tradicionalmente se tem do próprio contrato como fonte de obrigação. Para ele, é preciso "reconhecer que o contrato de PPP poderá imputar à Administração obrigações que tradicionalmente não lhe são atribuídas no contrato administrativo, nem vêm expressamente previstas na Lei Geral de Contratos (Lei 8.666/1993). É o que ocorre, por exemplo, com a possibilidade de o contrato estabelecer garantias a serem fornecidas pela Administração contra o inadimplemento de suas parcelas de obrigações de pagamento (art. 8º da Lei 11.079/2004)".[83]

Como articulado no item 2 do Capítulo II deste trabalho, a tradicional ideia de contrato público, que gira em torno da supremacia do Poder Público sobre o privado, tem sido suavizada pelos autores contemporâneos em prol de uma relação contratual dialogada, marcada – sempre que possível – pela lógica da colaboração, e não da imposição. Além disso, a proposta de releitura do princípio da legalidade em matéria de contratos públicos indica a valorização do instrumento contratual como fonte de obrigação entre as partes, cabendo a ele tratar das minúcias do relacionamento, muitas vezes não previstas expressamente em lei.

Tal valorização do contrato, no entanto, não leva à perda da condição especial que se reconhece à Administração nos contratos públicos. Mas leva ao reconhecimento de maior responsabilidade por parte do Poder Público contratante, que, em vez de contratar com base em minutas--padrão, recheadas de cláusulas abertas, deve procurar cuidar do interesse público de forma concreta, por meio de cláusulas que, justificadamente, melhor componham o interesse das partes contratantes.

Aplicando-se essa lógica, a Lei 11.079/2004 expressamente estabeleceu, como diretriz na contratação de PPP, o dever de observar a transparência dos procedimentos e das decisões (art. 4º, V). Além disso, o contrato deve prever as penalidades aplicáveis à Administração Pública em caso de inadimplemento de suas obrigações contratuais, bem como os

---

83. Floriano de Azevedo Marques Neto, "Reajuste e revisão nas parcerias público--privadas: revisitando o risco nos contratos de delegação", cit., in Mariana Campos de Souza (org.), *Parceria Público-Privada: Aspectos Jurídicos Relevantes*, p. 70.

fatos que o caracterizam e as garantias a serem dadas ao parceiro privado (art. 5º, II e VI).

Ainda, como medida para evitar decisão unilateral (e injustificada) da Administração Pública de não aplicar atualizações de valores contratuais baseadas em índices e fórmulas matemáticas, a lei permitiu que o contrato preveja sua aplicação automática, sem necessidade de homologação pela Administração Pública (§ 1º do art. 5º). E, finalmente, em caso de conflitos, o contrato ainda pode prever mecanismos privados de resolução de disputas, inclusive a arbitragem (art. 11, III).

Ao se colocar o foco na fase licitatória, fica ainda mais evidente o valor que a Lei 11.079/2004 deu ao ideal da colaboração, inclusive naquilo que diz respeito à própria elaboração do contrato de concessão.

Isso porque a lei admitiu que interessados apresentem estudos de viabilidade de negócios a serem explorados por meio de concessão e, com isso, deem início a processo de análise de projetos para futura abertura de licitação para a contratação pretendida. É a chamada "manifestação de interesse", cujo fundamento legal está no art. 21 da Lei 8.987/1995 e no art. 31 da Lei 9.074/1995.[84]

Além disso, nenhum edital de concessão patrocinada ou administrativa pode ser publicado sem que tenha sido submetido a prévia consulta pública (art. 10, VI, Lei 11.079/2004). Trata-se de procedimento mais formal que a audiência pública e também mais eficaz, na medida em que obriga à publicação da minuta do edital e do contrato e impõe ao órgão

---

84. A prévia existência de norma procedimental para o recebimento de propostas e encaminhamento dos estudos até a escolha de um que possa ser tomado como promotor de um projeto público é de fundamental importância para a transparência desse procedimento (que na esfera federal foi regulamentado pelo Decreto 5.977, de 1.12.2006). Esse mecanismo tem sido chamado de *manifestação de interesse*, e, tratando-se de concessão patrocinada ou administrativa, demanda real interlocução público-privada para a estruturação de um projeto sério, pois o particular não conhece as contas públicas, de modo que as preocupações de caráter fiscal (art. 10 da Lei 11.079/2004) precisam ser elaboradas e justificadas. Na prática, os interessados apresentam um "rascunho de projeto", inclusive por conta dos altos custos envolvidos na sua elaboração. Qualquer projeto de PPP minimamente estruturado deve começar com uma análise financeira da proposta e sua compatibilidade com a capacidade pública de lhe dar andamento, e isso depende do envolvimento do órgão público interessado. Outra dificuldade está relacionada ao fato de que vários interessados podem apresentar propostas significativamente diferentes entre si. Em geral, não há *uma* melhor, mas ideias nos vários projetos que, compostas, formam uma terceira proposta. O cuidado está em garantir isonomia e transparência na análise, fixando-se, de antemão, os critérios para ressarcimento das ideias acolhidas. A viabilidade da *manifestação de interesse* demanda que o órgão público, além de já possuir alguma *expertise* no assunto cujo projeto está sendo proposto para ser contratado por meio de PPP, conte com uma consultoria técnica capaz de ajudá-lo na justificativa das escolhas relacionadas ao projeto.

interessado o ônus de responder, uma a uma, as sugestões formuladas no período da consulta.[85]

Outra característica que reflete o quanto se sustentou acima está na não-exigência de que o edital de contrato de concessão venha instrumentado com o projeto básico da obra ou serviço a ser licitado (art. 18, XV, da Lei 8.987/1995). Trata-se de um modelo contratual que transfere a realização e a gestão de um empreendimento, que é próprio da Administração, a um particular, o qual ficará responsável por implementá-lo e explorá-lo. A Administração, nesse formato, desonera-se de organizar e prestar a atividade transferida durante o prazo contratual, pois a razão de ser do vínculo de longo prazo subjacente ao contrato de concessão é transferir a exploração da atividade a um gestor que, num ideal de melhor eficiência, produz ganho de qualidade para o usuário final.[86] O objetivo é evitar interferências (autoritárias e unilaterais, por não terem sido justificadas) na lógica empresarial.

Como consequência da ideia acima, surge outro elemento de consenso (típico do modelo concessório), qual seja, a autorização para o autor do projeto básico participar do processo competitivo que levará à celebração de contrato de concessão. Enquanto a Lei 8.666/1993 proibiu-a

---

85. A audiência pública, prevista no art. 39 da Lei 8.666/1993, somente será obrigatória quando o valor estimado da licitação for superior a R$ 150.000.000,00. Não há regra legal que determine a realização de consulta e de audiência nos projetos de PPP que superem referido valor, mas nada impede que assim aconteça, inclusive para que se garanta maior publicidade e transparência ao processo. O Tribunal de Contas do Estado de São Paulo, por meio da Resolução 04/2005, obrigou a Administração Pública a realizar audiência de consulta pública nos projetos estaduais de PPP.

86. Tem sentido lógico que a Lei 8.666/1993, de um lado, e as Leis 8.987/1995 e 11.079/2004, de outro, tenham regras diferentes quanto à necessidade de apresentação, como anexo do edital, do projeto básico. A Lei 8.666/1993 foi pensada para contratos imediatos, nos quais a Administração Pública define tudo na relação, que é imediata. Por isso, obras e serviços somente podem ser licitados quando houver "projeto básico aprovado pela autoridade competente e disponível para exame dos interessados em participar do processo licitatório" (art. 7º, § 2º, I). A diferença de regime jurídico no processo de escolha do contratado decorre, portanto, do modelo jurídico escolhido. Noutras palavras, se nos contratos da Lei 8.666/1993 o projeto básico deve ser um anexo do edital, nos contratos de concessão o projeto básico pode ser apresentado pelo particular no momento da licitação, cabendo, inclusive, considerá-lo para fins de escolha e julgamento do certame. Evidentemente, esse modelo de contratação representa um desafio. Afinal, se, mesmo nos casos em que há projeto básico e executivo, a relação contratual não é estável durante o prazo de execução do contrato (tendo em vista os frequentes pedidos de revisão do acordo), imagine-se quando a Administração tem, no momento da licitação, apenas *elementos* do que será o futuro contrato. O risco de instabilidade futura do vínculo contratual parece ser ainda maior.

peremptoriamente (para evitar tratamento privilegiado na licitação – art. 9º, I),[87] a Lei 8.987/1995, ao permitir buscar projetos e soluções junto à iniciativa privada, admitiu a participação do autor do projeto básico (se ele existir, claro) na futura licitação (art. 31 da Lei 9.074/1995).[88] Afinal, como o particular ficará responsável pelo negócio durante longo período, é lógico permitir-lhe participar da decisão técnica que condicionará a execução do contrato, transferindo-lhe parcela (se não a integralidade) da responsabilidade pelas escolhas efetuadas. Nesse caso, a remuneração do autor do projeto básico pode vir antes ou depois da celebração do contrato de concessão (art. 21 da Lei 8.987/1995).[89]

Com relação à fase competitiva da licitação, ainda é preciso fazer menção à inversão de fases (art. 13) e à possibilidade de saneamento das falhas formais na documentação apresentada pelos licitantes (art. 12, IV). Ambos são elementos muito representativos da mudança e evolução da forma de relacionamento entre o público e o privado.

Enfim, o argumento que aqui se articula é que a Lei 11.079/2004, ao ampliar o espetro da concessão, promove uma reflexão importante acerca da teoria clássica dos contratos administrativos e de sua evolução.

---

87. Lei 8.666/1993, art. 9º, I: "Art. 9º. Não poderá participar, direta ou indiretamente, da licitação ou da execução de obra ou serviço e do fornecimento de bens a eles necessários: I – o autor do projeto, básico ou executivo, pessoa física ou jurídica; (...)".

88. Lei 9.074/1995, art. 31: "Art. 31. Nas licitações para concessão e permissão de serviços públicos ou uso de bem público, os autores ou responsáveis economicamente pelos projetos básico ou executivo podem participar, direta ou indiretamente, da licitação ou da execução de obras ou serviços".

89. Lei 8.987/1995, art. 21: "Art. 21. Os estudos, investigações, levantamentos, projetos, obras e despesas ou investimentos já efetuados, vinculados à concessão, de utilidade para a licitação, realizados pelo poder concedente ou com a sua autorização, estarão à disposição dos interessados, devendo o vencedor da licitação ressarcir os dispêndios correspondentes, especificados no edital". O edital de licitação da Linha 4 do Metrô de São Paulo utilizou-se desta prerrogativa, tendo previsto que "a Proponente deverá se comprometer a efetuar todos os investimentos necessários ao suprimento e montagem dos bens, equipamentos e instalações de sua obrigação, à operação e manutenção do sistema, como estabelecido no Contrato, bem como realizar o pagamento do valor correspondente a 1% (um por cento) sobre o montante dos investimentos previstos no fluxo de caixa de seu Plano de Negócios, para atender ao estabelecido nos itens 11.2.4 e 11.2.4.1 destas Condições Específicas". Referidos itens, por sua vez, estabelecem: "Comprovar o pagamento de 50% (cinquenta por cento) do valor correspondente a 1% (um por cento) sobre o montante de investimentos previstos no fluxo de caixa de seu Plano de Negócios devido ao Unibanco – União de Bancos Brasileiros, ou a quem este indicar, decorrente do Contrato n. 0035289401 firmado com a Cia. do Metrô"; "Neste mesmo ato deverá apresentar o compromisso de pagamento dos 50% (cinquenta por cento) restantes em até 10 (dez) dias após a apresentação do conjunto de instrumentos jurídicos que assegurem o financiamento e fornecimento dos trens da Fase I".

E, por isso, permite afirmar que qualquer contrato de concessão pode trazer mecanismos de PPP, como os acima indicados, mesmo quando eles não tenham sido expressamente previstos na lei que imediatamente dá suporte à espécie concessória sob análise.

Desse modo, é possível que uma concessão comum preveja mecanismos "procedimentais" de PPP (como a prévia realização de consulta pública ou a realização de procedimento de manifestação de interesse) e também mecanismos "substantivos" de PPP (como o compartilhamento com a Administração de ganhos econômicos decorrentes da redução do risco de crédito dos financiamentos utilizados pelo parceiro privado – art. 5º, IX, da Lei 11.079/2004 –, a repartição objetiva de riscos entre as partes – art. 4º, V e VI, da Lei 11.079/2004 –, a remuneração do concessionário conforme seu desempenho – parágrafo único do art. 6º da Lei 11.079/2004 – ou a previsão no contrato de penalidades a serem aplicadas ao poder concedente – art. 5º, II, da Lei 11.079/2004).

No entanto, não é só a concessão comum que pode se beneficiar do intercâmbio proposto. A conclusão é no sentido de serem possíveis a *integração* e a *permeabilidade* em qualquer contrato de concessão não regido diretamente pela Lei 11.079/2004, desde que, evidentemente, haja pertinência quanto à sua função típica de viabilizar a realização de investimentos significativos voltados à disponibilização de bens e serviços à sociedade e não exista norma em sentido contrário à permeabilidade proposta.

Conclusão

1. Qual era o objetivo do trabalho?. 2. Qual o caminho percorrido para testar a hipótese do trabalho e as conclusões a que se chegou?. 3. Considerações finais.

1. Qual era o objetivo do trabalho?

A dúvida que levou à elaboração deste trabalho era: o que caracterizaria o gênero "concessão"?

Foi dito na sua "Introdução" que o objetivo que se queria buscar decorria do sentimento de que a concessão não serviria exclusivamente para a prestação de serviço público, podendo envolver bens e outras atividades prestadas pelo Estado.

A hipótese do trabalho era que existia um gênero "concessão", do qual a *concessão de serviço público* seria uma de suas espécies, sendo possível o uso desse instrumento para a prestação de outros serviços e atividades não qualificados como públicos. Para verificar sua validade foi necessário pesquisar a existência no Direito Brasileiro de uma categoria mais ampla de concessão, mais larga que a visão tradicional que a doutrina tem do instituto.

2. Qual o caminho percorrido para testar a hipótese do trabalho e as conclusões a que se chegou?

O trabalho foi dividido em quatro capítulos.

A pesquisa foi iniciada (Capítulo I) com o mapeamento da doutrina brasileira sobre concessão, especialmente a literatura nacional dos anos 30 a 60 do século XX. Ela revelou a forte influência francesa recebida pelos autores brasileiros. Além disso, imaginava-se – e, de fato, restou comprovada – a enorme influência que as construções doutrinárias daquela época têm nas atuais, não apenas porque muito do que se dizia ainda se diz, mas especialmente porque elas têm sido usadas para respaldar uma visão restritiva sobre as hipóteses de cabimento da concessão.

Apesar de os autores da segunda metade do século passado reconhecerem que a concessão poderia ser usada para outros fins que não apenas para a prestação de serviço público (como para viabilizar o uso de bens públicos, por exemplo), a tendência era estudar a concessão que tinha a *prestação de serviço público* como objeto. O foco da doutrina estava voltado à organização de mecanismo apto a viabilizar a prestação de serviço público por particulares, não havendo motivo, por razões de índole prática, para teorizar de maneira mais ampla sobre concessão.

A concessão não era vista como modelo de colaboração com o setor privado, mas como instrumento para delegar a prestação de serviço público a terceiros. Além disso, tendo-lhe sido atribuído caráter contratual, constatou-se que, como numa relação de causa e efeito, foi-lhe reconhecida a existência de prerrogativas públicas em favor do poder concedente na relação concessória, o que ajudou na aceitação da concessão como sendo um contrato tipicamente público, em oposição aos contratos privados.

Referida constatação pautou a pesquisa feita no Capítulo II, a qual começou com o mapeamento dos elementos que compõem o tradicional regime jurídico do contrato administrativo para, então, apresentar o debate em curso na atualidade, tendente à sua revisão. O propósito desse caminho escolhido foi identificar os vetores que propõem a atualização da teoria clássica do contrato administrativo, na qual a concessão está inserida.

Assim, foram revistos os elementos que compõem a teoria clássica, elaborada na primeira metade do século XX e amplamente reproduzida nas décadas seguintes. Ela deixou marcado um traço que ainda na atualidade caracteriza o contrato público, qual seja, o da afirmação de um regime jurídico especial de direito público nas relações contratuais com o Estado. Como consequência desse regime especial, sobressai, conforme a referida teoria clássica, o aspecto segundo o qual o Estado teria a faculdade de alterar a extensão e as características das prestações estabelecidas no contrato em que ele é uma das partes contratantes, com base em um poder de autoridade que nada teria de contratual.

Registrou-se que a legislação brasileira sobre contrato administrativo positivou referida teoria, amplamente aplicável à concessão de serviço público. A pesquisa demonstrou que a teoria clássica reconheceu ao Estado titular do serviço ou do bem dado em concessão o poder de dispor livremente sobre as condições de prestação do serviço (ou de uso do bem) e modificá-las sempre que o interesse público demandar; assim como se lhe reconheceu o poder de retomar o serviço (ou bem)

CONCLUSÃO

concedido sem que caiba oposição do concessionário. Em contrapartida ao reconhecimento de tais prerrogativas, foi garantido ao contratado o direito ao equilíbrio econômico-financeiro. Com isso, restou esclarecido o sentido que se dá à afirmação de que a concessão é um contrato administrativo ao estilo francês.

O caminho percorrido, na sequência, voltou-se à identificação dos vetores que propõem a atualização da teoria clássica do contrato administrativo. Após uma ampla incursão na formulação doutrinária contemporânea sobre contrato administrativo, afirmou-se que: (1) teorizar sobre o contrato administrativo a partir de sua oposição com o direito privado gera distorções, pois leva à indevida suposição de que contrato administrativo é sinônimo de poder de autoridade, além de uniformizar o regime contratual administrativo, fazendo incidir em todos os tipos contratuais as chamadas exorbitâncias em favor do contratante público; (2) é preciso desmistificar a natureza exorbitante do contrato administrativo, em prol do reconhecimento de uma relação contratual dialogada, marcada pela consensualidade e pela perda do autoritarismo gratuito; (3) a crescente substituição da figura da "Administração por autoridade" pela "Administração por consenso" na atividade administrativa em geral propõe que o contrato administrativo seja teorizado a partir da lógica da convergência de interesses entre as partes, e não de uma (inerente) posição contraposta; (4) é preciso reler o princípio da legalidade em sua formulação clássica, para que a Administração Pública possa celebrar contratos (e estruturar modelos de negócio) que não tenham sido previamente tipificados pela lei, mas que tenham respaldo na teoria geral dos contratos; e (5) o contrato é um instrumento limitado de regulação entre as partes, porque não é capaz de antecipar todos os problemas futuros decorrentes de sua execução. Quando os mecanismos de consenso nele previstos forem incapazes de resolver os conflitos, o próprio contrato deve prever como e quando o Poder Público pode interferir unilateralmente na relação, seja para modificá-la ou para extingui-la.

Os Capítulos III e IV, por sua vez, formam o cerne do trabalho. Eles foram estruturados para responder à dúvida central da pesquisa, qual seja, saber se no Direito Brasileiro é possível falar da existência do gênero "concessão", como ele se caracterizaria e quais seriam as consequências desse reconhecimento. Serviram de base para responder à questão proposta as informações sobre a doutrina histórica envolvendo a concessão (Capítulo I) e sobre o movimento tendente à revisão da teoria clássica do contrato administrativo (Capítulo II).

Assim, a interpretação sobre a concessão na atualidade iniciou-se, no Capítulo III, com uma análise da Constituição Federal e da legislação infraconstitucional para o fim de identificar os limites constitucionais aptos a viabilizar a construção de entendimento mais amplo sobre concessão. Após reflexão sobre os dispositivos constitucionais pertinentes, a conclusão foi no sentido de que não há um projeto constitucional único em relação ao modo como o Estado deve prestar serviços à coletividade ou autorizar o uso de seu patrimônio por particulares. As esferas federativas têm ampla liberdade de decisão para escolher o (melhor) modelo para cumprir suas obrigações, a começar pela decisão de prestar determinada atividade diretamente ou por meio de terceiros. Constatou-se ser comum na legislação infraconstitucional a existência de várias espécies de concessão, bem assim de vários modelos de prestação de serviços à coletividade.

Foi demonstrado que não há na Constituição Federal um rol de bens e serviços que pode ser contratualizado pelo contrato do art. 37, XXI, em oposição ao rol que o pode ser pela concessão. O raciocínio desenvolvido levou à constatação de que ambos são instrumentos de regulação, os quais podem assumir múltiplos formatos, conforme a conveniência e as peculiaridades de um dado setor econômico e das partes envolvidas. A Constituição não restringiu as opções do legislador, nem do administrador titular do serviço ou bem objeto da parceria, relacionadas à escolha do melhor modelo contratual para o caso concreto, nem mesmo quando atribuiu competência à União Federal para editar normas gerais em matéria de "licitação e contratação" (art. 22, XXVII, da CF).

Ao se chegar a tal conclusão, foi, então, preciso perquirir acerca do sentido da concessão na Constituição. Afirmou-se que o fato de ela não trazer elementos para uma distinção clara entre concessão e outros tipos contratuais não significa que o primeiro modelo contratual não tenha uma função no texto constitucional. Sua função é justamente remeter o intérprete a experiências passadas, históricas mesmo, em que esse vocábulo foi usado para representar certas práticas que a Constituição quis integrar à sociedade brasileira pós-1988. E a Constituição, ao usá-lo, não eternizou um sentido histórico em detrimento de outro, mais atual; apenas permitiu que as experiências do direito administrativo em matéria de concessão do século XIX fossem trazidas para as circunstâncias do século XXI, impondo sua adaptação às novas particularidades sociais e econômicas.

A constatação foi no sentido de que a Constituição determinou alguns traços do regime jurídico do contrato público e remeteu à lei de cada esfera federativa competente o seu detalhamento. Foi dito que a competência da União para a edição de norma geral sobre concessão não deve ser confundida com o disposto no art. 175 da CF. A referência a "serviço

CONCLUSÃO 197

público" no art. 175 é circunstancial e não transforma a competência da União para legislar sobre concessão em absoluta, nem mesmo em matéria de serviço público, de modo a inverter a lógica da competência legislativa concorrente da União, dos Estados e dos Municípios e da autonomia dos entes federativos para se auto-organizarem (art. 18 da CF). Concluiu-se ser equivocado supor que a Lei 8.987/1995 é a lei a que se refere o art. 175 da CF; ou, por outro lado, ser necessária a edição de lei federal para regulamentar as várias espécies de concessão – sem o quê Estados e Municípios estariam proibidos de fazer uso do instrumento.

Se a Lei 8.987/1995 tivesse tratado da concessão em um setor específico, seria mais fácil perceber sua abrangência limitada à União. Mas, como ela pretendeu traçar o regime da concessão para todos os serviços públicos, seu texto dá a falsa impressão de suas normas serem de natureza uniforme e geral. O que referida lei fez foi estabelecer regras para uma espécie de concessão – qual seja, aquela que tem por objeto o serviço público com certas características que admitem que a remuneração do concessionário se dê por meio de pagamento de tarifa feita diretamente pelo usuário do serviço. No entanto, nem a lei nem a Constituição Federal vedaram outras espécies concessórias.

A conclusão do Capítulo III foi no sentido de afirmar que a Lei 8.987/1995 tratou de um possível uso da concessão, não tendo interditado outros usos do instrumento para dar suporte à decisão do titular do serviço ou bem que optar pela concessão para sua prestação ou exploração. Não se deve confundir a competência de cada pessoa política para se organizar e definir o grau e o modelo de participação privada em suas atividades com a competência da União para editar normas gerais sobre licitação e contratação. Esta última não pode ser exercida a ponto de eliminar as opções do titular do serviço ou bem naquilo que diz respeito à sua organização e forma de prestação.

Uma coisa é dar um regramento geral sobre licitação e condições para a celebração de contratos públicos – que, de resto, decorre diretamente da Constituição. Outra, bem diferente, é enxergar nos arts. 22, XXVII, e 175 da CF poder para a União restringir a competência constitucionalmente garantida às esferas federativas de se auto-organizarem.

Por isso, a Lei 8.987/1995, quando trata do regime do contrato, dos diretos dos usuários, da política tarifária e da obrigação de manter serviço adequado, não estabeleceu norma geral alguma, nem mesmo em matéria de concessão de serviço público. Ela estabeleceu regras para uma espécie de concessão, da qual Estados e Municípios podem se valer mas não estão, necessariamente, vinculados às suas determinações. Os entes políticos podem editar leis próprias para viabilizar negócios baseados em outros usos da concessão, que não na espécie da Lei 8.987/1995. E isso é válido mesmo com relação aos serviços públicos de sua responsabilidade.

Desse modo, concluiu-se que não há impedimento constitucional para que a legislação autorize a estruturação de modelos contratuais (tal como a concessão) com o fim de induzir comportamentos privados para atender a certo fim público. A concessão, na Constituição Federal de 1988, não é instrumento exclusivo para a prestação de serviços públicos. Trata-se de decisão que decorre da titularidade do serviço ou bem, não podendo haver a delegação tão-somente nos seguintes casos: (a) quando a Constituição Federal, a Constituição Estadual ou a Lei Orgânica Municipal expressamente vedarem; (b) quando houver atos de autoridade envolvidos na atividade delegada; (c) e quando não houver lei autorizativa.

Com base em tal interpretação constitucional, o Capítulo IV voltou-se à caracterização propriamente dita do gênero "concessão".

O capítulo iniciou-se com o estudo do Direito Europeu dos contratos públicos e a demonstração de que o direito comunitário aceita múltiplas e distintas aplicações para a concessão, com conteúdos muito variados e regimes bastante diversos entre si. Em seguida passou-se a descrever a legislação brasileira que trata do contrato de PPP, analisando os modelos de concessão patrocinada e administrativa da Lei 11.079/2004.

Refutaram-se o "lugar-comum" e a forma tradicional como a doutrina define a concessão. Após a apresentação e reflexão sobre aqueles que seriam seus elementos essenciais, concluiu-se não ser útil caracterizar a concessão por seu objeto, pela forma de remuneração do privado, pela ideia de risco ou, mesmo, pela viabilidade do financiamento privado de empreendimento público.

A conclusão (item 5 do Capítulo IV) foi no sentido de que (a) não há um objeto típico capaz de identificar o gênero "concessão"; (b) não há uma forma especial de remuneração do concessionário que seja peculiar e caracterizadora desse gênero contratual; e (c) assim como a possibilidade de divisão de riscos entre as partes contratantes, também (d) o financiamento privado de atividade ou equipamento público é possível em qualquer modelo contratual, não somente na concessão – razão por que não servem para defini-la.

Noutras palavras, foi dito que não há um objeto ou um regime remuneratório que seja típico da concessão enquanto gênero – cujo objeto pode envolver qualquer atividade estatal (e não apenas o serviço público econômico), e a remuneração do concessionário tanto pode dar-se por um

CONCLUSÃO

regime orçamentário quanto por meio da cobrança de tarifa dos usuários, ou por qualquer outro meio admitido em Direito.

A concessão não é o único modelo contratual que admite divisão de riscos entre as partes, tampouco a concessão é o único gênero contratual a aceitar o financiamento privado de equipamentos e atividades públicas. Ainda que ela, em geral, sempre traga consigo a lógica da divisão de riscos e a participação de capital de terceiros na estruturação do negócio, tais elementos (ou *mecanismos*, na terminologia adotada neste trabalho) podem estar presentes em outros modelos contratuais. Daí por que definir a concessão por meio deles traz o inconveniente de fazer supor que só na concessão se dividem riscos e que só na concessão pode ser atribuído o ônus do investimento ao privado.

Por tais razões, a escolha foi no sentido de não caracterizar o gênero "concessão" pelos *mecanismos* que compõem sua estrutura contratual, mas pela sua *função* típica de viabilizar – por meio de estrutura financeira que aceita a composição entre o capital público e privado – a realização de investimentos significativos voltados à disponibilização de bens e serviços à sociedade.

Essa solução, como foi dito, potencializa o uso que a legislação infraconstitucional pode fazer da concessão, que pode autorizar novas espécies concessórias a partir das várias combinações possíveis dos *mecanismos* contratuais.

Constatou-se, em consequência, que para cumprir tal função a legislação tradicionalmente lhe tem garantido (a) caráter contratual, visando à estabilidade da relação; (b) com vigência de longo prazo, para viabilizar a amortização dos investimentos realizados; (c) e com remuneração vinculada a resultados, para permitir a apropriação de eventual eficiência empresarial.

No mais – se o contrato envolverá serviço público, bem público ou qualquer atividade administrativa; se o investimento deve ser feito na assinatura do contrato, ou não; se a remuneração do concessionário será via tarifária, por mecanismo orçamentário ou por outra via; se o poder concedente pode dar garantias ao concessionário ou ao investidor; se o contrato fixará penalidades a serem aplicadas ao poder concedente; se será admitida a via da arbitragem para solução de conflitos; se haverá compartilhamento de ganhos; se há requisitos especiais para a abertura da licitação; como se dará o equilíbrio econômico-financeiro; como será a repartição de riscos; qual será o prazo da concessão; quais as hipóteses de extinção antecipada; quais as penalidades aplicáveis ao concessionário; como se dará a reversão dos bens; ou mesmo a fixação de um rol de atividades indelegáveis em lei –, são todos *mecanismos* aptos para compor o melhor arranjo contratual diante de um caso concreto.

Não se defendeu o uso irrestrito e irresponsável da concessão, tampouco foi negada a importância de a legislação estabelecer limites prudenciais do ponto de vista fiscal para o seu uso. O que se destacou é a potencialidade do gênero "concessão" para viabilizar negócios entre o setor público e o privado, tendo em mira a disponibilização de bens e serviços à sociedade.

Nesse sentido, foi reafirmada a importância do contrato para a estruturação da concessão, que, mesmo levando em consideração as limitações da legislação vigente, tem amplo leque de opções até encontrar a melhor combinação de cláusulas, tendo em vista o negócio subjacente. A diferença entre as várias espécies concessórias não é conceitual, mas na forma como elas articulam e compõem os vários *mecanismos* que constituem a relação contratual. Todas fazem parte do gênero "concessão". Por isso foi dito que toda a legislação brasileira que estabelece regras para contratos com função concessória fornece elementos que podem ser associados entre si.

E, para testar as afirmações feitas, fez-se a comparação entre a concessão administrativa e o contrato de prestação de serviços da Lei 8.666/1993. Afirmou-se que a primeira é espécie do gênero "concessão", porque sua dinâmica contratual é pautada por mecanismos que lhe garantem alto grau de colaboração entre as partes contratantes, sem o quê o contrato não atenderia à finalidade de viabilizar a realização de investimento privado na consecução de atividades públicas.

Finalmente, nos itens 6 e 7 do Capítulo IV foi possível refletir sobre a Lei 11.079/2004, que criou duas novas espécies de concessão (patrocinada e administrativa). Ao positivar uma série de mecanismos pré-contratuais e contratuais que garantem um ambiente de maior colaboração nas relações entre o poder concedente e os concessionários, tal lei deve ser entendida de modo mais amplo, como verdadeira atualização do modelo concessório no Brasil, não só porque incorpora novos vetores que conduzem a uma revisão da teoria clássica contratual, mas porque complementa a legislação sobre concessão, confirmando que o gênero "concessão" não se confunde com suas espécies.

Assim, e aceitando a existência do gênero "concessão" no Direito Brasileiro, as regras da Lei 11.079/2004 podem ser associadas a quaisquer outros contratos administrativos que cumpram a mesma função da concessão (de viabilizar investimentos privados na disponibilização de bens e serviços à sociedade), seja qual for sua específica lei de regência.

CONCLUSÃO

A proposta foi no sentido de permitir que um contrato de concessão, elaborado a partir de certa estrutura negocial, ultrapasse a barreira da interpretação tradicional, que enxerga um único modelo abstrato de concessão a ele subjacente, e traga mecanismos de outra espécie de concessão.

A conclusão foi no sentido do reconhecimento de verdadeira *permeabilidade* entre as espécies de concessão, a partir do pressuposto de que são instrumentos que desempenham a mesma função. As leis que tratam das espécies concessórias têm caráter meramente autorizativo, cabendo aos contratantes privado e público, em conjunto, elaborar a melhor composição dos mecanismos de colaboração no instrumento contratual.

3. Considerações finais

As conclusões deste trabalho levam a uma nova pergunta-problema: o gênero "concessão" teria um regime jurídico próprio, ou ele seria formado por uma pluralidade de regimes?

A dúvida é tema de artigo de Francisco Lopez Menudo[1] no qual, referindo-se ao Direito Espanhol, revela que em 1979 uma sentença do Tribunal Supremo daquele país já teria afirmado que, em matéria de concessão, tudo se questiona, desde saber se seria possível uma construção unitária a seu respeito ou, ao contrário, se somente poderiam ser dadas notas comuns às suas distintas espécies.

O autor espanhol escreveu que a concessão se espalhou de modo espetacular nos últimos tempos, tanto em sentido vertical (com a aparição das Comunidades Autônomas na Espanha e com a multiplicidade de serviços públicos que cabe a elas gerir) como em sentido horizontal (dadas as várias leis especiais existentes e a utilização instrumental das normas contratuais para outras atividades que não são genuínos serviços públicos). De acordo com o autor, sempre se manterá viva a ilusão de a concessão ser uma instituição unitária; e, apesar de os juristas sempre buscarem referências seguras e de pretenderem codificar a concessão, a evidência é que a concessão envolve o modo de ser de atividades, bens e serviços muito heterogêneos entre si, sendo muito frágeis as barreiras teóricas que separam a concessão de outras figuras contratuais. E, ainda que seja possível testar modelos de unificação, como faz em seu artigo,

---

1. Francisco Lopez Menudo, "Regime jurídico global ou pluralidade de regimes especiais para as concessões?", in José Luís Martinez Lopes-Muñiz e Fausto de Quadros (coords.), *Direito e Justiça (VI Colóquio Luso-Espanhol de Direito Administrativo)*, vol. especial, Lisboa, Universidade Católica Portuguesa, 2005, pp. 193-227.

baseando-se na legislação espanhola, ele mesmo conclui que talvez seja melhor deixar as coisas como estão – sem um regime unitário –, para que não seja necessário dar razão à conhecida *Lei de Murphy*, segundo a qual toda situação é suscetível de piorar.

De fato, quais temas fariam parte de um regime uniforme aplicável às várias espécies de concessões? Seriam regras ligadas à fase licitatória e à adjudicação do contrato? Seriam regras substantivas que disciplinam a vida do contrato, os direitos e deveres do contratado e as prerrogativas da Administração?

Para o enfrentamento dessas questões no Brasil, seria preciso considerar pelo menos três leis principais – as Leis 8.666/1993, 8.987/1995 e 11.079/2004. Além do esforço de encontrar os temas que mereceriam tratamento codificado, ainda seria necessário superar outro obstáculo, relacionado à competência dos Estados e Municípios para normatizar a forma de prestação de seus serviços, atividades e uso de seus bens. Uma codificação federal não impediria o exercício das competências federativas em matéria de contratos públicos.

Apesar de soar angustiante o reconhecimento de uma nova categoria contratual (o gênero "concessão") sem lhe atribuir um regime jurídico rígido e predefinido em lei, considera-se ser mais eficiente aceitar que ela seja formada por um regime mais flexível, que comporta variações e adaptações a serem elaboradas nos contratos a partir das peculiaridades do caso concreto, das leis que normatizam o serviço ou bem objeto da contratação, bem assim das leis que tratam do regime dos contratos públicos e das espécies concessórias.

Essa decisão tende a preservar as competências federativas em matéria de contratos públicos e a potencializar a concessão como instrumento contratual apto ao cumprimento de sua função própria de viabilizar a realização de investimentos privados significativos voltados à disponibilização de bens e serviços à sociedade.

O tema, no entanto, merece aprofundamento em estudo futuro.

Bibliografia

ALMEIDA, Fernanda Dias Menezes de. *Competências na Constituição de 1988*. 3ª ed. São Paulo, Atlas, 1991.

──────. "As parcerias público-privadas e sua aplicação pelo Estado de São Paulo". In: SUNDFELD, Carlos Ari (org.). *Parcerias Público-Privadas*. 1ª ed., 2ª tir. São Paulo, Malheiros Editores, 2007 (pp. 524-543).

──────. "Aspectos constitucionais da concessão de serviços públicos". In: MEDAUAR, Odete (coord.). *Concessão de Serviço Público*. São Paulo, Ed. RT, 1995 (pp. 23-37).

──────. "Considerações sobre a 'regulação' no direito público brasileiro". *Revista de Direito Público da Economia* 12/69-94. Belo Horizonte, Fórum, outubro-dezembro/2005.

──────. "Contratos administrativos". In: JABUR, Gilberto Haddad, e PEREIRA JR., Antônio (coords.). *Direito dos Contratos II*. São Paulo, Quartier Latin, 2008 (pp. 193-216).

──────. "Mecanismos de consenso no direito administrativo". In: ARAGÃO, Alexandre, e MARQUES NETO, Floriano de Azevedo (coords.). *Direito Administrativo e seus Novos Paradigmas*. Belo Horizonte, Fórum, 2008 (pp. 335-349).

──────. "PPP – Execução dos contratos: aspectos gerais". Artigo no prelo para publicação em obra coletiva organizada por MARQUES NETO, Floriano de Azevedo.

──────. "Visão crítica sobre a teoria do contrato administrativo, a partir de inovações na Lei 8.987/1995 trazidas pela Lei 11.196/2005". *Revista do Direito da Energia* 6/191-200. São Paulo, Instituto Brasileiro de Estudos do Direito da Energia, 2007.

ALVARENGA, José Eduardo de. *Parcerias Público-Privadas. Comentários à Lei Brasileira*. São Paulo, M. A. Pontes Editora, 2005.

ANDRADE, Rogério Emílio de, e PAVANI, Sérgio Augusto Zampol (orgs.). *Parcerias Público-Privadas*. São Paulo, MP Editora, 2006.

ARAGÃO, Alexandre Santos de. "As parcerias público-privadas – PPPs no direito positivo brasileiro". *RDA* 240/105-145. Rio de Janeiro, Renovar, abril-junho/2005.

──────. "Delegações de serviço público". *Revista Zênite de Direito Administrativo – IDAF* 82/951-983. Curitiba, Zênite, maio/2008.

———. *Direito dos Serviços Públicos*. Rio de Janeiro, Forense, 2005.

———, e MARQUES NETO, Floriano de Azevedo (coords.). *Direito Administrativo e seus Novos Paradigmas*. Belo Horizonte, Fórum, 2008.

——— (coord.). *O Poder Normativo das Agências Reguladoras*. Rio de Janeiro, Forense, 2006.

ARRUDA CÂMARA, Jacintho. "A experiência brasileira nas concessões de serviço público e as parcerias público-privadas". In: SUNDFELD, Carlos Ari (org.). *Parcerias Público-Privadas*. 1ª ed., 2ª tir. São Paulo, Malheiros Editores, 2007 (pp. 159-181).

———. "As autorizações da Lei Geral de Telecomunicações e a teoria geral do direito administrativo". *Revista de Direito de Informática e Telecomunicações* 2/55-68. Belo Horizonte, Fórum, julho-dezembro/2007.

———. "O regime tarifário como instrumento de políticas públicas". *Revista de Direito Público da Economia* 12/95-127. Belo Horizonte, Fórum, outubro-dezembro/2005.

———, e SUNDFELD, Carlos Ari. "O poder normativo das agências em matéria tarifária e a legalidade: o caso da assinatura do serviço telefônico". In: ARAGÃO, Alexandre dos Santos (coord.). *O Poder Normativo das Agências Reguladoras*. Rio de Janeiro, Forense, 2006 (pp. 605-636).

———, SOUZA, Rodrigo Pagani de, e SUNDFELD, Carlos Ari. "Concessão de serviço público: limites, condições e consequências da ampliação dos encargos da concessionária". In: OLIVEIRA, Farlei Martins Riccio de (org.). *Direito Administrativo Brasil-Argentina. Estudos em Homenagem a Agustín Gordillo*. Belo Horizonte, Del Rey, 2007 (pp. 25-44).

ATALIBA, Geraldo. "Normas gerais de direito financeiro e tributário e autonomia dos Estados e Municípios". *RDP* 10/45-80. São Paulo, Ed. RT, 1969.

AUBY, Jean-François. *La Délégation de Service Public. Guide Pratique*. Paris, Dalloz, 1997.

BACELLAR FILHO, Romeu Felipe. *Direito Administrativo e o Novo Código Civil*. Belo Horizonte, Fórum, 2007.

BANDEIRA DE MELLO, Celso Antônio. *Curso de Direito Administrativo*. 27ª ed. São Paulo, Malheiros Editores, 2010.

———. "Inaplicabilidade da nova regulamentação sobre licitações a Estados e Municípios e inconstitucionalidade radical do Decreto-lei 2.300/1986". *RDP* 83/16-28. São Paulo, Ed. RT, julho/1987.

BANDEIRA DE MELLO, Oswaldo Aranha. "Aspecto jurídico-administrativo da concessão de serviço público". Parte I. *RDA* 26/1-18. Rio de Janeiro, FGV do Estado do Rio de Janeiro, outubro-dezembro/1951; Parte II. *RDA* 34/34-48. Rio de Janeiro, FGV do Estado do Rio de Janeiro, outubro-dezembro/1953.

———. "Natureza jurídica da concessão de serviço público". *RDP* 19/11-36. São Paulo, Ed. RT, janeiro-março/1972.

———. *Princípios Gerais de Direito Administrativo*. 3ª ed., vol. I. São Paulo, Malheiros Editores, 2007.

BARMEJO VERA, José. "Privatización y el nuevo ejercicio de función pública por particulares". In: MOREIRA NETO, Diogo de Figueiredo (coord.). *Uma Avaliação das Tendências Contemporâneas do Direito Administrativo*. Rio de Janeiro, Renovar, 2003 (pp. 403-426).

BARROSO, Luís Roberto. "Alteração dos contratos de concessão rodoviária". *Revista de Direito Público da Economia* 15/99-129. Belo Horizonte, Fórum, julho-setembro/2006.

BÉNOIT, Francis-Paul. *Le Droit Administratif Français*. Paris, Dalloz, 1968.

BERNAREGGI, G. M., e LODOVICI, E. Samek (orgs.). *Parceria Público-Privado. Cooperação Financeira e Organizacional Entre o Setor Privado e Administrações Públicas Locais*. Org. da ed. brasileira Henrique Fingermann. vols. 1 e 2. São Paulo, Summus Editorial, 1992.

BINENBOJM, Gustavo. "As parcerias público-privadas (PPPs) e a Constituição". *RDA* 241/159-175. Rio de Janeiro, Renovar, julho-setembro/2005.

—————. *Uma Teoria do Direito Administrativo. Direitos Fundamentais, Democracia e Constitucionalização*. Rio de Janeiro, Renovar, 2006.

BLANCHET, Luiz Alberto. *Parcerias Público-Privadas*. Curitiba, Juruá, 2005.

BORGES, Alice González. *Normas Gerais no Estatuto de Licitações e Contratos Administrativos*. São Paulo, Ed. RT, 1991.

BRITTO, Carlos Ayres. *O Perfil Constitucional da Licitação*. Curitiba, ZNT Editora, 1997.

CAMPOS, Francisco. *Direito Administrativo*. Rio de Janeiro, Imprensa Nacional, 1943.

CASSESE, Sabino. *La Crisis del Estado*. Buenos Aires, Abeledo-Perrot, 2003.

CAVALCANTI, Themístocles Brandão. *Tratado de Direito Administrativo*. 3ª ed., vols. 1 e 2. São Paulo, Freitas Bastos, 1955.

CHAPUS, René. *Droit Administratif Général*. 15ª ed., vol. 1. Paris, Montchrestien, 2001.

CHEVALLIER, Jacques. "Vers un Droit post-moderne? Les transformations de la regulation juridique". *Revue du Droit Public et de la Science Politique en France et a l'Étranger* 3/659-690. Paris, Librairie Générale de Droit et de Jurisprudence /LGDJ, maio-junho/1998.

CIRNE LIMA, Ruy. *Princípios de Direito Administrativo Brasileiro (Parte Geral e Parte Especial)*. 7ª ed. São Paulo, Malheiros Editores, 2007.

CORREIA, José Manuel Sérvulo. *Legalidade e Autonomia Contratual nos Contratos Administrativos*. Coimbra, Livraria Almedina, 1987.

COSSALTER, Phillipe. "A *private finance initiative*". *Revista de Direito Público da Economia* 6/127-180. Belo Horizonte, Fórum, abril-junho/2004.

COSTA E SILVA, Simon Reimann. "Parcerias público-privadas em Portugal". In: SOUZA, Mariana Campos de (org.). *Parceria Público-Privada: Aspectos Jurídicos Relevantes*. São Paulo, Quartier Latin, 2008 (pp. 177-200).

COUTINHO, Diogo Rosenthal. "Parcerias público-privadas: relatos de algumas experiências internacionais". In: SUNDFELD, Carlos Ari (org.). *Parcerias Público-Privadas*. 1ª ed., 2ª tir. São Paulo, Malheiros Editores, 2007 (pp. 45-79).

COUTO E SILVA, Almiro do. "Privatização no Brasil e o novo exercício de funções públicas por particulares: serviço público *à brasileira*?". *RDA* 230/45-74. Rio de Janeiro, Renovar, outubro-dezembro/2002.

CRETELLA JR., José. *Direito Administrativo Brasileiro*. vol. 1. Rio de Janeiro, Forense, 1983.

CRETELLA NETO, José. *Comentários à Lei de Parcerias Público-Privadas – PPPs*. Rio de Janeiro, Forense, 2005.

DALLARI, Adilson Abreu. *Aspectos Jurídicos da Licitação*. 6ª ed. São Paulo, Saraiva, 2003.

—————, e FERRAZ, Sérgio (coords.). *Estatuto da Cidade. Comentários à Lei Federal 10.257/2001*. 3ª ed. São Paulo, Malheiros Editores, 2010.

DE SAES, Flávio Azevedo Marques, JOHNSON, Bruce Baner, TEIXEIRA, Hélio Janny, e WRIGHT, James Terence Coulter. *Serviços Públicos no Brasil. Mudanças e Perspectivas*. São Paulo, Ed. Edgard Blücher, 1996.

DELVOLVÉ, Pierre, LAUBADÈRE, André de, e MODERNE, Franck. *Traité des Contrats Administratifs*. 2ª ed., t. 1. Paris, LGDJ, 1983.

DI PIETRO, Maria Sylvia Zanella. "Concessão de uso especial para fins de moradia (Medida Provisória 2.220, de 4.9.2001)". In: DALLARI, Adilson Abreu, e FERRAZ, Sérgio (coords.). *Estatuto da Cidade. Comentários à Lei Federal 10.257/2001*. 3ª ed. São Paulo, Malheiros Editores, 2010 (pp. 150-171).

—————. *Direito Administrativo*. 19ª ed. São Paulo, Atlas, 2006.

—————. *Parcerias na Administração Pública (Concessão, Permissão, Franquia, Terceirização, Parceria Público-Privada e Outras Formas)*. 6ª ed. São Paulo, Atlas, 2008.

—————. "500 anos de direito administrativo brasileiro". *Revista Eletrônica de Direito do Estado* 5. Salvador, Instituto de Direito Público da Bahia, 2006 (disponível na Internet in *http://www.direitodoestado.com.br*, acesso em 24.6.2008).

—————. *Uso Privativo de Bem Público por Particular*. São Paulo, Ed. RT, 1983.

EISENMANN, Charles. "O direito administrativo e o princípio da legalidade". *RDA* 56/47-70. Rio de Janeiro, FGV do Estado do Rio de Janeiro, 1959.

ESTORNINHO, Maria João. "Concessão de serviços públicos – Que futuro?". In: LOPES-MUÑIZ, José Luís Martinez, e QUADROS, Fausto de (coords.). *Direito e Justiça (VI Colóquio Luso-Espanhol de Direito Administrativo)*. vol. especial. Lisboa, Universidade Católica Portuguesa, 2005 (pp. 21-36).

—————. *Direito Europeu dos Contratos Públicos. Um Olhar Português...* . Coimbra, Livraria Almedina, 2006.

———. *Réquiem pelo Contrato Administrativo*.Coimbra, Livraria Almedina, 1990.

FERNANDES, Wanderley (coord.). *Contratos Empresariais. Fundamentos e Princípios dos Contratos Empresariais*. São Paulo, Saraiva, 2007.

FERNÁNDEZ, Tomás-Ramón, e GARCÍA DE ENTERRÍA, Eduardo. *Curso de Derecho Administrativo*. 4ª ed., vol. 2. Madrid, Civitas, 1993; 8ª ed., vol. 1. Madri, Civitas, 1997.

FERRAZ, Sérgio. "Usucapião especial". In: DALLARI, Adilson Abreu, e FERRAZ, Sérgio (coords.). *Estatuto da Cidade. Comentários à Lei Federal 10.257/2001*. 3ª ed. São Paulo, Malheiros Editores, 2010 (pp. 137-148).

———, e DALLARI, Adilson Abreu (coords.). *Estatuto da Cidade. Comentários à Lei Federal 10.257/2001*. 3ª ed. São Paulo, Malheiros Editores, 2010.

FERREIRA, Eduardo Paz, e REBELO, Marta. "O novo regime jurídico das parcerias público-privadas em Portugal". *Revista de Direito Público da Economia* 4/63-79. Belo Horizonte, Fórum, outubro-dezembro/2003.

FERREIRA, Fernanda Meirelles. *Regulação por Contrato no Setor de Saneamento. O Caso de Ribeirão Preto*. São Paulo, Dissertação de Mestrado/Escola de Administração de Empresa da FGV de São Paulo, 2005.

FERREIRA, Luiz Tarcísio Teixeira. *Parcerias Público-Privadas. Aspectos Constitucionais*. Belo Horizonte, Fórum, 2006.

FERREIRA FILHO, Manoel Gonçalves. *Processo Legislativo*. 3ª ed. São Paulo, Saraiva, 1995.

FIGUEIREDO, Lúcia Valle. "Competências administrativas dos Estados e Municípios – Licitações". *RTDP* 8/24-39. São Paulo, Malheiros Editores, 1994.

FREITAS, Lourenço B. de Vilhena de. *O Poder de Modificação Unilateral do Contrato Administrativo pela Administração (e as Garantias Contenciosas do seu Co-Contratante perante este Exercício)*. Lisboa, AAFDL, 2007.

GALLI, Rocco. *Corso di Diritto Amministrativo*. 2ª ed. Pádua, Casa Editrice Dott. Antonio Mulani/CEDAM, 1996.

GARCIA, Flávio Amaral (coord.). *Revista de Direito da Associação dos Procuradores do Novo Estado do Rio de Janeiro* 17 ("Parcerias público-privadas"). Rio de Janeiro, Lumen Juris, 2006.

GARCÍA DE ENTERRÍA, Eduardo, e FERNÁNDEZ, Tomás-Ramón. *Curso de Derecho Administrativo*. 4ª ed., vol. 2. Madrid, Civitas, 1993; 8ª ed., vol. 1. Madri, Civitas, 1997.

GIANNINI, Massimo Severo. *El Poder Público. Estados y Administraciones Públicas*. Madri/Buenos Aires, Civitas, 1991.

GOH, Jeffrey, MARCOU, Gérard, e RUIZ OJEDA, Alberto (orgs.). *La Participación del Sector Privado en la Financiación de Infraestructuras y Equipamientos Públicos: Francia, Reino Unido y España*. Madri, Civitas, 2000.

GONÇALVES, Pedro. *A Concessão de Serviços Públicos*. Coimbra, Livraria Almedina, 1999.

GRAU, Eros Roberto. "Constituição e serviço público". In: GRAU, Eros Roberto, e GUERRA FILHO, Willis Santiago (coords.). *Direito Constitucional. Estudos em Homenagem a Paulo Bonavides*. 1ª ed., 2ª tir. São Paulo, Malheiros Editores, 2003 (pp. 249-267).

―――――. *O Direito Posto e o Direito Pressuposto*. 7ª ed. São Paulo, Malheiros Editores, 2008.

―――――, e GUERRA FILHO, Willis Santiago (coords.). *Direito Constitucional. Estudos em Homenagem a Paulo Bonavides*. 1ª ed., 2ª tir. São Paulo, Malheiros Editores, 2003.

GROTTI, Dinorá Adelaide Musetti. "A experiência brasileira nas concessões de serviço público". In: SUNDFELD, Carlos Ari (org.). *Parcerias Público-Privadas*. 1ª ed., 2ª tir. São Paulo, Malheiros Editores, 2007 (pp. 182-231).

―――――. "A participação popular e a consensualidade na Administração Pública". In: MOREIRA NETO, Diogo de Figueiredo (coord.). *Uma Avaliação das Tendências Contemporâneas do Direito Administrativo*. Rio de Janeiro, Renovar, 2003 (pp. 647-662).

―――――. *O Serviço Público e a Constituição Brasileira de 1988*. São Paulo, Malheiros Editores, 2003.

GUERRA FILHO, Willis Santiago, e GRAU, Eros Roberto (coords.). *Direito Constitucional. Estudos em Homenagem a Paulo Bonavides*. 1ª ed., 2ª tir. São Paulo, Malheiros Editores, 2003.

GUIMARÃES, Fernando Vernalha. "As receitas alternativas nas concessões de serviços públicos no Direito Brasileiro". *Revista de Direito Público da Economia* 21/121-148. Belo Horizonte, Fórum, janeiro-março/2008.

―――――. *Parceria Público-Privada: Caracterização dos Tipos Legais e Aspectos Nucleares de seu Regime Jurídico*. Tese de Doutorado/Programa de Pós-Graduação em Direito da Universidade do Paraná. Curitiba, 2008.

―――――. "Uma releitura do poder de modificação unilateral dos contratos administrativos (*ius variandi*) no âmbito das concessões de serviços públicos". *RDA* 219/107-125. Rio de Janeiro, Renovar, janeiro-março/2000.

HORBACH, Carlos Bastide, "Da concessão de uso especial para fins de moradia". In: ALMEIDA, Fernando Dias Menezes de, e MEDAUAR, Odete (coords.). *Estatuto da Cidade. Lei 10.257, de 10.7.2001. Comentários*. São Paulo, Ed. RT, 2002 (pp. 99-110).

JABUR, Gilberto Haddad, e PEREIRA JR., Antônio (coords.). *Direito dos Contratos II*. São Paulo, Quartier Latin, 2008.

JÈZE, Gaston, *Les Contrats Administratifs*. Paris, Marcel Giard, 1927.

JOHNSON, Bruce Baner, DE SAES, Flávio Azevedo Marques, TEIXEIRA, Hélio Janny, e WRIGHT, James Terence Coulter. *Serviços Públicos no Brasil. Mudanças e Perspectivas*. São Paulo, Ed. Edgard Blücher, 1996.

JUSTEN, Mônica Spezia, e TALAMINI, Eduardo (coords.). *Parcerias Público-Privadas. Um Enfoque Multidisciplinar*. São Paulo, Ed. RT, 2005.

JUSTEN FILHO, Marçal. "As diversas configurações da concessão de serviço público". *Revista de Direito Público da Economia* 1/95-136. Belo Horizonte, Fórum, janeiro-março/2003.

—————. *Comentários à Lei de Licitação e Contratos Administrativos*. 9ª ed. São Paulo, Dialética, 2002.

—————. *Curso de Direito Administrativo*. São Paulo, Saraiva, 2005.

—————. *Teoria Geral das Concessões de Serviço Público*. São Paulo, Dialética, 2003.

LAUBADÈRE, André de. *Direito Público Econômico*. Trad. portuguesa de Maria Teresa Costa. Coimbra, Livraria Almedina, 1985.

—————, MODERNE, Franck, e DELVOLVÉ, Pierre. *Traité des Contrats Administratifs*. 2ª ed., t. 1. Paris, LGDJ, 1983.

LEBRETON, Gilles. *Droit Administratif Général*. 3ª ed. Paris, Dalloz, 2004.

LEITE, Fábio Barbalho, e MARQUES NETO, Floriano de Azevedo. "Peculiaridades do contrato de arrendamento portuário". *RDA* 231/269-295. Rio de Janeiro, Renovar, janeiro-março/2003.

LLORENS, François. "La definition actuelle de la concession de service public en Droit interne". In: *La Concession de Service Public face au Droit Communautaire*. Paris, Sirey, 1992 (pp. 15-58).

LODOVICI, E. Samek, e BERNAREGGI, G. M. (orgs.). *Parceria Público-Privado. Cooperação Financeira e Organizacional Entre o Setor Privado e Administrações Públicas Locais*. Org. da ed. brasileira Henrique Fingermann. vols. 1 e 2. São Paulo, Summus Editorial, 1992.

LOPEZ, Teresa Ancona. "Princípios contratuais". In: FERNANDES, Wanderley (coord.). *Contratos Empresariais. Fundamentos e Princípios dos Contratos Empresariais*. São Paulo, Saraiva, 2007 (pp. 3-74).

LOPEZ MENUDO, Francisco. "Regime jurídico global ou pluralidade de regimes especiais para as concessões?". In: LOPES-MUÑIZ, José Luís Martinez, e QUADROS, Fausto de (coords.). *Direito e Justiça (VI Colóquio Luso-Espanhol de Direito Administrativo)*. Lisboa, Universidade Católica Portuguesa, 2005 (pp. 193-227).

LOPES-MUÑIZ, José Luís Martinez, e QUADROS, Fausto de (coords.). *Direito e Justiça (VI Colóquio Luso-Espanhol de Direito Administrativo)*. Lisboa, Universidade Católica Portuguesa, 2005.

MARCOU, Gérard, "La experiencia francesa de financiación privada de infraestructuras y equipamientos". In: GOH, Jeffrey, MARCOU, Gérard, e RUIZ OJEDA, Alberto (orgs.). *La Participación del Sector Privado en la Financiación de Infraestructuras y Equipamientos Públicos: Francia, Reino Unido y España*. Madri, Civitas, 2000 (pp. 27-94).

———, GOH, Jeffrey, e RUIZ OJEDA, Alberto (orgs.). *La Participación del Sector Privado en la Financiación de Infraestructuras y Equipamientos Públicos: Francia, Reino Unido y España*. Madri, Civitas, 2000.

MARQUES, Maria Manuel Leitão, e MOREIRA, Vital (orgs.). *A Mão Visível. Mercado e Regulação*. Coimbra, Livraria Almedina, 2003.

MARQUES NETO, Floriano de Azevedo. "A nova regulação dos serviços públicos". *RDA* 228/13-29. Rio de Janeiro, Renovar, abril-junho/2002.

———. "A nova regulamentação dos serviços públicos". *Revista Eletrônica de Direito Administrativo Econômico* 1. Salvador, Instituto de Direito Público da Bahia, fevereiro/2005 (disponível na Internet in *www.direitodoestado.com.br*, acesso em 19.8.2008).

———. "Alteração em contrato de concessão rodoviária". *RTDP* 43/65-79. São Paulo, Malheiros Editores, 2003.

———. "As parcerias público-privadas e o financiamento das infraestruturas". *Fórum de Contratação e Gestão Pública* (3) 29/3.748-3.749. Belo Horizonte, maio/2004.

———. "As parcerias público-privadas no saneamento ambiental". In: SUNDFELD, Carlos Ari (org.). *Parcerias Público-Privadas*. 1ª ed., 2ª tir. São Paulo, Malheiros Editores, 2007 (pp. 276-325).

———. "Concessão de serviço público sem ônus para o usuário". In: WAGNER JR., Luiz Guilherme da Costa (coord.). *Temas do Direito Público. Estudos em Homenagem ao Professor Adilson Dallari*. Belo Horizonte, Del Rey, 2004 (pp. 331-351).

———. "Direito das telecomunicações e ANATEL". In: SUNDFELD, Carlos Ari (coord.). *Direito Administrativo Econômico*. 1ª ed., 3ª tir. São Paulo, Malheiros Editores, 2006 (pp. 300-328).

———. "Reajuste e revisão nas parcerias público-privadas: revisitando o risco nos contratos de delegação". In: SOUZA, Mariana Campos de (org.). *Parceria Público-Privada: Aspectos Jurídicos Relevantes*. São Paulo, Quartier Latin, 2008 (pp. 53-85).

———, e ARAGÃO, Alexandre (coords.). *Direito Administrativo e seus Novos Paradigmas*. Belo Horizonte, Fórum, 2008.

———, e LEITE, Fábio Barbalho. "Peculiaridades do contrato de arrendamento portuário". *RDA* 231/269-295. Rio de Janeiro, Renovar, janeiro-março/2003.

MASAGÃO, Mário. *Curso de Direito Administrativo*. 6ª ed. São Paulo, Max Limonad, 1977.

———. *Natureza Jurídica da Concessão de Serviço Público*. São Paulo, Saraiva, 1933.

MEDAUAR, Odete. "A figura da concessão". In: MEDAUAR, Odete (coord.). *Concessão de Serviço Público*. São Paulo, Ed. RT, 1995 (pp. 11-17).

———. *Direito Administrativo Moderno*. 12ª ed. São Paulo, Ed. RT, 2008.

———. *O Direito Administrativo em Evolução*. 2ª ed. São Paulo, Ed. RT, 2003.

―――――― (coord.). *Concessão de Serviço Público*. São Paulo, Ed. RT, 1995.

MEIRELLES, Hely Lopes. *Licitação e Contrato Administrativo*. 1ª ed. São Paulo, Ed. RT, 1973.

MEIRELLES TEIXEIRA, J. H. *Estudos de Direito Administrativo*. vol. 1. São Paulo, Departamento Jurídico da Prefeitura do Município de São Paulo/Procuradoria Administrativa, 1949.

MENÉNDEZ MENÉNDEZ, Adolfo (org.). *Comentarios a la Nueva Ley 13/2003, de 23 de Mayo, Reguladora del Contrato de Concesión de Obras Públicas*. Madri, Civitas, 2003.

MODERNE, Franck, DELVOLVÉ, Pierre, e LAUBADÈRE, André de. *Traité des Contrats Administratifs*. 2ª ed., t. 1. Paris, LGDJ, 1983.

MOREIRA, Egon Bockmann. "Riscos, incertezas e concessões de serviço público". *Revista de Direito Público da Economia* 20/35-50. Belo Horizonte, Fórum, outubro-dezembro/2007.

MOREIRA, Vital. "A tentação da *Private Finance Iniciative (PFI)*". In: MARQUES, Maria Manuel Leitão, e MOREIRA, Vital (orgs.). *A Mão Visível. Mercado e Regulação*. Coimbra, Livraria Almedina, 2003 (pp. 187-190).

――――――. "Serviços públicos tradicionais sob o impacto da União Europeia". *Revista de Direito Público da Economia* 1/227-248. Belo Horizonte, Fórum, janeiro-março/2003.

――――――, e MARQUES, Maria Manuel Leitão (orgs.). *A Mão Visível. Mercado e Regulação*. Coimbra, Livraria Almedina, 2003.

MOREIRA NETO, Diogo de Figueiredo. "Competência concorrente limitada – O problema da conceituação das normas gerais". "Separata" da *Revista de Informação Legislativa* (25) 100/127-162. Brasília, outubro-dezembro/1988.

――――――. *Curso de Direito Administrativo*. 12ª ed. Rio de Janeiro, Forense, 2001.

――――――. *Mutações do Direito Administrativo*. 3ª ed. Rio de Janeiro, Renovar, 2007.

――――――. "O futuro das cláusulas exorbitantes nos contratos administrativos". In: MOREIRA NETO, Diogo de Figueiredo (coord.). *Mutações do Direito Administrativo*. 3ª ed. Rio de Janeiro, Renovar, 2007 (pp. 405-432).

――――――. "Políticas públicas e parcerias: juridicidade, flexibilidade negocial e tipicidade na administração consensual". *Revista de Direito do Estado* 1/105-117. Rio de Janeiro, Renovar, janeiro-março/2006.

―――――― (coord.). *Uma Avaliação das Tendências Contemporâneas do Direito Administrativo*. Rio de Janeiro, Renovar, 2003.

――――――. *Mutações do Direito Administrativo*. 3ª ed. Rio de Janeiro, Renovar, 2007.

MUKAI, Toshio (org.). *Licitações e Contratos Públicos*. 5ª ed. São Paulo, Saraiva, 1999.

――――――. *Parcerias Público-Privadas. Comentários à Lei Federal 11.079/2004, às Leis Estaduais de Minas Gerais, Santa Catarina, São Paulo, Distrito Federal, Goiás, Bahia, Ceará, Rio Grande do Sul e à Lei Municipal de Vitória/ ES. Rio de Janeiro, Forense Universitária, 2005.

OLIVEIRA, Farlei Martins Riccio de (org.). *Direito Administrativo Brasil-Argentina*. Estudos em Homenagem a Agustín Gordillo. Belo Horizonte, Del Rey, 2007.

OLIVEIRA, Fernão Justen de. *Parceria Público-Privada. Aspectos de Direito Público Econômico (Lei 11.079/2004)*. Belo Horizonte, Fórum, 2007.

OLIVEIRA, Gustavo Henrique Justino de. "Estado contratual. Direito ao desenvolvimento e parceria público-privada". In: JUSTEN, Mônica Spezia, e TALAMINI, Eduardo (coords.). *Parcerias Público-Privadas. Um Enfoque Multidisciplinar*. São Paulo, Ed. RT, 2005 (pp. 83-119).

OLIVEIRA, Régis Fernandes de. *Manual de Direito Financeiro*. 6ª ed., São Paulo, Ed. RT, 2003.

OTERO, Paulo. *Legalidade e Administração Pública: o Sentido da Vinculação Administrativa à Juridicidade*. Coimbra, Livraria Almedina, 2003.

PAVANI, Sérgio Augusto Zampol, e ANDRADE, Rogério Emílio de (orgs.). *Parcerias Público-Privadas*. São Paulo, MP Editora, 2006.

PEREIRA JR., Antônio, e JABUR, Gilberto Haddad (coords.). *Direito dos Contratos II*. São Paulo, Quartier Latin, 2008.

PEREZ, Marcos Augusto. *O Risco no Contrato de Concessão de Serviço Público*. Belo Horizonte, Fórum, 2006.

PESTANA, Márcio. *A Concorrência Pública na Parceria Público-Privada (PPP)*. São Paulo, Atlas, 2006.

PINTO, Marcos Barbosa. "A função econômica das parcerias público-privadas (PPPs)". *RDM* 140/139-147. São Paulo, Malheiros Editores, outubro-dezembro/2005.

――――――. "Repartição de riscos nas parcerias público-privadas". *Revista do Banco Nacional de Desenvolvimento Econômico e Social* 13/155-182. Rio de Janeiro, junho/2006.

PINTO JR., Mário Engler. "Parceria público-privada. Antigas e novas modalidades contratuais". *Revista de Direito Público da Economia* 13/175-198. Belo Horizonte, Fórum, janeiro-março/2006.

PORTO NETO, Benedicto. *Concessão de Serviço Público no Regime da Lei 8.987/1995. Conceitos e Princípios*. São Paulo, Malheiros Editores, 1998.

――――――. "Concessão dos serviços municipais de coleta de lixo. Remuneração da concessionária diretamente pelo concedente". *Revista do Instituto dos Advogados de São Paulo* (3) 5/233-244. São Paulo, janeiro-junho/2000.

――――――. "Parcerias público-privadas e a atividade da construção civil". In: PORTO NETO, Benedicto (coord.). *Manual Jurídico para Construção Civil*. São Paulo, Sindicato da Construção Civil do Estado de São Paulo, 2007 (pp. 207-238).

——————— (coord.). *Manual Jurídico para Construção Civil*. São Paulo, Sindicato da Construção Civil do Estado de São Paulo, 2007.

PRADO, Lucas Navarro, e RIBEIRO, Maurício Portugal. *Comentários à Lei de PPP: Parceria Público-Privada (Fundamentos Econômico-Jurídicos)*. São Paulo, Malheiros Editores, 2007 e 2009.

QUADROS, Fausto de, e LOPES-MUÑIZ, José Luís Martinez (coords.). *Direito e Justiça (VI Colóquio Luso-Espanhol de Direito Administrativo)*. Lisboa, Universidade Católica Portuguesa, 2005.

RANGEL, Luíza, WALD, Alexandre, e WALD, Arnoldo. *O Direito de Parceria e a Nova Lei de Concessões: Análise das Leis 8.987/1995 e 9.074/1995*. São Paulo, Ed. RT, 1996.

REBELO, Marta, e FERREIRA, Eduardo Paz. "O novo regime jurídico das parcerias público-privadas em Portugal". *Revista de Direito Público da Economia* 4/63-79. Belo Horizonte, Fórum, outubro-dezembro/2003.

RIBEIRO, Maurício Portugal, e PRADO, Lucas Navarro. *Comentários à Lei de PPP: Parceria Público-Privada (Fundamentos Econômico-Jurídicos)*. São Paulo, Malheiros Editores, 2007 e 2009.

RIGOLIN, Ivan Barbosa. *Comentários às Leis de PPPs, dos Consórcios Públicos e das Organizações Sociais*. São Paulo, Saraiva, 2008.

RITCHIE, Daniel. "As PPPs no contexto internacional". In: ANDRADE, Rogério Emílio de, e PAVANI, Sérgio Augusto Zampol (orgs.). *Parcerias Público-Privadas*. São Paulo, MP Editora, 2006 (pp. 11-22).

RIVERO, Jean, e WALINE, Jean. *Droit Administrative*. 15ª ed., Paris, Dalloz, 1994.

ROCHA, Cármen Lúcia Antunes. *Estudo sobre Concessão e Permissão de Serviço Público no Direito Brasileiro*. São Paulo, Saraiva, 1996.

RODRIGUES, Lêda Boechat. *História do Supremo Tribunal Federal*. t. II ("1899-1910 – Defesa do Federalismo"). Rio de Janeiro, Civilização Brasileira, 1968.

ROUAULT, Marie-Christine. *Droit Administratif*. Paris, Gualino Éditeur, 2005.

RUIZ OJEDA, Alberto, GOH, Jeffrey, e MARCOU, Gérard (orgs.). *La Participación del Sector Privado en la Financiación de Infraestructuras y Equipamientos Públicos: Francia, Reino Unido y España*. Madri, Civitas, 2000.

SANTAMARÍA PASTOR, Juan Alfonso. *Principios de Derecho Administrativo*. 2ª ed., vol. 2. Madri, Centro de Estudios Ramón Areces, 2000.

SCHIRATO, Vitor Rhein. "A noção de serviço público nas parcerias público-privadas". *Revista de Direito Público da Economia* 20/219-235. Belo Horizonte, Fórum, outubro/dezembro/2007.

SILVA, Vasco Manuel Pascoal Dias Pereira da. *Em Busca do Acto Administrativo Perdido*. Coimbra, Livraria Almedina, 1996.

SOUZA, Mariana Campos de (org.). *Parceria Público-Privada: Aspectos Jurídicos Relevantes*. São Paulo, Quartier Latin, 2008.

SOUZA, Rodrigo Pagani de, ARRUDA CÂMARA, Jacintho, e SUNDFELD, Carlos Ari. "Concessão de serviço público: limites, condições e consequências da ampliação dos encargos da concessionária". In: OLIVEIRA, Farlei Martins Riccio de (org.). *Direito Administrativo Brasil-Argentina. Estudos em Homenagem a Agustín Gordillo*. Belo Horizonte, Del Rey, 2007 (pp. 25-44).

STAINBACK, John. *Public/Private Finance and Development*. Nova York, John Wiley & Sons, 2000.

SUNDFELD, Carlos Ari. *Concessão*. 2001 (texto inédito).

—————. "Debates jurídicos das parcerias público-privadas". *Revista Debates GV Saúde* 1/22-24. São Paulo, FGV/EAESP, 1º semestre/2006.

—————. "Guia jurídico das parcerias público privadas". In: SUNDFELD, Carlos Ari (org.). *Parcerias Público-Privadas*. 1ª ed, 2ª tir. São Paulo, Malheiros Editores, 2007 (pp. 15-44).

—————. "Introdução às agências reguladoras". In: SUNDFELD, Carlos Ari (org.). *Direito Administrativo Econômico*. 1ª ed., 3ª tir. São Paulo, Malheiros Editores, 2006 (pp. 17-38).

—————. *Licitação e Contrato Administrativo*. 2ª ed. São Paulo, Malheiros Editores, 1995.

—————. "Regime jurídico do setor petrolífero". In: SUNDFELD, Carlos Ari (org.). *Direito Administrativo Econômico*. 1ª ed., 3ª tir. São Paulo, Malheiros Editores, 2006 (pp. 385-396).

—————, ARRUDA CÂMARA, Jacintho, e SOUZA, Rodrigo Pagani de. "Concessão de serviço público: limites, condições e consequências da ampliação dos encargos da concessionária". In: OLIVEIRA, Farlei Martins Riccio de (org.). *Direito Administrativo Brasil-Argentina. Estudos em Homenagem a Agustín Gordillo*. Belo Horizonte, Del Rey, 2007 (pp. 25-44).

—————, e ARRUDA CÂMARA, Jacintho, "O poder normativo das agências em matéria tarifária e a legalidade: o caso da assinatura do serviço telefônico". In: ARAGÃO, Alexandre dos Santos (coord.). *O Poder Normativo das Agências Reguladoras*. Rio de Janeiro, Forense, 2006 (pp. 605-636).

————— (coord.). *Direito Administrativo Econômico*. 1ª ed., 3ª tir. São Paulo, Malheiros Editores, 2006.

————— (org.). *Parcerias Público-Privadas*. 1ª ed., 2ª tir. São Paulo, Malheiros Editores, 2007.

TÁCITO, Caio. "A configuração jurídica do serviço público". *RDA* 233/373-376. Rio de Janeiro, Renovar, julho-setembro/2003.

—————. "Contrato administrativo". In: TÁCITO, Caio. *Temas de Direito Público (Estudos e Pareceres)*. vol. 1. Rio de Janeiro, Renovar, 1997 (pp. 617-635).

—————. "O equilíbrio financeiro na concessão de serviço público". *RDA* 64/15-35. Rio de Janeiro, FGV do Estado do Rio de Janeiro, 1961.

———. "O retorno do pêndulo: serviço público e empresa privada". In: TÁCITO, Caio. *Temas de Direito Público (Estudos e Pareceres)*. vol. 1. Rio de Janeiro, Renovar, 1997 (pp. 721-733).

———. "Reformas do estatuto de concessões de serviços públicos". In: TÁCITO, Caio. *Temas de Direito Público (Estudos e Pareceres)*. vol. 1. Rio de Janeiro, Renovar, 1997 (pp. 753-759).

———. *Temas de Direito Público (Estudos e Pareceres)*. vol. 1. Rio de Janeiro, Renovar, 1997.

TALAMINI, Eduardo, e JUSTEN, Mônica Spezia (coords.). *Parcerias Público-Privadas. Um Enfoque Multidisciplinar*. São Paulo, Ed. RT, 2005.

TEIXEIRA, Hélio Janny, DE SAES, Flávio Azevedo Marques, JOHNSON, Bruce Baner, e WRIGHT, James Terence Coulter. *Serviços Públicos no Brasil. Mudanças e Perspectivas*. São Paulo, Ed. Edgard Blücher, 1996.

VALLE, Vanice Lírio do. "Traduzindo o conceito de gestão de riscos para o código do Direito: exercício indispensável à modelagem das PPPs". *Revista Interesse Público* 34/31-46. Porto Alegre, Fórum, novembro-dezembro/2005.

VASQUES, Denise Cristina. *Competências Legislativas Concorrentes: Prática Legislativa da União e dos Estados-Membros e a Jurisprudência do Supremo Tribunal Federal*. Dissertação de Mestrado/Faculdade de Direito da USP. São Paulo, 2007.

WAGNER JR., Luiz Guilherme da Costa (coord.). *Temas do Direito Público. Estudos em Homenagem ao Professor Adilson Dallari*. Belo Horizonte, Del Rey, 2004.

WALD, Arnoldo, RANGEL, Luíza, e WALD, Alexandre. *O Direito de Parceria e a Nova Lei de Concessões: Análise das Leis 8.987/1995 e 9.074/1995*. São Paulo, Ed. RT, 1996.

WALINE, Jean, e RIVERO, Jean. *Droit Administrative*. 15ª ed. Paris, Dalloz, 1994.

WALTENBERG, David. "O direito da energia elétrica e a ANEEL". In: SUNDFELD, Carlos Ari (org.). *Direito Administrativo Econômico*. 1ª ed., 3ª tir. São Paulo, Malheiros Editores, 2006 (pp. 352-377).

WRIGHT, James Terence Coulter, DE SAES, Flávio Azevedo Marques, JOHNSON, Bruce Baner, e TEIXEIRA, Hélio Janny. *Serviços Públicos no Brasil. Mudanças e Perspectivas*. São Paulo, Ed. Edgard Blücher, 1996.

ZANCANER, Weida, "Inaplicabilidade do Decreto-lei 2.300/1986 a Estados e Municípios". *RDP* 82/167-173. São Paulo, Ed. RT, abril-junho/1987.

01753

GRÁFICA PAYM
Tel. (011) 4392-3344
paym@terra.com.br